DETLEF BAUM

Bürokratie und Sozialpolitik

Sozialpolitische Schriften

Heft 59

Bürokratie und Sozialpolitik

**Zur Geschichte staatlicher Sozialpolitik
im Spiegel der älteren deutschen Staatsverwaltungslehre**

**Ein Beitrag zu einer historisch-soziologischen Begründung
der Bürokratisierung der Sozialpolitik**

Von

Detlef Baum

Duncker & Humblot · Berlin

CIP-Titelaufnahme der Deutschen Bibliothek

Baum, Detlef:
Bürokratie und Sozialpolitik: zur Geschichte staatl. Sozialpolitik im Spiegel d. älteren dt. Staatsverwaltungslehre; e. Beitr. zu e. histor.-soziolog. Begründung d. Bürokratisierung d. Sozialpolitik / von Detlef Baum. – Berlin: Duncker u. Humblot, 1988
(Sozialpolitische Schriften; H. 59)
Zugl.: Berlin, Techn. Hochsch., Habil.-Schr.
ISBN 3-428-06470-4
NE: GT

Satz: Klaus-Dieter Voigt, Berlin 61
Druck: Berliner Buchdruckerei Union GmbH, Berlin 61
Printed in Germany

ISBN 3-428-06470-4

Hannah und Lisa
zugeeignet

Vorwort

Diese Arbeit verdankt ihre Entstehung dem zunehmenden Interesse der Soziologie an der Sozialpolitik, an ihrer Geschichte und ihrer sozialwissenschaftlichen Einbindung. Daß sich die Sozialpolitik als wissenschaftliche Disziplin lange schwer getan hat, sich ihrer Geschichte über eine reine Institutionengeschichte hinaus zu vergewissern, und daß sich die Sozialwissenschaften lange auch nicht um den sozialpolitischen Theoriebestand bemüht haben, mag an der sehr starken Einbindung sozialpolitischen Wissens in die Wirtschaftswissenschaften und die Wirtschaftspolitik gelegen haben.

Das hat sich in den letzten zwei Jahrzehnten geändert; allenthalben ist ein verstärktes Interesse an der Geschichte der Sozialpolitik und an der sozialwissenschaftlichen Begründung ihres Selbstverständnisses festzustellen.

Diese Arbeit möchte sich in die neue Tradition einreihen. Sie möchte einen Beitrag zu einer sozialwissenschaftlichen und historischen Begründung der staatlichen Sozialpolitik leisten, indem sie sich mit der Bürokratisierung der Sozialpolitik systematisch und dogmengeschichtlich auseinanderzusetzen versucht.

Durch die Rezeption der älteren Staatsverwaltungslehre als die Lehre von der Verwaltung des Staates möchte sie zeigen, daß die These von der Bürokratisierung der Sozialpolitik nicht nur als eine einseitige Vereinnahmung und Adaption des sozialpolitischen Gegenstandes durch die Verwaltung zu verstehen ist, sondern daß Verwaltungsgeschichte und Sozialpolitikgeschichte in ihrer wechselseitigen Durchdringung und Interdependenz aufeinander bezogen sind und nur dadurch die Bürokratisierung der Sozialpolitik hinlänglich erklärt werden kann.

Trotz des gestiegenen Interesses an der Geschichte der Sozialpolitik ist die Geschichte ihrer Bürokratisierung in all ihren Facetten und Dimensionen noch nicht vollständig durchleuchtet. Dieser Umstand ermutigte mich, mit der dogmengeschichtlichen Aufarbeitung des Verhältnisses von Wohlfahrt und Verwaltung der Bürokratisierungsdiskussion in der Sozialpolitik ein neues Argument hinzuzufügen, Forschungslücken und Theoriedefizite auszumachen und für eine noch stärkere Einbindung der Sozialpolitik in die sozialwissenschaftliche Diskussion zu plädieren. Dabei scheint mir die Aufarbeitung der älteren Staatsverwaltungslehre und ihrer Vorläufer – die Polizei- und Haushaltslehren des 17. Jahrhunderts geradezu notwendig zu sein. In der Literaturgattung der älteren Polizeischriften und der ihnen folgenden Haushalts- und

Verwaltungslehren spiegelt sich insgesamt die Lehre von der Verwaltung des Staates und dessen höchstes Ziel, die Förderung der Wohlfahrt wider.

Ein Vorwort ist auch immer der geeignete Anlaß zum Dank.

Ich danke für die wohlwollende und kritische Diskussion meines Ansatzes meinen Kollegen, vor allem meinen akademischen Lehrern am Institut für Soziologie der Technischen Universität Berlin, Prof. Balla und Prof. Mackensen.

Vielfältige Anregungen vor allem bei der Bearbeitung der Bürokratisierungsdiskussion in der Sozialpolitik verdanke ich den Gesprächen mit Prof. Christian von Ferber (Düsseldorf); seine Literatur hat mir auch den Weg gewiesen, der zur kritischen Analyse des Bürokratisierungsprozesses in der heutigen Sozialpolitik führte.

Daß es zu einem lesbaren Manuskript kam, ist das Verdienst von Irene Baum, die mit bewundernswerter Geduld meinem Manuskript die notwendige Seriösität verliehen hat.

Unschätzbar ist das, was meine Frau Anneli Baum-Resch zum Gelingen dieser Arbeit beigetragen hat. Ihre standhafte Weigerung, sich durch Inhalte bestechen zu lassen, die sprachlich nicht zu vermitteln sind, ihre vielfältigen Anregungen und die notwendigen Korrekturarbeiten, vor allem aber die solidarische Begleitung des Arbeitsprozesses über alle Höhen und durch alle Tiefen – all dies hat diese Arbeit mit entstehen lassen.

Allen sei herzlich gedankt, auch all den Ungenannten, die mich in der Eingefangenheit durch das Thema nicht immer als den geeigneten Gesprächspartner empfunden haben und dennoch geduldig mit mir umgingen. Erwähnt werden aber sollen meine Töchter, die die zeitweise geistige und körperliche Abwesenheit ihres Vaters nicht immer einfach hingenommen haben. Ihnen sei diese Arbeit gewidmet.

Mainz, im August 1988 *Detlef Baum*

Inhaltsverzeichnis

Einleitung

1. Das Problem

Die Geschichte der Sozialpolitik in Deutschland ist die Geschichte ihrer Institutionen. Seit den Anfängen der Sozialgesetzgebung Ende des 19. Jahrhunderts läßt sich diese Geschichte weitgehend als eine Geschichte der Bürokratie darstellen und abbilden. Soweit sich in Deutschland die sozialpolitische Entwicklung unter dem Schutz und der Aufsicht des Staates vollzogen hat, haben wir es immer mit einer bürokratisch verfaßten Sozialpolitik zu tun gehabt. Es entspricht also der spezifisch deutschen Tradition der Sozialpolitikentwicklung, daß sie in dialektischer Weise mit der Genese und Entwicklung der modernen Verwaltung verschränkt war.

Von allen möglichen Gründen für den „sozialpolitischen Vorsprung“[1] der deutschen Sozialgesetzgebung gegenüber anderen Ländern darf die Entwicklung der modernen Verwaltung im 17./18. Jahrhundert als der entscheidendste eingeschätzt werden. Bevor die Polizeiwissenschaft im 19. Jahrhundert den Wohlfahrtsgedanken als unpolitisches Verwaltungsziel einer „guthen policey“ (= Verwaltung) legitimieren und begründen konnte, und bevor die Verwaltung sich des rationalisierten Wohlfahrtsgedankens bediente, um damit Ruhe und Ordnung durchzusetzen, ist der Wohlfahrtsbegriff in einem langen historischen Prozeß aus dem Verfassungsprinzip der „guthen policey“ ausdifferenziert worden und als eigenständiger Zweck formuliert worden. Im Zuge dieser Ausdifferenzierung wurde der Wohlfahrtsbegriff der Definition des Souveräns entzogen und einer zur rationalen Herrschaft avancierten Bürokratie überlassen. Am Ende dieses Prozesses war der Wohlfahrtsgedanke dem Verwaltungsgedanken immanent.

Mit der Formulierung einer „guthen policey“ als Verwaltung in den Polizeiwissenschaften zu Beginn des 19. Jahrhunderts ist also ein Prozeß zum Abschluß gebracht, in dessen Verlauf eine unpolitische Verwaltung den Wohlfahrtsgedanken seines materialen Rechtsinhaltes entleerte und das Verfassungsprinzip des „gemeinen Besten“ zugunsten eines sozialpolitischen Integrationsprinzips aufhob.

---

[1] Dieser „sozialpolitische Vorsprung“, der die deutsche Gesetzgebung im 19. Jahrhundert auszeichnete, hat die angelsächsische Literatur, vornehmlich die amerikanische, immer schon stark beeindruckt und beschäftigt, allerdings auch immer mit dem bitteren Beigeschmack, daß dieser Vorsprung Ergebnis obrigkeitsstaatlicher Aktivitäten war (vgl. dazu *E. Angermann*, 462ff.; *E. Fraenkel; A. W. Small*). Small hat sich bereits im Zusammenhang mit dem Kameralismus mit dem Problem beschäftigt.

Die vorliegende Arbeit versucht den Weg dieses Ausdifferenzierungsprozesses und damit die Genese der Bürokratisierung der Sozialpolitik nachzuzeichnen und soziologisch zu deuten. Dabei konzentriert sie sich auf die dogmengeschichtliche Auswertung einer Literaturgattung, die sowohl in der Verwaltungsgeschichte als auch in der Dogmengeschichte der Sozialpolitik eigentlich keine Rolle spielte: die ältere deutsche Staatsverwaltungslehre des 18. Jahrhunderts und ihre vergleichbaren Vorgänger, die Polizeischriften und Regimentstraktate des 17. Jahrhunderts.

Die dogmengeschichtliche Aufarbeitung der Verwaltungslehren dieser Epoche soll in dieser Arbeit verbunden werden mit soziologisch-systematischen Erkenntnissen aus der Diskussion um die Bürokratisierung der Sozialpolitik.

Die Diskussion ist im Zuge der Reform des sozialen Sicherungssystems in der Nachkriegszeit vornehmlich von H. Achinger geführt worden.[2] Seine These von der Bürokratisierung der Sozialpolitik gehört zu den zentralen Gedankenführungen der sozialpolitischen Diskussion in der Bundesrepublik, und sie ist sicher einer der wichtigsten Erklärungsansätze für die Geschichte und die Gegenwart staatlicher Sozialpolitik. Sie steht auch im Zentrum der systematischen Betrachtung des Verhältnisses von Bürokratie und Sozialpolitik. Ihre theoretische Entfaltung soll den Weg für jene besagte dogmengeschichtliche Begründung des Bürokratisierungsprozesses in der Sozialpolitik bereiten.

Schon Achingers These liegt die Überlegung zugrunde, daß die Entwicklung der deutschen Sozialpolitik aufs engste mit der Verwaltungsentwicklung verbunden war und ist. Die Bürokratisierung der Sozialpolitik – so kann Achinger weiter interpretiert werden – ist also ein Prozeß, in dessen Verlauf die Handlungsmuster, Problemdefinitionen und -lösungsstrategien, wie auch die ihnen zugrundeliegenden Ordnungsvorstellungen und Denkweisen der Bürokratie und der Sozialpolitik sich gegenseitig so angenähert haben, daß die Ziele und Strategien der Zielerreichung von Bürokratie und Sozialpolitik mit der Zeit umstandslos konvertierbar wurden.

Beide Bereiche haben eine Entwicklung durchgemacht, die es ermöglichte – und heute noch ermöglicht –, daß einerseits sozialpolitisches Handeln reibungslos in Verwaltungshandeln überführt werden kann und daß andererseits Verwaltungshandeln in sozialpolitischen Maßnahmen und Zielsetzungen begründet wiederzufinden ist. Weder läßt sich die Entwicklung des modernen Wohlfahrtsgedankens ohne die Entwicklung der modernen Bürokratie vorstellen, noch kann die Entfaltung der modernen Bürokratie seit der frühen

---

[2] Zum ersten Mal hat Achinger die These in seiner Arbeit Sozialpolitik als Gesellschaftspolitik 1958 formuliert. Präziser und ausführlicher hat er m. E. die These in seinem Referat auf dem 14. Soziologentag 1959 vertreten (vgl. *H. Achinger*, Soziologie und Sozialreform, 39ff.).

Neuzeit ohne die Entwicklung des modernen Wohlfahrtsverständnisses hinreichend begründet werden.

Im Lichte dieser Überlegungen greift die Interpretation der seinerzeit von Achinger formulierten These zu kurz, wenn sie einseitig unterstellt, die Bürokratie habe im Laufe der Geschichte die Handlungsstrategien der Sozialpolitik überformt. Nur wenn diese These von vornherein ein Verhältnis von Sozialpolitik und Bürokratie begründet, besteht die Chance einer erweiterten theoretischen und historischen Perspektive.

In der historisch gewachsenen Verschränkung von Bürokratieentwicklung und Sozialpolitikentwicklung liegt also der soziologische Erklärungwert der von Achinger formulierten These von der Bürokratisierung der Sozialpolitik.

Mit dieser Arbeit wird ein im Kern soziologisches Interesse verfolgt. Seit Max Weber ist die Bürokratie als Strukturprinzip des modernen Anstaltsstaates und als historischer Prozeß der Neuzeit ein zentrales Thema soziologischer Theorie. Wenn es überhaupt ein Verbindungsglied zwischen Sozialpolitik und Soziologie gibt, dann ist es die Bürokratie, ihre Entwicklung seit Beginn der Neuzeit und ihre Ausprägung als Herrschafts- und Organisationsprinzip und als Kommunikationsweise mit all den damit verbundenen Folgen.

Unwidersprochen galt für Achinger, wie für die Verfechter und Anhänger seiner These[3], daß im Zuge des bürokratischen Zentralismus das sozialpolitische Handeln einem Rationalisierungsprozeß unterworfen wurde, der dazu führte, daß die Bedingungen und Folgen sozialpolitischen Handelns berechenbar, verfügbar, überprüfbar und verhandelbar geworden sind.[4] In Verbindung mit der Entwicklung zur Ökonomisierung der Leistungen und zur Verrechtlichung der Beziehungen zu den Klienten verstehe die Bürokratie ihre Aufgabe darin, über die Medien Recht und Geld soziale Chancen und Mittel zu verteilen. Die Zuweisung monetärer Mittel und ökonomischer Chancen aufgrund von Rechtsansprüchen sei nicht nur der Logik der Sozialpolitik immanent, sondern sie gehöre auch zu den konstitutiven Merkmalen der Verwaltungstätigkeit. In der Tat sei das sozialpolitische Denken und Handeln – so die Vertreter der Bürokratisierungsthese – weitgehend bestimmt von den Prinzipien des Verwaltungshandelns und von der der Bürokratie eigenen Logik der Problemfindung, Programmimplementation und Problemlösung.

Achinger bezieht sich bei der Beschreibung des Bürokratisierungsprozesses explizit auf die Analyse M. Webers und dessen zentrale Kategorien formaler Rationalität und rational-bürokratischer Herrschaft. Durch die Trias von

---

3 In der Nachfolge Achingers haben sich vor allem folgende Autoren mit der Bürokratisierungsthese – allerdings mit unterschiedlicher Akzentuierung – auseinandergesetzt: *Ch. v. Ferber,* Sozialpolitik in der Wohlstandsgesellschaft; *F. Tennstedt,* Zur Ökonomisierung und Verrechtlichung; Sozialpolitik und Selbstverwaltung, hrsg. v. Wirtschafts- und Sozialwissenschaftlichen Institut des DGB.

4 Vgl. *E. Pankoke / H. Nokielski,* 7.

bürokratischem Zentralismus, Monetarisierung und Verrechtlichung wird auch bei Achinger der soziologisch relevante Bezugsrahmen der Bürokratieanalyse deutlich. Es geht in der Tat um das Verhältnis von formalrationalem Verwaltungshandeln und rational-bürokratischer Herrschaft, das hier soziologisch interpretationsbedürftig ist; es geht um die Begründung des Zusammenhangs von rationaler Herrschaft, ökonomisch-rationalem Verwaltungshandeln und formaler Rationalisierung des Rechts.

Dieser Zusammenhang begründet bürokratische Herrschaft und – in Verbindung mit der Achinger'schen These – auch die Herrschaft der Sozialpolitik mit der Bürokratie, wenngleich Achinger sie von einem anderen Blickwinkel her formuliert hat. Seine Begründung des Zusammenhanges von Verrechtlichung, Monetarisierung und bürokratischer Zentralisierung entwickelte Achinger auf dem Hintergrund einer zunehmenden Verselbständigung sozialbürokratischen Handelns. Die Eigenmacht der Institutionen und die Eigenproduktivität der sozialstaatlichen Bürokratie hätten dabei nicht nur zu einer Übermacht der Bürokratie über die sozialpolitischen Ziele und Motive geführt, sondern auch zu ihrer Sinnverkehrung.[5]

Wenngleich Weber selbst keine Verbindungslinien zwischen der Organisationsform und der Geschichte der deutschen Sozialpolitik einerseits und der Entwicklung der Bürokratie andererseits gezogen hat, läßt sich also mit Hilfe der Überlegungen M. Webers zur Bürokratie als Herrschaftsform und -prinzip bzw. als Organisationsform begründen, warum jede analytische und historische Analyse der Sozialpolitik die Bürokratieanalyse zum Zentrum ihrer Erklärungen machen muß. In der Tat läßt sich nur mit Hilfe der von Weber begründeten Kategorien soziologisch erklären, wie und warum sich die Bürokratieentwicklung des rationalen Staates der Neuzeit in Abhängigkeit vom Wohlfahrtsgedanken vollziehen konnte und wie sich die Bürokratie des Wohlfahrtszweckes bediente, um Herrschaft auf verschiedenen Ebenen zu institutionalisieren.

Die Intention dieser Arbeit besteht dabei nicht so sehr in der Integration der Sozialpolitik in die Soziologie, sondern in der Formulierung des Beitrages der Soziologie zu einer Theorie der Sozialpolitik, der notwendig ist, damit sich die Theorie der Sozialpolitik als soziologische Theorie konstituieren kann. Dabei beschränke ich mich auf zwei zentrale soziologische Elemente, die für die Konstitution einer soziologischen Theorie der Sozialpolitik unabdingbar sind. Ich möchte sie im Anschluß an v. Ferber[6] als Forderungen folgendermaßen formulieren:

---

[5] Vgl. *C. v. Ferber,* Bemerkungen, 325.

[6] Vgl. dazu die Ausführungen von v. Ferber zur Kooperation von Soziologie und Sozialpolitik (*Chr. v. Ferber,* Soziologie und Sozialpolitik, 25).

1. Die Sozialpolitik muß sich der Erkenntnisse der Bürokratieforschung vergewissern; die Analyse ihrer Institutionen erfordert eine umfassende soziologische Theorie der Bürokratie als Herrschafts- und Strukturprinzip, als Organisationsform und Kommunikationsweise.

Vor allen Forderungen an eine soziologische Theorie der Sozialpolitik muß die Forderung nach einer adäquaten und umfassenden Bürokratieanalyse am ehesten erfüllt sein; die Sozialpolitik kann sich angesichts ihres Bürokratisierungsgrades und ihrer historischen Entwicklung nicht dem Gedanken verschließen, daß die soziologische Analyse ihrer Institutionen zum konstitutiven Bestandteil der Theorie der Sozialpolitik gemacht werden muß.

2. Eine Theorie der Sozialpolitik muß eine historische Theorie sein, d.h. sie muß historische Prozesse und Entwicklungen zur Kenntnis nehmen, die für die Geschichte der Sozialpolitik entscheidend sind. Da diese Geschichte eine Geschichte ihrer Institutionen ist, kann die Theorie der Sozialpolitik nicht umhin, Teile der Verwaltungs-, Verfassungs- und Rechtsgeschichte zur rezipieren, die mit der Geschichte der sozialpolitischen Institutionen aufs engste verbunden sind.

Achinger betont zwar zu recht, daß eine historisch orientierte Theorie der Sozialpolitik eng mit der Geschichte der sozialen Frage und ihrer Lösungen verbunden bleiben muß. Aber eine soziologische Theorie der Sozialpolitik, deren Kernstück die Bürokratie als Herrschafts- und Organisationsprinzip ist, muß eher die verwaltungs- und verfassungsgeschichtlichen Entwicklungslinien berücksichtigen. Sie muß als soziologische Theorie insofern historisch orientiert sein, als sie die Entfaltung der Bürokratie im rationalen Anstaltsstaat als konstitutives Element der Sozialpolitikentwicklung zu begreifen hat.

Erst die Verbindung dieser beiden Prämissen ermöglicht den Zugang zu einer soziologischen Betrachtungsweise des Bürokratisierungsprozesses in der Sozialpolitik. Die Ergebnisse der Bürokratieforschung bzw. die Prämissen einer soziologischen Bürokratietheorie können den Bürokratisierungsprozeß in der Sozialpolitik nicht hinreichend erklären. Vielmehr bedarf es des spezifischen Zuganges zur historischen Entwicklung der deutschen Bürokratie, wie sie in der älteren deutschen Staatsverwaltungslehre widergespiegelt wird.

Die ältere deutsche Staatsverwaltungslehre und ihre Vorläufer, die Polizeilehren, spielen in der Tat eine zentrale Rolle; durch sie wurde die Bürokratisierung der Sozialpolitik seit ihren Anfängen begründet und gefördert. Die zentrale Bedeutung dieser Staatslehren für eine historisch orientierte soziologische Theorie der Sozialpolitik liegt darin, daß sie den Wohlfahrtsgedanken als Verwaltungsgedanken formulierten und daß sie im Kern die Verwaltung des modernen Staates aus dem Wohlfahrtszweck heraus begründen.

Die ältere deutsche Staatsverwaltungslehre legt damit, insgesamt betrachtet, den Grundstein für die bürokratische Entwicklung der Sozialpolitik. Ob sie nun beschreibt, kommentiert oder Ratschläge gibt – sie dokumentiert die enge Verschränkung von Wohlfahrtsentwicklung und Bürokratie, zu der sie selbst beigetragen hat und die auch für die Sozialpolitik heute noch typisch ist.

Um dies zu begründen, ist es allerdings notwendig, die Bürokratisierungsthese Achingers differenzierter zu entfalten. Denn nur durch die Differenzierung der Bürokratie als Herrschaftsform, Organisationsprinzip und Kommunikationsweise läßt sich die Bürokratie differenziert mit der Sozialpolitikentwicklung in Verbindung bringen. Diese Feststellung ist deshalb von Bedeutung, weil damit die Relevanz der älteren Staatsverwaltungslehre für die Sozialpolitik deutlich wird. Denn genau auf den Ebenen von Herrschaft, Organisation und Kommunikation beschreibt die ältere deutsche Staatsverwaltungslehre insgesamt die Bedeutung der Verwaltung für die Förderung der Wohlfahrt. Auf den Ebenen der Bürokratie als Herrschaftsform, auf den Ebenen der ökonomischen Rationalität (als Organisationsprinzip) und der Verrechtlichung und Formalisierung der Beziehungen (als Grundlage der Kommunikation mit der Klientel) beschreibt die ältere deutsche Staatsverwaltungslehre das Verhältnis von Wohlfahrt und Verwaltung.

Es geht also nicht nur um eine rein rechts-, verfassungs- und verwaltungsgeschichtliche Rezeption der älteren Staatsverwaltungslehre. Vielmehr interessiert die soziologische Deutung eines historischen Prozesses, dessen Kern die Bürokratie, ihre Struktur und ihr Wandel ist. Es geht also um die soziologische Rezeption der älteren deutschen Staatsverwaltungslehre, mit dem Ziel, den dort beschriebenen Zusammenhang von Wohlfahrtsentwicklung und Bürokratiegeschichte als Erklärung für die bürokratische Entwicklung der heutigen Sozialpolitik heranzuziehen.

2. Die ältere deutsche Staatsverwaltungslehre

Die Geschichte der dialektischen Verschränkung von Verwaltungsentwicklung und Sozialpolitik ist älter als die Sozialgesetzgebungsgeschichte seit dem ausgehenden 19. Jahrhundert. Die damals durch die „Kaiserliche Botschaft“[7] eingeleitete Sozialgesetzgebung in der Bismarck-Ära wird meistens als die Geburtsstunde der deutschen Sozialpolitik gewertet. Dieser Rekurs auf die Sozialgesetzgebung des Bismarck-Reiches hat dazu geführt, daß die Geschichte der Sozialpolitik immer nur als eine Geschichte ihrer Sozialgesetzgebung seit dem letzten Drittel des 19. Jahrhunderts beschrieben wurde, was auch zur Verkürzung ihrer theoretischen Perspektive beitrug und im weiteren Verlauf auch zu einer in weiten Bereichen enggeführten historischen Argumentation. Dabei ist vor allem ein Strang der historischen Begründung der

[7] Mit der Kaiserlichen Botschaft v. 17.11.1881 wurde dem Reichstag und der Öffentlichkeit verkündet, daß Gesetze erlassen werden sollen, die die materielle Sicherung der Arbeiter im Falle von Krankheit, Invalidität und Alter regeln sollten.

Sozialpolitik vernachlässigt worden, dessen Berücksichtigung nicht nur die Sozialpolitik selbst, sondern auch ihr Verhältnis zur Bürokratie in einem anderen Lichte hätte erscheinen lassen: Die Begründung der Sozialpolitik aus der älteren deutschen Staatsverwaltungslehre heraus. Bisher ist nämlich die Entstehung und Entfaltung sozialpolitischer Institutionen und ihr Denken und Handeln nicht mit dem Entstehen des rationalen Verwaltungsstaates Mitte des 16. Jahrhunderts in Verbindung gebracht worden, und es war in den bisherigen Begründungen der Sozialpolitik nicht angelegt, die Entfaltung der rationalen Bürokratie im 17. und 18. Jahrhundert mit der Entwicklung des rationalen Wohlfahrtsgedankens der Sozialgesetzgebung in Verbindung zu bringen.

Weder die Wohlfahrtsentwicklung noch die Verwaltungsentwicklung wurden im Zusammenhang mit der historischen Aufarbeitung der Sozialpolitik aus dem Verständnis „guther Policey" als der ungeschiedenen Verfaßtheit des Gemeinwesens heraus begründet und in einen Zusammenhang gestellt, und so war es auch nicht möglich, die spezifisch deutsche Tradition der Sozialpolitik als Sozialverwaltungspolitik des Staates einerseits und dem damit zusammenhängenden „sozialpolitischen Vorsprung" andererseits aus dem in der älteren Staatsverwaltungslehre angelegten Verhältnis von Wohlfahrt und Bürokratie heraus zu erklären.

Die sich im gleichen Zuge entwickelnde Literaturgattung der älteren deutschen Staatsverwaltungslehre geriet aus diesem Grunde in Vergessenheit, sieht man von einigen Ausnahmen ab.[8] Maier hat auf einige Gründe hingewiesen, die für die eigentümliche Fremdheit dieser Literatur in der Geschichte der politischen Wissenschaften eine Rolle spielten; sie sollen hier nicht entfaltet werden.[9]

Was charakterisiert nun diese Staatsverwaltungslehren insgesamt?

Zunächst läßt sich diese Literaturgattung der Polizei- und Staatslehren allgemein charakterisieren als Beschreibung des Landes, seiner Polizei[10] und Wirtschaft. Diese Polizei- und Staatslehren sind Zeugnisse der Realgeschichte des Territorialstaates, sie repräsentieren die Rechts-, Verfassungs- und Verwaltungsgeschichte des Territorialstaates in einem.

Gleichzeitig verstanden sich diese Staats- und Verwaltungslehren aus einem tradierten Rechtsverständnis heraus als „Bedencken", „Rathschläge" und „unvordenkliche und bescheidene Erwägungen" zur Verbesserung der Ord-

---

[8] Hier sind vor allem die Arbeiten von *H. Maier*, Staats- und Verwaltungslehre, und J. Brückner zu nennen.

[9] Vgl. *H. Maier*, Staats- und Verwaltungslehre, 13ff.

[10] Der Polizeibegriff kann hier vorerst verstanden werden als Verwaltung des Zustandes des Gemeinwesens und als das Gemeinwesen selbst. Er wird einerseits in dieser aristotelischen Doppelbedeutung gebraucht, andererseits verstärkt sich in den Landesordnungen bereits die Tendenz, ihn zunehmend als Verwaltung des Landes zu interpretieren. (Ausführlicher zum Polizeibegriff vgl. Teil III.).

nung in „Steden und Landen". Ihre Verfasser verstanden sich als Kritiker, Kommentatoren und Ratgeber fürstlichen Handelns und territorialstaatlicher Politik.

Gerade weil diese Schriften der älteren Staats- und Polizeilehren keine Lehren *über* den Staat sind, sondern weil sie *für* den Staat geschrieben wurden, sind sie historisch und sozialwissenschaftlich auf vielfältige Weise interessant. Indem sie herrschaftliches Handeln begründen und kommentieren und den Herrscher beraten, geben sie sehr viel mehr über die empirische Wirklichkeit der Territorien und ihrer Beherrschung und Verwaltung wieder, als es Staatstheorien gemeinhin tun. In der Tat sind sie deshalb eher Regierungs- und Verwaltungslehren, Beschreibungen der inneren Struktur und Verfaßtheit des Gemeinwesens als Lehren vom Staat.

Indem die Staatslehren eher den Staat von innen heraus beschreiben und denken, sind sie auch seiner inneren Ordnung verhaftet; sie sind *Staatsverwaltungslehren*. Die empirische Wirklichkeit des Staatslebens und die zu empfehlende Staatspraxis werden zwar noch an die alten Staatszwecke – Friede und Recht – gebunden, ohne daß diese jedoch eine Leitfunktion in der Staatstätigkeit hätten.

> „Die empirisch wahrgenommene Sequenz der Staatstätigkeiten sprengt das staatstheoretische Konzept; die Staatslehre wendet sich schließlich, der unlösbaren Verfassungsfragen überdrüssig, einer rein beschreibenden Darstellung der staatlichen Regierung und Verwaltung zu."[11]

Aber auch die historisch orientierte Bürokratieforschung hat sich diesem Thema noch nicht hinreichend gewidmet. Gerade die Dimension bürokratischer Herrschaft, die über ihre technische Überlegenheit und Rationalität des Handelns hinaus von Bedeutung ist, wird nur für die heutige Sozialpolitikforschung reflektiert[12] oder aber sie wird in der historischen Absolutismusforschung zum Gegenstand des Interesses.[13]

Welche Schriften werden in unserem Begründungszusammenhang mit dem Begriff der älteren Staatsverwaltungslehre erfaßt und in welchem Zeitraum sind sie erschienen?

1. Zum einen sind die älteren Polizeilehren gemeint, wie sie zu Beginn der territorialstaatlichen Entwicklung Mitte des 16. Jahrhunderts, z. T. als begleitender Kommentar zu den Reichspolizeiordnungen von 1530, 1548 und 1577, erschienen, bzw. wie sie die Städte- und Landesordnungen kommentierten und kritisch begleiteten. (Osse, Oldendorp, Seckendorff) Sie sind die Vorläufer der Staatsverwaltungslehre; Seckendorff steht bereits an der Schwelle zum Verwaltungsstaat.

---

11 *H. Maier,* Staats- und Verwaltungslehre, 290.
12 Vgl. *S. Leibfried,* Armutspotential und Sozialhilfe, 377ff.
13 Vgl. *G. Oestreich,* Strukturprobleme, 179ff.

2. Den Kern der älteren Staatsverwaltungslehre machen die im Zuge der Bemühungen um eine „guthe Policey und Ökonomie" entstandenen Schriften der Kameralisten aus: Damit sind die Schriften der frühen Kameralisten in Preußen und die der Vollender des Kameralismus gemeint, wie sie im 18. Jahrhundert entstehen. In Preußen sind es vor allem Gasser und Dithmar, später dann Justi und Sonnenfels, die von Österreich aus das preußische Staatsdenken beeinflußt haben.
3. Dazu zählt auch die naturrechtlich-philosophische Begründung des Staatsdenkens, wie es für Preußen vor allem durch Christian Wolff repräsentiert wird.
4. Zwischen die Polizeiliteratur und die kameralistischen Staatslehren schiebt sich eine Literaturgattung, die die Tradition des kameralistischen Denkens stark beeinflußt hat und auch für unseren Zusammenhang relevant ist, ohne daß sie bereits eine kameralistische Theorie ist: die Hausväterliteratur.
5. Im Anschluß an sie und bereits kurz vor der Entwicklung kameralistischen Denkens stehen die Systematiker der Ökonomie, Sincerus und Rohr. Sie sind wichtige Bindeglieder in der Entwicklung des Verhältnisses von Ökonomie, Polizei und Wohlfahrt zu Beginn des 17. Jahrhunderts zwischen älterer Polizeiliteratur, Hausväterliteratur und kameralistischer Lehre.

Vor welchem geschichtlichen Hintergrund werden diese Staatsverwaltungslehren formuliert? Welche verfassungs-, verwaltungs- und rechtsgeschichtlichen Prozesse spiegeln sich in diesen Schriften wider?

Natürlich spielt die Herausbildung des Territorialstaates zu Beginn der Neuzeit eine zentrale Rolle. Mit der Ausbildung des rationalen Staates und seiner Verwaltung ist auch die Loslösung des Wohlfahrtsgedankens aus dem Rechts- und Verfassungsbegriff der „guthen Policey" verbunden, und dadurch konstituiert sich das rationale Verhältnis von Wohlfahrt und Verwaltung. Dabei kommt es auf zwei Entwicklungsphasen an, die sich in den meisten deutschen Territorien durchsetzen.

Einmal geht es um die Phase der Territorialisierung von Herrschaft, also die Umwandlung der Herrschaft über einen Personenverband in eine Herrschaft über ein Territorium. Diese Phase wird begleitet von der Tendenz zum fürstlichen Absolutismus, also von der Zentralisierung der Regierungs- und Verwaltungsgeschäfte in den Kammern (Territorien) bzw. im Rat (Städte). Diese Phase bildet sich verstärkt seit der Reformation heraus, also seit der Mitte des 16. Jahrhunderts. (1)

Zum anderen geht es um die Phase des Aufgeklärten Absolutismus in Preußen im Zuge der Aufklärung und der Etablierung des rationalen Verwaltungsstaates in der zweiten Hälfte des 17. Jahrhunderts. (2)

(1) Für diese Entwicklung des modernen Verwaltungsstaates ist sicher der Dreißigjährige Krieg ein entscheidener Faktor, zumal die meisten der großen Territorien gerade nach der Zerrüttung ihrer inneren und äußeren Verhältnisse nach einer höheren Stufe der Konsolidierung und Stabilität ihrer politischen und wirtschaftlichen Ordnung und Macht streben.

Die Territorialisierung von Herrschaft, die Umwandlung des bis dahin personal verfaßten Herrschaftsverbandes in eine Landesherrschaft brachte struktur- und ordnungspolitische Probleme mit sich, die mit den alten Strukturen einer patrimonial verfaßten Verwaltung nicht mehr zu lösen waren. Vielmehr bedurfte es einer Verwaltung, die ihre Aufgabe weniger in der Schaffung einer Ordnung als vielmehr in der praktisch-organisatorischen Lösung von Problemen sah. Der absolutistisch verfaßte Territorialstaat markiert somit in der Geschichte der Verwaltung den programmatischen Versuch, Probleme der wirtschaftlichen und gesellschaftlichen Stabilisierung und Konsolidierung verwaltungs*technisch* zu lösen.

Die Lösung sozialer Probleme, die Herstellung von Ordnung im Sinne eines guten Zustandes des Gemeinwesens (nicht mehr im Sinne einer guten Verfassung des Gemeinwesens) wird nun zur zentralen Aufgabe der Verwaltung *und* zum konstitutiven Bestandteil des Wohlfahrtsgedankens. Sicherung des Gemeinwohls wird zum Inbegriff aller Maßnahmen der Aufrechterhaltung und Sicherung eines guten Zustandes des Gemeinwesens durch die Verwaltung.

Damit hat sich auch das Wesen von „guther Policey“ und „gemeinem Besten“ gewandelt. Je mehr sich der Charakter der guthen Policey als Inbegriff von guter Ordnung veränderte, je mehr die Verwaltung den Polizeibegriff für sich vereinnahmte und immer mehr zum Hüter der Ordnung als Zustand (nicht als Verfassung) wurde, desto mehr gerann auch der Wohlfahrtsbegriff zu einem Maßnahmenkatalog sozialpolitischer Interventionsstrategien ohne ordnungspolitische Perspektive und Fundierung. Je mehr sich schließlich die Verwaltung in *umfassender* Weise zuständig fühlte für die innere Ordnung, je mehr sich also der Begriff der Verwaltung dem Begriff der guthen Policey näherte, was die *Ausdehnung ihrer Funktionsbereiche* anging, desto mehr reklamierte die Verwaltung den Wohlfahrtsbegriff für sich, bis er schließlich ganz in der Verwaltung aufging und die Verwaltung ihren letzten Geltungsgrund in der zentralen Aufgabe *umfassender Wohlfahrtsförderung* fand.

(2) Hatte die Verwaltung erst einmal in einem umfassend verstandenen und in einem ins Allgemeine erweiterten Polizeibegriff ihren Ruhepol gefunden, war sie auch prädestiniert, als Institution selbst auf ihre Weise und nach ihr immanenten Regeln und Prinzipien Herrschaft auszuüben. Führte bereits die Etablierung der Territorialherrschaft zu einer starken Rationalisierung der Regierungsweise, zu einer Militarisierung und Bürokratisierung des wirt-

schaftlichen und sozialen Lebens und zu einer Zentralisierung der ökonomischen und politischen Kräfte beim Fürsten, so brechen sich diese Merkmale absolutistischer Herrschaft in der Phase der *Aufklärung* verstärkt Bahn und gipfeln in einer umfassenden Disziplinierung des Lebens durch einen alle Lebensbereiche durchdringenden und bestimmenden Geist eines disziplinierenden Rationalismus. Allen Prozessen voran war die Bürokratisierung am weitesten fortgeschritten. Mit der ihr eigenen Rationalität hat sie auch die Merkantilisierung der Wirtschaft mit vorangetrieben; mit dem für sie typischen Geist der Disziplin hat sie vieles mit dem Prozeß der Militarisierung des Lebens gemeinsam. Erst in der Verquickung der genannten Prozesse läßt sich also der Prozeß der umfassenden Disziplinierung des Lebens und die Entwicklung der Vorherrschaft der Bürokratie im Aufgeklärten Absolutismus hinreichend erklären. Die Verwaltung avancierte zum bestimmenden Faktor der Innenpolitik, zum wichtigsten Ordnungsfaktor, ja: Verwaltung *war* Politik, war Hütung der Ordnung. Der Wohlfahrtsbegriff legitimierte sich nun aus der umfassenden Beeinflussung der Lebenslage der Untertanen im Sinne des Gemeinwohls. Er war gleichsam umfassend wie intensiv; seine Ausdehnung korrespondierte mit dem umfassenden Polizeibegriff.

Alle Maßnahmen der Verwaltung waren darauf ausgerichtet, den Untertanen so zu disziplinieren, daß sein individuelles Glück aufzugehen hatte im allgemeinen Staatsinteresse oder Gemeinwohl. Diese Aufgabe war eine rein verwaltungstechnische und hatte mit einer verfassungstheoretischen Begründung des Gemeinwohls nichts mehr zu tun. Wenn überhaupt diese Aufgabe staats- und rechtstheoretisch begründet wurde, dann mit einem naturrechtlich fundierten pessimistischen Menschenbild eines „verderbten Untertanenverstandes", dem nur ein aufgeklärter Fürst zu helfen vermag.

Der Wandel des Wohlfahrtsverständnisses im deutschen Absolutismus erfährt zunächst im Aufgeklärten Absolutismus seinen vorläufigen Höhepunkt. Sowohl die Ausdifferenzierung des Wohlfahrtszweckes aus dem Rechtsverständnis der guthen Policey, seine Übernahme durch eine obrigkeitsstaatliche, bevormundende Bürokratie und die damit zusammenhängende Degeneration vom Rechtsprinzip zum Inbegriff verwaltungstechnischer Maßnahmen der sozialen Integration an den Grenzen zur Desintegration, als auch seine staatswirtschaftliche wie naturrechtliche Begründung und der damit zusammenhängende Bruch mit der Tradition des alten Rechtsbewahrstaates erfahren im Kameralismus ihre systematische Würdigung, ihren Höhepunkt.

3. Die These der Bürokratisierung der Sozialpolitik und ihr Bezug zur älteren deutschen Staatsverwaltungslehre

Ich habe eingangs begründet, warum der Zusammenhang von Bürokratie- und Wohlfahrtsentwicklung eine neue Sichtweise der Achingerschen Bürokratisierungsthese vermittelt – ja, dort angelegt ist – und gleichsam den Zugang für eine historische Betrachtung dieses Zusammenhangs ermöglicht. In Anschluß an meine These, und um diesen Zusammenhang einer differenzierten Analyse zugänglich zu machen, schlage ich vor, die Beziehungen von Bürokratie und Sozialpolitik auf drei zunächst analytisch getrennten Ebenen herzustellen bzw. in drei Dimensionen zu analysieren.

a) Das Verhältnis von Bürokratie und Sozialpolitik stellt sich auf der *strukturellen Ebene* dar als das Verhältnis von Bürokratie als Herrschafts- und Strukturprinzip und der Herrschaft der Sozialpolitik.

Die mit der Bürokratie als Strukturprinzip verbundenen Aspekte der Herrschaftssicherung und Ordnungsimplementation korrespondieren mit den Zielen und Ordnungsvorstellungen der Sozialpolitik. In der Interdependenz ihres Handelns beeinflussen sie Lebenslagen und Lebensbereiche und wirken so herrschaftsstabilisierend und sozialintegrativ. Über die Methoden der Verteilung von Chancen und Mitteln kontrollieren beide Bereiche gemeinsam und wechselseitig die Lebensverhältnisse und durchdringen diese mit dem Geist bürokratischer Rationalität.

Über den Prozeß der Bürokratisierung gelingt es der Sozialpolitik, ihre Rolle im Gesellschaftsprozeß und ihre Herrschaftsfunktion zu institutionalisieren. Indem sie ihre Maßnahmen auf Dauer stellt und damit in Regelhaftigkeit Probleme definiert und löst, trägt sie zu einer Institutionalisierung des Verwaltungshandelns bei und führt zu einer Rationalisierung, weil Formalisierung und Ökonomisierung, ihrer Kommunikation mit der Klientel.

Die verbindende Kategorie zwischen Bürokratie und Sozialpolitik ist in der Tat der Begriff der bürokratischen Rationalität. In diesem Begriff verdichtet sich die Verschränkung von Beherrschen und Berechnen zu einem Prinzip, dem beide gehorchen. Die Logik des Beherrschens und Berechnens wird für beide Bereiche zum konstitutiven Merkmal ihres Denkens und Handelns.

Bürokratische Herrschaft als reinste Form der rationalen Herrschaft ist im Geschichtsprozeß aber nur deshalb möglich geworden, weil sie sich von Anbeginn mit einem rationalen Wohlfahrtsverständnis verbinden konnte, in dem das Prinzip des Beherrschens durch Berechnen strukturell angelegt war. Damit konstituiert sich bürokratische Herrschaft im Zusammenhang mit der Herrschaft durch die Sozialpolitik nur durch die Verbindungen, die zwischen der Ökonomisierung der Sozialpolitik und der technischen Rationalität der bürokratischen Organisation bestehen. Weiter konstituiert sich der oben genannte Zusammenhang nur durch die Tatsache, daß die Kommunikation der Bürokratie mit ihrer Klientel mit der Verrechtlichung der sozialpolitischen Leistungen und Maßnahmen korrespondiert.

Der Staat wurde so – über die Bürokratie und das hier erläuterte Herrschaftsverständnis – zum stetigen Garanten der ordnungspolitischen Rahmenbedingungen sozialpolitischen Handelns und der sozialpolitischen Institutionen. Das bedeutet, daß die Bürokratie nicht nur Träger sozialpolitischer Programme und ihrer Durchsetzung wurde, vielmehr implementierte sie Herrschaft, indem sie unter dem Schutz des Staates selbst aktiv Sozialpolitik betrieb. Die in der kameralistischen Staatslehre angelegte Entwicklung der „Polizei als Verwaltung“ leistet dabei einen wesentlichen Beitrag; denn trotz des veränderten Verständnisses von der Polizei als Verwaltung versuchte die Verwaltung ihre Aufgabe im Sinne des älteren Verfassungsverständnisses „guther Policey“ zu begreifen. Damit setzte sich die Bürokratie als Strukturprinzip durch, und in Verbindung mit ihrem Organisationsprinzip des Beherrschens durch Berechnen implementierte sie Herrschaft. Das Ergebnis war, daß sich auch die spätere Sozialgesetzgebung als herrschaftsstabilisierend und sozialintegrativ erweisen konnte. In der Tat manifestierte sich der Herrschaftscharakter der Sozialpolitik einmal in der ordnungsstiftenden Funktion für die Gesamtgesellschaft, zum anderen über die sozialpolitische Praxis und das Selbstverständnis ihrer Institutionen, über ordnungspolitische Eingriffe in die Lebenslagen von Individuen, und zwar mit dem Ziel, deren Leben im Sinne bestimmter Ordnungsvorstellungen zu beeinflussen, notfalls zu verändern.

Hier liegt das soziologische Interesse an der älteren Staatsverwaltungslehre begründet, weil die Schriften dieser Literaturgattung den Wohlfahrtsgedanken als Verwaltungsgedanken beschreiben und begründen. Über den Prozeß der zunehmenden Integration des Wohlfahrtsbegriffes in die Verwaltung legitimieren die Staatslehren bürokratische Herrschaft durch und mittels Wohlfahrtsförderung. Daß das Verständnis bürokratischer Herrschaft mit den Prinzipien der Herrschaft sozialpolitischer Institutionen korrespondiert, ist also im wesentlichen dadurch begründet, daß sich die Bürokratie ihre Herrschaft weitgehend durch die Adaption des Wohlfahrtsbegriffes und der mit ihm verbundenen sozialpolitischen Strategien sichern konnte. Die Staatslehren beschreiben und kommentieren diesen Prozeß, bis schließlich der Wohlfahrtsgedanke zum Wesen der Verwaltungstätigkeit wurde und die Förderung der Wohlfahrt sich zur Legitimation und zum eigentlichen Ziel allen bürokratischen Handelns entwickelte.

Die Staatsverwaltungslehre argumentiert dabei aus einem überkommenen Herrschaftsverständnis heraus, das wiederum nur für die deutsche Entwicklung spezifisch ist. Es geht darum, daß seit den Fürstenspiegeln des Mittelalters die Herstellung von Friede und Recht – und damit von Wohlfahrt – zu den zentralen Pflichten des Herrschers gehört. Wie ein roter Faden durchzieht die Staatslehren bis in das 18. Jahrhundert der Gedanke, daß die Förderung der Wohlfahrt „zuvörderste Pflicht“ eines Regenten, bzw. einer um Sicherheit und Ordnung bemühten „Policey“ und Verwaltung ist. Dieser Gedanke ist zugleich der übergreifende Bogen von den Polizeiordnungen und den sie begleitenden Polizeilehren des 16. und frühen 17. Jahrhunderts, über die Hausväterliteratur, die preußische Kameralistik und die Systematisierungsversuche von Ökonomie und Polizei im 17. Jahrhundert bis zu den Kameraltheoretikern des 18. Jahrhunderts.

b) Das Verhältnis von Sozialpolitik und Bürokratie wird durch die Beziehungen von technischer Rationalität bürokratischen Handelns und Herrschens und der Ökonomisierung der Sozialpolitik begründet.

Mit *Ökonomisierung* der Sozialpolitik wird im Anschluß an Achinger[14] die Tendenz verstanden, ihre Leistungen als kalkulierbare wirtschaftliche, monetäre Hilfen zu begreifen. Es geht um die Vermittlung von Kaufkraft und um die Beseitigung kalkulierbarer Schwächen aufgrund festgesetzter Rechtsansprüche.

Eine solche Tendenz verstärkt das für die technische Ausgestaltung bürokratischer Organisationen geltende Prinzip des Beherrschens durch Berechnen. In der Tat vereinigen sich hier Merkmale einer höchst effizienten Rationalisierung, Formalisierung, Standardisierung von Entscheidungen mit ökonomischen Tendenzen und Prinzipien sozialpolitischen Handelns. In keiner anderen Strukturtendenz der Sozialpolitik wird deutlicher, wie über die Verteilung von ökonomischen Chancen und monetären Mitteln Lebenslagen verändert und kontrolliert werden; keine andere Dimension sozialpolitischer Praxis erlaubt in so hohem Maße, über die Kalkulierbarkeit von Risiken und Chancen Herrschaft auszuüben. Als wesentliche Voraussetzung von Herrschaft begründet sie zwar die Herrschaft der Sozialpolitik nicht hinreichend. Aber in Verbindung mit anderen Dimensionen ist sie konstitutiv für die Herrschaftsanalyse; ohne sie ist Herrschaft nicht denkbar.

Im Zusammenhang mit den Ordnungsvorstellungen und Werten, die der modernen Industriegesellschaft zugrunde liegen und die auch für die Sozialpolitik konstitutiv sind, ergibt sich aus der Ökonomisierung noch eine andere Konsequenz. Die Ökonomisierung ist nicht nur darauf bezogen, daß monetäre Leistungen vermittelt werden; dies ist möglicherweise nur noch ein Ausdruck eines tiefergreifenden Prozesses, der in dem Verhältnis von Ökonomie und Sozialpolitik begründet ist. Das unserer modernen Gesellschaft zugrunde liegende Sozialpolitikverständnis ist von dem Gedanken geprägt, daß sich gesellschaftliche Probleme als ökonomische Probleme definieren und so auch lösen lassen. Das durch die Wirtschaftswissenschaften und die Wirtschaftspraxis unterstellte Menschenbild des rationalen, wirtschaftlich fähigen Menschen wird auch von der sozialpolitischen Praxis und den sozialpolitischen Konzeptionen geteilt und findet in der Zuweisung monetärer Mittel zur Behebung sozialer Schwächen seinen deutlichsten Ausdruck. Ziel der Sozialpolitik ist die Herstellung eines ökonomisch gesicherten Existenzminimums. Diesem liegt die Vorstellung zugrunde, das Individuum müsse in der Lage sein, dieses aus

---

[14] Dabei ist sicher von Bedeutung, daß *Achinger* auf Webersche Kategorien zurückgegriffen hat (vgl. Teil I).

eigener ökonomischer Kraft und in eigener ökonomischer Verantwortung zu sichern.

Ökonomie und Sozialpolitik sind also auf vielfältige Weise miteinander verknüpft, was letztlich in der Einschätzung der Funktion der Sozialpolitik für das Wirtschaftssystem und die gesamte Gesellschaft zum Ausdruck kommt. Sozialpolitik hat die Funktion, die durch die *wirtschaftliche* Entwicklung verursachten „Wechselfälle des Lebens“, die *ökonomisch* bedingten Risiken, aufzufangen, und damit ist sie eine wesentliche Voraussetzung für die „Domestizierung von Widersprüchen“, die der kapitalistisch verfaßten Gesellschaft immanent sind[15].

Seit der frühe Territorialstaat seine zentralen Bemühungen in der Konsolidierung und Arrondierung eines geschlossenen Wirtschaftsgebietes sah und in der Wirtschaft eine wesentliche Vorbedingung sozialer und politischer Konsolidierung und Stabilität vermutete, und seit andererseits die Staatslehren der frühen Kameralisten und ihrer Vorläufer – die Hausväterliteratur – den Ansatz bei der Ökonomie gefunden haben, kann von der Ökonomie als zentraler Kategorie der Verwaltung und der Wohlfahrt gesprochen werden.

Ökonomisierung bedeutete in der älteren Staatsverwaltungslehre, daß alle gesellschaftlichen Verhältnisse, soweit sie bereits auch von der Bürokratie erfaßt sind, unter ökonomischen Aspekten betrachtet werden, und daß ihr gesellschaftlicher Wert auf die ökonomische Dimension beschränkt bleibt.

Bereits die Hausväterliteratur reduzierte in Verkürzung der aristotelischen Tradition die Haushaltungskunst auf die Dimension der „guthen Wirtschaft“, und auch die Systematisierungsversuche von Rohr und Sincerus passen in die Tradition, die sich dann über die preußischen Kameralisten fortsetzte.

Die preußische Kameralistik hat in den wichtigsten Zügen die historische Realität analysiert. Preußen war mit seinem Domänenbesitz in der Tat prädestiniert, Ökonomie als Lehre praktisch umzusetzen.

Zinke formulierte wissenschaftlich, was Gasser, Dithmar[16] und andere als praktisch-politische Ratschläge formulierten: nur über eine gute Ökonomie ist der Reichtum des Landes und damit seine Wohlfahrt zu sichern. Fast fühlt man sich an das in sozialpolitischen Lehrbüchern oft zitierte Wort von der „guten Wirtschaftspolitik als der besten Sozialpolitik“ erinnert.

So wird die Ökonomie zum zentralen Bestandteil der Legitimation allgemein-gesellschaftlicher Disziplinierung; in Verbindung mit der Bürokratie

---

[15] Ich verzichte hier auf die Begründung dieser Ausführungen durch die Literatur und verweise auf Teil I, Abschn. 4. Vorab sei auf die Ausführungen von *Chr. v. Ferber,* Sozialpolitik in der Wohlstandsgesellschaft, *F. Tennstedt,* Ökonomisierung und Verrechtlichung, *F. X. Kaufmann,* Staat, Gesellschaft, Lebenslage, *E. Heimann,* Soziale Theorie des Kapitalismus, hingewiesen.

[16] Zu *Zinke, Dithmar* und *Gasser* vgl. Teil IV, Abschn. 7 und 8.

verankert sie bereits sehr früh den strukturellen Zusammenhang von Ökonomie und Bürokratie in Verbindung mit dem Wohlfahrtsgedanken.

Als Bestandteil der kameralistischen Theorie gewinnt die Ökonomie durch die naturrechtlichen Begründungen von Wohlfahrt und Verwaltung eine besondere Bedeutung, indem sie das Individuum hervorhebt.

Ziel der damaligen Wohlfahrtspolitik war die Integration der Individuen in den Wirtschaftsprozeß als konstitutiver gesellschaftlicher Integrationsprozeß per se. Das Individuum wurde so zum zentralen Bestandteil und Ziel sozialpolitischen Handelns und Denkens, und dies nicht erst seit der Konstituierung des liberalen Rechtsstaates und der liberalen Wirtschaftsgesellschaft am Ende des 19. Jahrhunderts.

Die Tendenz, das Individuum kategorial der Gesellschaft gegenüberzustellen, ist bereits in den frühen kameralistischen Lehren angelegt, soweit sie auf dem Naturrecht aufbauen. Diese kameralistischen Lehren formulieren bereits ein individuelles Glück auf der Basis des Verhältnisses von bonum commune und interesse privatum. Aber das bonum commune folgte nicht dem Privatinteresse, vielmehr war das individuelle Glück nur im Rahmen des Gemeinwohls zu realisieren. Die Unvollkommenheit des Menschen wird so einer vollkommenen Gemeinschaft bzw. einem vollkommenen Staatsinteresse, verkörpert durch den Vernünftigsten unter den Unvernünftigen – den Regenten – gegenübergestellt. Dabei spielt die ökonomische Disziplinierung eine zentrale Rolle, den letztlich unvollkommenen Menschen in die Gemeinschaft zu integrieren. In der Tat ist das Bild des zu integrierenden Wirtschaftssubjekts so alt, wie die ökonomische Denkweise überhaupt Eingang in die ältere Staatsverwaltungslehre gefunden hat.

So hat also das unvollkommene, weil wirtschaftlich nicht handlungsfähige Subjekt als Grund und Ziel der Sozialpolitik eine lange historische Tradition. Die Ökonomie beeinflußte hier sehr früh das Selbstverständnis der Sozialpolitik wie auch das der Bürokratie.

Im Falle der *Sozialpolitik* findet diese Entwicklung ihren Ausdruck in der Geschichte eines Wohlfahrtsbegriffs, der sich am Zustand des Gemeinwesens, seiner Sicherung und Aufrechterhaltung orientiert und das Individuum dieser Sicherung unterordnet. Diese Entwicklung hat dann einen Höhepunkt in der umfassenden Sorge des Regenten für das Wohl des einzelnen im Sinne des Staatsinteresses und in einer obrigkeitsstaatlichen Bevormundung und Disziplinierung der Untertanen und ihrer Erziehung im Sinne bestimmter Ordnungsvorstellungen. Im Falle der *Verwaltung* führt die Entwicklung zu einer obrigkeitsstaatlichen, bevormundenden Bürokratie, deren Charakter bis heute als Eingriffsverwaltung erhalten blieb.

c) Das Verhältnis von Sozialpolitik und Bürokratie wird durch das Verhältnis von Prinzipien bürokratischer Kommunikation und die Verrechtlichung sozialpolitischen Handelns begründet.

Die Verrechtlichung der Sozialpolitik hängt mit dem Verwaltungsgedanken unmittelbar zusammen; sie ist seine Folge. In diesem Zusammenhang begründet sie auch die Tendenz der Sozialpolitik, rechtlich begründete Ansprüche zu formulieren und über diesen Prozeß die Beziehung zu ihrer Klientel zu definieren. Wie auch immer: die Verrechtlichung leistet der Strukturtendenz der Verwaltung Vorschub, ihre Sprache und ihr Handeln zu kodifizieren. Die Verwaltung spricht die Sprache des Rechts, ihre Entscheidungen beruhen auf Rechtssätzen, und ihr Verfahren der Entscheidungsfindung beruht auf Rechtsregeln. Daß damit auch ein Teil von Herrschaft konstituiert wird, ist unbestreitbar; in der Gestalt der Beziehungen zu ihrer Klientel formuliert die Verwaltung wesentliche Vorbedingungen für die Aufnahme und den Abbruch der Beziehungen zu ihrer Klientel, insofern handelt es sich bei dem Verrechtlichungsprozeß nicht nur um eine notwendige Bedingung bürokratischer Herrschaft, sondern auch um eine notwendige Voraussetzung sozialpolitischen Handelns, das auf die Beeinflussung von Lebenslagen im Sinne bestimmter Ordnungsvorstellungen aus ist.

Die Verrechtlichung darf in diesem Begründungszusammenhang aber nicht nur auf die Tendenz der Verwaltung zur Kodifizierung von Sprache zurückgeführt oder gar reduziert werden. Im Zusammenhang mit der Ökonomisierung der Sozialpolitik und dem durch sie geförderten „Menschenbild" verstärkt die Verrechtlichung das Denken, daß das Rechtssubjekt in der Lage sei, sich als solches zu verhalten, und bereit sei, sich als Rechtssubjekt „behandeln zu lassen". Die durch die formale Rationalisierung des Rechts erreichte formale Gerechtigkeit sichert zunächst den formal gleichen Zugang zu den zu verteilenden Chancen und Mitteln. Von diesem Verständnis aus – das im übrigen die Sozialpolitik teilt – ist es einer Bürokratie möglich, Individuen zu Fällen zu machen, sie als solche zu behandeln und damit eine strukturelle Distanz zwischen Verwaltung und Klientel zu schaffen.

Die Geschichte der Sozialpolitik macht deutlich, daß der mit Hilfe der formalen Rationalisierung erreichte Status eines mit „sozialen Grundrechten" ausgestatteten Individuums eben durch diese formale Rationalisierung von Anfang an in Frage gestellt war. Denn mit der Verrechtlichung sozialpolitischer Leistungen wurde zwar formale Gleichheit unter den Klienten geschaffen, aber auch – zumindest strukturell – materiale Ungleichheit angelegt. Denn formale Gleichheit setzt gleiche Ausgangschancen voraus, gleiche Startbedingungen, und nicht nur eine gleiche, geradegezogene Startschnur. Die Verrechtlichung hat es nämlich erreicht, daß im Zuge der Auflösung paternalistischer Schutzverhältnisse das gleiche und freie Individuum seinen Anspruch geltend machen kann oder nicht bzw. und besser: entweder *in der Lage dazu* ist, seinen Anspruch geltend zu machen oder auch nicht.

Die ältere deutsche Staatsverwaltungslehre legt den Grundstein für die Verrechtlichung der Kommunikationsweise. Bürokratisch verfaßte Institutionen prägen ja ihre Beziehung über das Recht und damit – zwangsläufig – über das Individuum.

Was bislang über die Bedeutung der Ökonomie und der Konstituierung rationaler Herrschaft durch die Bürokratie gesagt wurde, gilt auch für die Verrechtlichung. Auch sie ist ein Produkt der Neuzeit, speziell der Aufklärung. Seit der Entdeckung des Individuums in der Aufklärungsphilosophie spielt das Verhältnis des Individuums zum Staat, zur Bürokratie, zu seinem Regenten eine zentrale Rolle. Der gesamte Kameralismus ist geprägt von der Idee, das Verhältnis des Individuums zum Regenten und zur Verwaltung zu definieren und über das Wohlfahrtsverständnis zu ordnen. Die moderne Kommunikation der Verwaltung mit ihrer Klientel hat in der Verrechtlichung der Beziehungen seit dem neuen Naturrecht keine grundsätzliche Veränderung erfahren. Die für sie typischen Prozesse der formalen Rationalisierung des Rechts und die damit verbundene Formalisierung der Kommunikationsweise haben sich seit Beginn der modernen Verwaltung eher verstärkt.

4. Zusammenfassung

Es geht in dieser Arbeit um die Rezeption der älteren Staatsverwaltungslehre unter dem Gesichtspunkt der Begründung der Interdependenz von Bürokratie- und Sozialpolitikentwicklung; es geht um die Genese der Sozialpolitik und ihrer Bürokratisierung in Abhängigkeit von der Verwaltungsgeschichte und vice versa. Dabei knüpfe ich an Achingers These von der Bürokratisierung der Sozialpolitik an und sehe den zentralen und für eine soziologische Theorie der Sozialpolitik gleichsam konstitutiven Prozeß in der Entwicklung bürokratischer Herrschaft.

Gleichzeitig versuche ich, die Bürokratisierung als einen Prozeß zu begreifen, der sich in der Auseinandersetzung mit der Sozialpolitikentwicklung versteht und nicht nur als eine Vereinnahmung des Handlungsbereiches und der Handlungsperspektiven der Sozialpolitik durch die Bürokratie zu begreifen ist. Sinn dieser Betrachtungsweise ist der bessere Zugang zur historischen Analyse der sozialpolitischen Institutionen als Voraussetzung soziologischer Erkenntnis. Aus dem besonderen Verständnis der Verwaltung von Herrschaft und Ordnung heraus entwickelte sich auch ein spezifisches Wohlfahrtsverständnis, das für die heutige Sozialpolitik noch prägend ist. Dies kann zum Teil nur dann begriffen werden, wenn sich die soziologischen Kategorien der Bürokratieanalyse, Herrschaft, Organisation und Kommunikation sowie Rationalität, Ökonomie und Recht in der Betrachtung des historisch gewachsenen Verhältnisses von Wohlfahrt und Verwaltung wiederfinden.

Diese Kategorien spiegeln sich in ihrem Wandel vor allem in der älteren Staatsverwaltungslehre dogmengeschichtlich wider. In ihren Schriften kann die Wurzel und die Entwicklung des Verhältnisses von Wohlfahrt und Verwaltung am ehesten historisch nachvollzogen werden.

Insofern ist die historische Betrachtung des Verhältnisses von Wohlfahrt und Verwaltung ein zentrales Moment der Bürokratieanalyse sozialpolitischer Institutionen. Die für diese Arbeit entscheidende Prämisse ist also die, daß sich die rationale Wohlfahrtsentwicklung der Neuzeit von der rationalen Verwaltungsentwicklung nicht trennen läßt. Sozialpolitik und Bürokratie waren und sind im wesentlichen aufeinander verwiesen. In der Tat ist die Geschichte des modernen Wohlfahrtsbegriffs nicht ohne die Geschichte der modernen Verwaltung in Deutschland zu denken, und umgekehrt kann die Geschichte der Bürokratie nicht ohne die Rezeption der Wohlfahrtsentwicklung geschrieben werden.

Was ergibt sich aus der Zusammenfassung für den gesamten Argumentationsverlauf dieser Arbeit?

Ich werde nach der Darstellung der Bürokratisierungsthese zunächst auf die thesenhaft skizzierten Zusammenhänge zur Bürokratie und Sozialpolitik eingehen, um so die systematische Basis für die historische Betrachtung zu legen. *(Teil I)*

Um deutlich zu machen, daß dem Verhältnis von Wohlfahrt und Verwaltung die Ungeschiedenheit von Gemeinwohl und Gemeinschaft zugrunde liegt und daß diese ungeschiedene Verfaßtheit geschlossener Lebensordnungen im Begriff der „guthen Policey" ihre programmatische Verdichtung erfährt, soll auf den Polizeibegriff und seine historischen und philosophischen Grundlagen eingegangen werden. Dabei ist wichtig, ihn ins Verhältnis zum Begriff des Gemeinen Besten zu setzen, zumal das Gemeine Beste Resultat und Bedingung „guther Policey" war. *(Teil II)*

Im Anschluß an diese Erörterung soll das Verhältnis von Gemeinwesen und Wohlfahrt, von Verwaltung des Gemeinwesens und Wohlfahrt in der älteren Polizeilehre diskutiert werden. Über die älteren Polizeischriftsteller Osse, Oldendorp und Seckendorff soll der Wandel des Wohlfahrtsbegriffes im Zuge der Ausdehnung der Verwaltungstätigkeit der Territorien interpretiert werden, vor allem soll die Adaption des Begriffes durch die Verwaltung untersucht werden.

Seckendorff erfährt dabei eine besondere Würdigung, weil mit seinem Wohlfahrtsbegriff die Tradition der „guthen Policey" zu Ende geht und auch die Loslösung des Wohlfahrtsverständnisses aus dem Rechtsverständnis der „guthen Policey" ihre Begründung gefunden hat. Damit ist der Wohlfahrtsbegriff vollends in die Verwaltung aufgegangen; Wohlfahrt wurde zum Ziel einer Verwaltungstätigkeit. *(Teil III)*

Eine neue Qualität erhält das Verhältnis von Verwaltung und Wohlfahrt durch die mit der Aufklärung verbundene neue Aufgabe der Verwaltung, disziplinierend und erziehend auf den Menschen einzuwirken. Die daraus resultierende Durchdringung aller Lebensverhältnisse mit dem Geist der Bürokratie schafft neue Voraussetzungen des Wohlfahrtsverständnisses. Diese Entwicklung zeichnet sich zunächst bei den preußischen Kameralisten ab, wobei hier – aus der Hausväterliteratur herrührend – die Komponente eine Rolle spielt, daß die Disziplinierung auf der Basis ökonomischer Rationalität und Disziplin beruht.

Da bereits die preußischen Kameralisten, dann aber erst recht die Vollender des Kameralismus auf der Basis der Naturrechtslehre ihre Prämissen formulieren, soll auf die Bedeutung der naturrechtlich-philosophischen Begründungen Christian Wolffs für die kameralistischen Lehren in Preußen eingegangen werden.

Dabei scheint der Ansatz bei der Ökonomie ein zentraler Gedankengang in der preußischen Kameralistik zu sein; von daher sollen die den preußischen Kameralisten vorausgegangenen Vertreter der Hausväterliteratur und der Systematisierung der praktischen (Rohr, Sincerus) und der wissenschaftlichen (Zinke) Ökonomie dargestellt werden. *(Teil IV)*

Im fünften Teil soll dann schließlich noch einmal der Versuch gemacht werden, den soziologischen Beitrag zu einer Theorie der Sozialpolitik zusammenzufassen, um daraus Konsequenzen zu ziehen, die für die Bürokratieforschung und die Sozialpolitikentwicklung relevant sind. *(Teil V)*

Entsprechend ihrem Erkenntnisinteresse beschränkt sich diese Arbeit auf den Bereich der öffentlichen, „staatlichen" Sozialpolitik, also auf den institutionalisierten Bereich der durch den Staat organisierten und vom Staat gesicherten sozialpolitischen Maßnahmen der Verteilung von Mitteln auf Grund von Rechtsansprüchen. Es geht also um die Bereiche, die mit der Geschichte der Sozialversicherung als Kern staatlicher Sozialpolitik in Deutschland verbunden sind; es geht weiter um die sozialpolitischen Institutionen, die mit der Definition, Programmsetzung und Problemlösung im Bereich der individuellen Lebensfürsorge beschäftigt sind und die mit der Behebung derjenigen sozialen Schwächen zu tun haben, die sich als individuelle Problemlagen und Lebensverhältnisse manifestieren und als solche durch die individuelle Zuweisung von Leistungen gelöst werden, einerlei, ob diese Problemlagen sozialstrukturell vermittelt oder gesellschaftlich bedingt sind.

Darin einbezogen sind auch jene sozialpolitischen Institutionen, die sich mit der Verteilung tertiärer Mittel beschäftigen, die also im Bereich der Sozialhilfe Fürsorgeleistungen definieren und zuweisen, auf die der Empfänger einen Rechtsanspruch hat, allerdings auf Grund eines von der Gesellschaft zugestandenen Rechts und nicht auf Grund der individuell erworbenen Rechtsansprüche. Aber auch der gesamte Bereich des intermediären Sektors der freien Wohlfahrtspflege sei hier genannt, soweit der Gesetzgeber diese Arbeit geregelt hat und die Institutionen der freien Wohlfahrtspflege einen hohen Grad bürokratischer Verfaßtheit aufweisen.

TEIL I

Bürokratie und Sozialpolitik – der theoretische Rahmen

1. Vorbemerkung

Der Rezeption der älteren deutschen Staatsverwaltungslehre liegt die Prämisse zugrunde, daß in ihr das Verhältnis von Sozialpolitik und Bürokratie angelegt ist und daß durch sie die Verschränkung dieser beiden Bereiche gefördert bzw. kommentierend begleitet wurde. Um dies zu begründen, muß der Bürokratisierungsprozeß in der Sozialpolitik, wie er in der These Achingers entfaltet wurde, jedoch zunächst differenzierter betrachtet werden.

Diese Differenzierung soll auf drei Dimensionen des Verhältnisses von Sozialpolitik und Bürokratie aufmerksam machen, wie sie in der Einleitung bereits kurz skizziert wurden:

1. Es soll verdeutlicht werden, daß unter den Bedingungen *bürokratischer Herrschaft* auch der Sozialpolitik der Herrschaftscharakter wesenhaft ist und sich in der *Herrschaft der sozialpolitischen Institutionen* manifestiert.
2. Um Herrschaft der Bürokratie zu sichern, bedarf es eines spezifischen Organisationsprinzips der Bürokratie, das sich mit der Formel „Beherrschen und Berechnen" umschreiben läßt. Diesem Prinzip ist die ökonomische Denkweise eigen, und hier trifft es sich mit der Tendenz der Sozialpolitik, ihre Handlungsstrategien und Ziele zu ökonomisieren. Die Ökonomisierung der Leistungen wird auch der Sozialpolitik zum Mittel, Herrschaft zu sichern, wie der Bürokratie das Prinzip des Beherrschens durch Berechnen.
3. In gleicher Weise muß die Beziehung der Verwaltung zu ihrer Klientel gesehen werden, die gerade in ihrer Gebrochenheit deutlich macht, daß ihr im wesentlichen an dieser Beziehung weniger liegt als an der Sicherung von Herrschaft. Im Prozeß der Verrechtlichung der Sozialpolitik manifestiert sich diese Beziehung bzw. ihre Gebrochenheit als die mangelnde Fähigkeit sozialpolitischer Institutionen, auf die eigentlichen Probleme der Klientel lösend einzugehen. Die Formalisierung des Rechts und der Entscheidungsprozesse leisten der Verrechtlichung der Sozialpolitik Vorschub. Sie erlauben die Formalisierung der Lösung von Problemen und der Behebung sozialer Schwächen.

Die Bedeutung der älteren deutschen Staatsverwaltungslehre ist dabei genau in der Differenzierung der Bürokratisierungsthese zu entdecken. Konstituiert die Polizeilehre vorwiegend das *Verhältnis von Verwaltung und Wohlfahrt* aus einem traditionalen Herrschaftsverständnis heraus, wird Herrschaft in den preußischen kameralistischen Lehren vorwiegend durch die *ökonomische Bestimmung des Verhältnisses von Wohlfahrt und Verwaltung* gedacht. Erst mit dem Aufgeklärten Absolutismus und den *kameralistischen Lehren eines Justi und Sonnenfels* wird auch *die besondere Kommunikationsweise der Bürokratie mit ihrer Klientel* virulent, und zwar im Zusammenhang mit der Vermittlung von Individualwohl und bonum commune.

2. H. Achingers These von der Bürokratisierung der Sozialpolitik

Bevor diese Zusammenhänge allerdings begründet werden, will ich auf die ursprüngliche Aussage und Intention eingehen, die Achinger mit dieser These verband. Dies scheint mir deshalb erforderlich, weil Mißverständnisse der Interpretation in der Rezeptionsgeschichte der Achingerschen Überlegungen den Verdacht nahelegten, Achinger habe diese These als sozialpolitische, aber nicht soziologisch verwertbare These formuliert. Indessen behaupte ich, daß diese These durchaus soziologischen Kriterien genügt und gerade durch die Differenzierung an soziologischem Bedeutungsgehalt gewinnt, weil mit ihr der Herrschaftscharakter der Sozialpolitik erklärbar wird, indem er im Zusammenhang mit dem Herrschaftscharakter der Bürokratie gedacht wird.

Indem Achinger auf Webers Überlegungen zur bürokratischen Herrschaft rekurriert, gilt für seine These:

Nur über die Bürokratie konnte die Sozialpolitik sich ihres herrschaftsstabilisierenden und sozialintegrativen Charakters versichern, und nur über die Sozialpolitik konnte die Bürokratie zur Herrschaftsinstitution avancieren.

Für Achinger zeigt sich die Bürokratisierung der Sozialpolitik am ehesten an der Struktur und Organisationsform der Sozialverwaltungen:

„Die sozialen Verwaltungen haben das meiste gemein mit der modernen Bürokratie, wie sie vor allem von Max Weber beschrieben ist.“[1]

Daraus zieht er in Anlehnung an Weber folgenden Schluß:

„Es gibt feste Büros in Amtsgebäuden mit entsprechender Ausstattung, die bereits die Masse des sozialen Unglücks in die verwaltungsmäßig richtigen Kategorien zu sondern bemüht sind“.[2] Im Anschluß an diese Feststellungen folgert Achinger weiter, daß diese Bürokratisierung der Sozialpolitik auch zu einer Verrechtlichung und Ökonomisierung sozialpolitischen Handelns führe. „Entscheidend ist die Umschmelzung der Tatbestände und der Intentionen, sobald die Sprache des *Rechts* gesprochen

---

[1] *H. Achinger,* Sozialpolitik als Gesellschaftspolitik, 87.

[2] Ebenda, 87.

wird. Die Formenwelt des juristischen Denkens hat sich als weit genug erwiesen, um alle nur möglichen Feststellungen und Handlungen im sozialen Bereich zu erfassen."[3]

Weiter erwähnt Achinger den „fiskalische(n) Charakter der Institute, insbesondere der öffentlichen Verwaltung", woraus Achinger die schwerwiegende Konsequenz zieht,

daß „solche Körper in ihrer Wirkungsart bereits dadurch determiniert (sind), daß sie einen Haushalt haben, für den bestimmte Gepflogenheiten bestehen. Für diesen Haushalt muß das Geld im voraus, oft Jahre im voraus gesichert werden. Das verstärkt die Tendenz, solchen Instituten nur solche Aufgaben zuzuweisen, die mit regelmäßig wiederkehrendem Aufwand in ungefähr der gleichen Höhe verbunden sind; und wiederum ist die umgekehrte Konsequenz erlaubt: liegt einmal das Plädoyer fest, . . . so besteht die Neigung,den sozialen Bedarf durch die Brille der Etatposten zu sehen."[4]

Achingers Überlegungen machen zunächst einmal deutlich, daß die Bürokratie genauso als Strukturprinzip der Herrschaft betrachtet werden muß wie ihr Organisationsprinzip. Seine Anlehnung an Webers Analyse der Bürokratie macht auch darauf aufmerksam, daß die Herrschaft der Bürokratie (und damit auch die der Sozialpolitik) nur durch das Prinzip der Organisation der Bürokratie durchgesetzt werden kann. Insofern konstituiert auch die Sozialpolitik nur in Verbindung mit der Ökonomisierung rationale Herrschaft. Strukturprinzip und Organisationsprinzip der Herrschaft korrespondieren also miteinander.

Die Bürokratisierungsthese Achingers kann also nicht hinreichend mit der Analyse der Verwaltungsentwicklung allein verdeutlicht werden. Der in dieser Arbeit vertretene Ansatz, die These von der Bürokratisierung der Sozialpolitik als konstitutives Verhältnis von Sozialpolitik und Bürokratie zu begreifen, nimmt die Tradition der Achingerschen Überlegung insofern wieder auf, als die Analyse der Verrechtlichung und Ökonomisierung der Sozialpolitik in die Analyse der Bürokratisierung mit einbezogen werden muß. Wenngleich in vielen Arbeiten zur Sozialpolitik in erster Linie die Verrechtlichungs- und Ökonomisierungstendenz diskutiert und im Zusammenhang mit dem bürokratischen Zentralismus verhandelt wird, muß deutlich gemacht werden, daß die Medien Recht und Geld nur deshalb die entscheidenden „Kommunikationsmedien" (Luhmann) sind, weil eine Bürokratie in der Lage ist, sie in Verwaltungshandeln zu transformieren. Zumindest für die Institutionen der Sozialpolitik gilt, daß die Kommunikationsmedien Recht und Geld eindeutig favorisiert werden.[5]

„Kommunikationsmedien vermitteln Entscheidungsprämissen und können dadurch die Bindungswirkung von Entscheidungen übertragen."[6]

---

[3] Ebenda, 87.

[4] Ebenda, 88.

[5] Vgl. *N. Luhmann*, Politische Theorie, 94.

[6] Ebenda, 95.

Insofern sind sie prädestiniert, den allgemeinen bürokratischen Zentralisierungsprozeß zu unterstützen. Denn die mit diesen Medien verbundenen Entscheidungsprämissen sind der Verwaltung immanent. Die Bindungswirkung der Medien zwingt die Verwaltung zu rationalem Handeln, weil die Medien in ihrer abstrakten und generalisierten Form quasi „über der Verwaltung" stehen, also auch diese in ihrer Entscheidung festlegen und zu den Folgen der Entscheidung verpflichten. Das Recht gilt auch für die Verwaltung, die Bindungswirkung bezieht sich auf die Verwaltung wie auf die Klientel gleichermaßen. Das gleiche gilt für das Geld. Der Zwang zur Rationalität der Entscheidung wird durch die Tatsache erzeugt, daß Geld – wenn es einmal ausgegeben wird – nicht mehr rückgefordert werden kann, die Entscheidung nicht einfach revidierbar ist.

Recht und Geld sind also Mittel bzw. Medien, die der Verwaltung, ihrer Kommunikationsweise, Organisationsform und Programmstruktur gleichermaßen gerecht werden. So ist es der Verwaltung immanent, die Mittel aufgrund ihres hohen Abstraktionsgrades unabhängig von Personen einzusetzen. Rechtsansprüche und Geldmittel entziehen sich der persönlichen Beurteilung des Beamten aufgrund persönlicher Kontakte mit dem Klienten. Der *Fall* wird zum Kriterium, nicht die Person.

Recht und Geld fordern zu eindeutigen Entscheidungen auf. Entweder besteht der Rechtsanspruch oder nicht, dann bekommt man Geld oder keines. Geld in Form der Zuweisung von Kaufkraft legt den Klienten nicht auf bestimmte Interessen fest, die er damit zu realisieren habe. Hat der Klient das Recht auf Geld, bekommt er es unabhängig von seiner wirklichen sozialen Lage und von der Frage, ob sich damit seine sozialen Probleme lösen lassen.

Geld als Medium der Entscheidung erlaubt schließlich einen hohen Grad von Zentralisierung der Entscheidung, weil alle Ansprüche, auch Sachansprüche oder Leistungsansprüche, in Geld ausdrückbar sind. Dies kommt der Verwaltung entgegen, ihre Leistungen in höchstem Maße zu rationalisieren und effizient zu gestalten.

Aus all den genannten Gründen, warum die Bürokratie die Medien Geld und Recht als Kommunikationsmittel bevorzugt, ist zu schließen, daß eine Analyse des Verhältnisses von Bürokratie und Sozialpolitik auf die Begründung dieser beiden Kommunikationsmedien nicht verzichten kann.

In diesem Sinne sind auch die Beiträge zu verstehen, die sich in der Nachfolge Achingers im Zusammenhang mit der Bürokratisierung der Sozialpolitik gleichzeitig mit ihrer Verrechtlichung und Ökonomisierung auseinandersetzen. Am deutlichsten hat v. Ferber den Zusammenhang von Bürokratie und Sozialpolitik formuliert, und er schließt daraus, daß es für eine weitere Diskussion um die These von der Bürokratisierung der Sozialpolitik wichtig ist, sich mit der Bürokratie als Organisationsform in der Sozialpolitik auseinanderzusetzen.

„Sozialpolitik ist Verwaltung, funktional nach Aufgabengebieten und arbeitsrechtlichen Schichtungskriterien (Arbeiter, Angestellter) gegliedert, mit einem unterschiedlich ausgeprägten regionalen Bezug. ... Dieser Typus einer Bürokratie, die von Zweckbestimmungen her handelt wie: das Gesundheitswesen zu finanzieren, den Ausgleich der Lebenseinkommen zwischen erwerbsaktiver und -inaktiver Bevölkerung zu besorgen. ... ergibt sich weder aus der Sache, noch steht er ohne Alternativen da. Wie ein Vergleich der sozialpolitischen Systeme von Gesellschaften ähnlichen Industrialisierungsgrades zeigt, können die genannten Zwecke auch mittels anderer Organisationsformen erreicht werden. Für eine soziologische Theorie der Sozialpolitik folgt daraus, daß sie die Wirkungen der spezifischen Organisationsformen deutscher Sozialpolitik im Modell abbilden muß, nämlich, welche Selektion trifft eine vorwiegend nach Funktionen und Statuskategorien, d.h. im Gegenzug zum regionalen Verwaltungsaufbau gegliederte, zentralistisch gesteuerte und als Hilfsfiskus verselbständigte Bürokratie in der Verarbeitung der ihr gestellten Aufgaben."[7]

Damit schließt v. Ferber an das an, was Achinger über den Prozeß der Bürokratisierung hinaus mit den Prozessen der Institutionalisierung und Selektion von Problemen und Problemlösungsstrategien gemeint hat.

In der Auseinandersetzung mit dem Verhältnis von Bewegung und Institutionalisierung, von Sozialreform und Sozialpolitik, kommt Achinger zu dem Schluß, daß der Grad der Institutionalisierung verbietet, von Bewegung im Sinne der Sozialreform zu sprechen.[8]

Die mit der Institutionalisierung verbundenen dauerhaften Regelungen von Maßnahmen und Einrichtungen der sozialen Sicherheit haben zu einem hohen Grad der Stabilität der Institutionen und der Erwartungen an sie geführt.

„Alle diese Einrichtungen müssen ihrer Natur nach Dauerhaftigkeit erstreben, gerade wenn sie, wie das in Deutschland beliebt wird, auch bei völlig starrer gesetzlicher Ordnung des Aufbringungs- und Leistungswesens den Charakter von Selbstverwaltungskörperschaften tragen."[9]

Achinger verbindet mit der Institutionalisierung und der Verrechtlichung sozialpolitischer Maßnahmen auch eine interessenspezifische Ausrichtung und Selektion von Aufgaben und Problemlösungen. In der Tat bestimmt die bürokratische Verfassung des Institutionalisierungsprozesses die Programmstruktur, die Art und Weise der Problemdefinition und der Problemlösungsstrategien. Damit führt die Herrschaft der Institutionen zu einer bürokratischen Herrschaft, weil Deutungsmuster über die soziale Wirklichkeit entwickelt und zu verbindlichen Strategien der Kommunikation und des Handelns der Bürokratie gemacht werden. Achinger zählt in seinem Referat auf dem 14. Soziologentag die wichtigsten Prinzipien der Institutionalisierung sozialpolitischen Handelns und der damit verbundenen Selektion von Aufgaben und Klientelen zusammenfassend auf:

---

[7] *Chr. v. Ferber*, Soziologie und Sozialpolitik, 20.

[8] Vgl. *H. Achinger*, Soziologie und Sozialreform, 39ff.

[9] Ebenda, 40.

„1. Die gesetzlich begründeten Institute geben den Dingen ihren Namen. Sie definieren und benennen soziale Tatbestände solange, bis auch die Notleidenden selbst ihren Zustand nur unter diesen Titeln begreifen.

2. Diese Institute müssen für alle sozialen Mißstände, die sie betreffen, folgende drei Annahmen machen:
   a) daß die Mißstände oft genug und immer in gleicher Häufigkeit auftreten,
   b) daß kein anderes wirksames Mittel in bezug auf die deklarierten Mißstände gefunden wird, etwa durch Vorbeugung oder Veränderung wirtschaftlicher und gesellschaftlicher Tatbestände,
   c) daß diese Mißstände mit Geldleistungen oder durch Gesundheitshilfe, die in natura gewährt werden kann, zweckmäßig beantwortet werden, d.h. also, daß alle Mißstände möglichst nur auf Geldmangel oder Mangel an Gesundheit zurückzuführen sind, nicht etwa auf Konflikte, Mangel an Chancen oder außerordentliche, aus der persönlichen Situation fließende Komplikationen. Es wird also ein neutraler Durchschnittstyp des Menschen vorausgesetzt, bei dem es im Zweifelsfalle an Geld oder Gesundheit mangelt.

3. Ein besonderer Bestimmungsgrund für die Auswahl und Behandlung für die Gegenstände sozialer Einwirkung der Institute liegt im juristischen Charakter des Verfahrens. . . . Was nicht einklagbar ist, muß außer Betracht bleiben.

4. Die Natur der Verwaltung schafft gewisse Spielregeln: Feste Büros in Amtsräumen, Sprechstunden. . . . Die Verwaltung steigert im übrigen jenen Prozeß der Versachlichung und Quantifizierung, der vom Recht ausgeht. Leiden, die außerhalb der Dienstzeit auftreten, sind mißlich.

5. Alle sozialen Leistungen sind in die Besonderheiten des öffentlichen Etats gebunden. Fehlen im Etat Mittel, so ist keine Abhilfe zu finden. . . . Ein oder zwei Jahre vorher liegt bereits fest, wieviele Gravamina, nach Haushaltstiteln genau geordnet, überhaupt zum Zuge kommen können.“[10]

Eine für Achinger entscheidende Folge der Bürokratisierung ist die Institutionalisierung von Problemlösungsstrategien und – als deren Bedingung – der Definition und Selektion von Problemen. Die Institutionalisierung prägt so die gesamte Sozialpolitik; denn die auf Dauer gestellte Programmstruktur sozialpolitischer Institutionen macht nicht nur die Institutionen auf unabsehbare Zeit notwendig, sondern auch die Problemlösungen, weil die Probleme selbst nicht mehr gelöst, sondern nur noch auf Dauer verwaltet werden.

In der Tat bedürfen die bürokratisch verfaßten sozialpolitischen Institutionen einer Strategie, die es ihnen erlaubt, sich auf Dauer als unabdingbar notwendig für den gesellschaftlichen Wandel und für die Stabilität der gesellschaftlichen Strukturen gleichermaßen zu machen. Dies geschieht am ehesten, wenn sie durch den Prozeß der Lösung bestimmter Probleme andere Probleme erzeugen, definieren und wiederum Problemlösungsstrategien anbieten. Neben der Tatsache, daß freilich andere gesellschaftliche, insbesondere wirtschaftliche, Prozesse soziale Probleme erzeugen, ist also bedeutsam, daß die sozialpolitischen Institutionen durch die von ihnen angebotenen Problem-

---

[10] Ebenda, 42ff.

lösungen und die ihnen immanenten Kommunikations- und Organisationsprinzipien soziale Probleme erzeugen, perpetuieren und verwalten, wobei die Selektion von Problemen, die sie anzugehen gedenken, die gesamtgesellschaftliche Bedeutung der auf Dauer gestellten Problemlösungen noch verstärkt, weil damit auf Dauer nicht alle Probleme gleichermaßen von der Sozialpolitik ergriffen werden,[11] so daß also immer irgendwelche Probleme „übrig bleiben", die die Institutionen permanent vernachlässigen, was wiederum dazu führt, daß die Institutionen auf Dauer auch für notwendig gehalten werden müssen.

Die mit der Institutionalisierung der Problemlösungsstrategien verbundene Tendenz der Institutionen zur Eigendynamik widerspricht nach Achinger[12] der Intention der Sozialpolitik; durch die Institute des Rechts und der Verwaltung, die beide längst ein Eigenleben führen, verselbständigt sich auch der sozialpolitische Gedanke, der Wohlfahrt der Bürger im eigentlichen Sinne Rechnung zu tragen.

Achinger setzt deshalb die Entwicklung der Sozialpolitik seit Beginn der Sozialgesetzgebung kritisch von der Armenfürsorge ab, die – freilich vor ihrer Bürokratisierung – an den Nöten des einzelnen in concreto orientiert war.

Hier allerdings kommen wir an einen wesentlichen Punkt. Die Tendenz der Sozialpolitik, sich eher an den für das gesamtgesellschaftliche und politische Gefüge der Gesellschaft verantwortlichen Bewußtseinslagen als an tatsächlichen Notlagen der Bevölkerungsgruppen zu orientieren, macht m.E. den herrschaftsstabilisierenden Charakter der Sozialpolitik vor allen anderen Institutionen deutlich.[13]

Damit wird ein Dilemma der Sozialpolitik gerade in ihrem Verhältnis zur Bürokratie offensichtlich. Auf der einen Seite handelt die Sozialpolitik – aus der Tradition der Sorge um das Gesamtwohl herkommend – im Sinne eines bestimmten, wirtschaftlich definierten Ordnungsinteresses der Gesamtgesellschaft, ihre Maßnahmen sind aber personenspezifisch ausgerichtet und so zu vermitteln. Hier hat die Bürokratie einen entscheidenden Beitrag zur Individualisierung geleistet, weil sie auf Vereinzelung des Helfens, des Gebens und Nehmens setzt. Sie weist individuelle Mittel zu und ordnet über diesen Prozeß

---

[11] „Alle diese Institutionen müssen so denken und operieren, als wenn sie ewig notwendig wären, sie müssen also, ob das die gesellschaftlichen Zustände bestätigen oder nicht, von der Hypothese ausgehen, daß der Notstand im gleichen Umfang ewig vorhanden sei, auch durch kein anderes sozialpolitisches Mittel gebessert werden könne." (Ebenda, 41).

[12] Vgl. ebenda, 40.

[13] „Bei dieser Sozialpolitik kommt es überhaupt nicht auf die tatsächliche Lage der Bevölkerungsgruppen an . . ., sondern auf die Empfindungen der Betroffenen von ihrer Lage. Solange nur Notstände, aber keine das Gesellschaftsgefüge und den Staat bedrohenden zu einem Gesamtwillen geronnenen Gefühle vorliegen, gibt es keinen vernünftigen Anlaß zur Sozialpolitik." (Ebenda, 44).

gesellschaftliche Verhältnisse. Was Achinger dabei betont, ist die ordnungsstiftende Kraft der Sozialpolitik im politischen Raum, die weitgehend auch über bürokratische Prozesse und Entscheidungen gesteuert wird; was aber nicht deutlich bei ihm herauskommt, ist die Tatsache, daß die Bürokratie über die Verrechtlichung und Ökonomisierung letztlich genauso individualisiert, wie er es von der Armenpflege behauptet.[14]

Die Tatsache der Individualisierung ist in diesem Zusammenhang besonders wichtig, weil alle sozialen Leistungen seit den Sozialgesetzen auf dem individualisierten Äquivalenzprinzip beruhen, also auf dem Prinzip von Leistung und Gegenleistung – wie bei der Sozialversicherung – bzw. auf Rechtsansprüchen – wie im Falle der Fürsorge und der Entschädigung. Dies ist darin begründet, daß die Bürokratie Individuen verwaltet und die Juridifizierung des Verwaltungshandelns Einfluß genommen hat auf das sozialpolitische Selbstverständnis von der Pflicht des Staates, für die einzelnen Schwächeren zu sorgen. Freilich hat sich dabei das Prinzip sozialpolitischen Handelns gewandelt. Es geht nicht mehr um die staatliche Sorge um das Gemeinwohl einerseits und um die Integration der Armen in das Gemeinwohl andererseits. Vielmehr geht es um die Behandlung von Rechtssubjekten auf der Basis formaler Gleichheit.[15] Es ist ja gerade die Verwaltung, die durch die formale Rationalisierung des Rechts zunächst mit formal gleichen Individuen besser umgehen kann als mit der Ordnung der Beziehungen zwischen material ungleichen Individuen. Das Prinzip der Äquivalenz macht es möglich, individuelle Leistungen individuell abzurechnen und nach gesetztem Recht die Gegenleistung individuell zu berechnen. Es wird später zu zeigen sein, daß genau diese formale Gleichheit vor der Verwaltung zu Ungleichheiten in der Sache führt; wenn Achinger meint, Bürokratisierung und Gleichberechtigung gingen Hand in Hand[16], dann muß präzisiert werden: Bürokratisierung und *formale Gleichheit* gehen Hand in Hand.

Es muß gesehen werden, daß hier zwei Bürokratisierungsverständnisse einander begegnen. Achinger spricht von der Bürokratisierung als einem Prozeß, in dessen Verlauf die Fürsorge um den Untertan in eine rechtlich fixierte Leistung umgewandelt wurde, die dem einzelnen mehr Gleichheit bringt. Der von der Verwaltung eingelöste Rechtsanspruch sichert den einzelnen vor ungerechter Behandlung, und hier kann in der Tat die Bürokratisierung zu einer Gleichheit führen, weil sie zunächst auch dem Schwächeren das Recht auf Leistungen zugesteht, wie auch immer begründet. So zumindest ist das

---

[14] Vgl. ebenda, 44 weiter oben.

[15] „Alle sozialen Leistungen müssen deshalb auf einen Rechtsanspruch zurückgeführt werden, der größere Dignität hat, als die seit dem allgemeinen (sic) Preußischen Landrecht entwickelte Maxime, daß der Staat die Pflicht hat, die Schwachen zu schützen." (Ebenda, 48).

[16] Vgl. ebenda, 49.

Sozialversicherungssystem aufgebaut, und seine schnelle Entwicklung ist sicher der besonderen Verfassung der Bürokratie am Ende des 19. Jahrhunderts zuzuschreiben.

Auf der anderen Seite wird ein Bürokratieverständnis deutlich, wie es sich in der älteren Staatsverwaltungslehre als Verhältnis von Wohlfahrt und Verwaltung darstellt: Es geht darum, daß die Verwaltung zunächst die Verantwortung für das Gemeinwohl übernahm, aus dem sich später – im Kameralismus – dann die Aufgabe der Vermittlung von Individualwohl und Gemeinwohl entwickelte, bis dann im Zuge der Sozialgesetzgebung das Individuum zum zentralen Bezugspunkt des Verwaltungshandelns wurde, ohne daß dabei die Sozialpolitik auf die ordnungspolitische Komponente ihres Handelns verzichtete.

Begreift also Achinger die Bürokratisierung eher von unten her als eine Umwandlung fürsorgerisch-kommunikativer Zusammenhänge in formalrationale Strukturen und Organisationsformen, sehe ich in Anlehnung an meine Begründung des Verhältnisses von Sozialpolitik und Bürokratie aus der Tradition der älteren Staatsverwaltungslehre heraus die Bürokratisierung eher als einen Prozeß von „oben". Im Zuge der Rationalisierung des sozialen Lebens kam es zur Konstituierung einer rationalen Verwaltungsstruktur, zu einer Ausdifferenzierung der Verwaltung aus dem umfassenden Prinzip der „guthen Policey" und ihrer Entfaltung zu einer nach ökonomischen, rationalen und technischen Effizienzprinzipien arbeitenden Verwaltung. Um diese Effizienz zu erreichen, war es notwendig, sich eines rationalen Wohlfahrtszweckes zu bedienen, der sowohl die Verwaltung handlungsfähig machte als auch ihr Handeln legitimierte.

Aus diesem Verständnis heraus scheint mir deutlicher begründbar zu sein, warum sich die Sozialpolitik auf der Basis von Sozialgesetzen als Sozialversicherung entwickeln konnte und sich eben nicht in Selbsthilfeorganisationen ohne staatliche Einbindung entfalten konnte. Das spezifische Verständnis von der Sorge des Staates für seine Untertanen trug sicher mit dazu bei, warum sich gerade die Sozialgesetze in einer Zeit entwickelten, wo auch der Staat – vermittelt über seine Bürokratie – ein starkes ordnungsleitendes Interesse bei diesen Sozialgesetzen verfolgte.

Weil Achinger das Herauswachsen des Versicherungsprinzips und der es verkörpernden Institute aus dem Fürsorgeprinzip mit der Veränderung der Organisations- und Kommunikationsweise verbindet, kommt der Aspekt der engen Verflechtung des Verwaltungsgedankens mit dem Wohlfahrtsgedanken als ordnungskonstituierendes Moment zu kurz.

Unterdessen gewinnt durch diese Ableitung der Prinzipien die Entwicklung des bürokratischen Zentralismus eine größere Bedeutung.

„Schon seit Schmollers Zeiten bedeutet Sozialpolitik eine ungewollte Übertragung der Verantwortung von den kleinen Sorgeverbänden auf die großen, also etwa die Verlegung von Sorgepflichten aus dem Sorgeverband ‚Familie', der nach dem Urteil der Sozialfachleute nicht mehr ausreicht, auf größere, tragkräftigere Gebilde."[17]

Dieser Prozeß ist wechselseitig. Auf der einen Seite ist in der Tat die Zentralisierung von Sorgefunktionen in bürokratischen Institutionen zu beobachten, die zum Verlust von Funktionen der Familie geführt haben. Es trifft aber auf der anderen Seite auch die Institutionen der freien Wohlfahrtspflege und der genossenschaftlichen Selbsthilfeorganisationen. Auch sie wurden bereits sehr früh einem Bürokratisierungsprozeß unterworfen, der zu einer Standardisierung, Differenzierung und Formalisierung ihres Helfens und Handelns führte. Achinger beklagt dabei den Verlust der persönlichen Nähe zwischen Helfer und Hilfebedürftigen, der freilich auch mit der intensiveren und eindringlicheren Kontrolle und Beeinflussung verbunden war:

„Der Abschied vom privaten ehrenamtlichen Stil ist nahezu vollständig. Er vollzieht sich auf zwei Ebenen: Zunächst geht es darum, aus dem Vollzug der Sozialpolitik eine Berufsarbeit zu machen. . . . Die zweite Ebene, auf der sich der Abschied von der freien Arbeitsweise vollzieht, ist die Ablösung privater durch öffentliche Institute."[18]

Fazit

Achingers These von der Bürokratisierung der Sozialpolitik ist unter mehreren Aspekten für die weitere Argumentation wichtig.

1. Die These erlaubt die Differenzierung des Bürokratisierungsprozesses in den genannten Dimensionen, wie sie im Anschluß an diese Überlegungen Diskussionsgegenstand sind.

2. Die soziologische Analyse erlaubt es, die These im Sinne Achingers zu interpretieren. Im Zentrum der Analyse steht die Bürokratie als Struktur- und Organisationsprinzip mit allen Folgen für die Organisations- und Kommunikationsweise der sozialpolitischen Institutionen und für das Selbstverständnis der Sozialpolitik.

3. Die Bedeutung der älteren Staatsverwaltungslehre für die Sozialpolitikentwicklung wird erst dann deutlich werden, wenn die These von der Bürokratisierung der Sozialpolitik in der angesprochenen Weise differenziert wird. Denn die einzelnen Dimensionen haben sich in unterschiedlichen historischen Phasen entwickelt oder waren in unterschiedlichen Geschichtsepochen im wesentlichen Gegenstand der älteren deutschen Staatsverwaltungslehre.

---

[17] Ebenda, 45.

[18] *H. Achinger,* Sozialpolitik und Gesellschaftspolitik, 87.

3. Bürokratie als Herrschaftsprinzip und der Aspekt der Herrschaft in der Sozialpolitik

Im folgenden Kapitel soll der Versuch gemacht werden, die Beziehung der Bürokratie als Herrschaftsprinzip zum Herrschaftsaspekt der Sozialpolitik zu begründen.

Dabei stellen sich folgende Fragen:

1. Was heißt bürokratische Herrschaft?
2. In welcher Form konstituiert Sozialpolitik aus ihren Zielen, Ordnungsvorstellungen und Konzeptionen heraus Herrschaft?
3. Welche der sozialpolitischen Ziele, Handlungsstrategien und Ordnungsvorstellungen sind prädestiniert, in Verbindung mit Bürokratie Herrschaft zu begründen; welche sozialpolitischen Ziele sind also umstandslos durch Verwaltungshandeln zu erreichen?

1. Was heißt bürokratische Herrschaft?

Um der systematischen Analyse der Herrschaft bürokratischer näherzukommen, empfiehlt sich im ersten Schritt eine Differenzierung des Bürokratisierungsprozesses. Einmal wird auch im Zusammenhang mit der Bürokratisierungsthese Bürokratie als Herrschafts- bzw. gesellschaftliches Strukturprinzip begriffen, zum anderen wird darunter die technische Gestaltung der Organisation und die Beziehungen zu ihrer Klientel verstanden. Beide Dimensionen sind unmittelbar miteinander verbunden, Bürokratie wird immer nur durch beide Dimensionen konstituiert. Balla hat in einem anderen Kontext darauf aufmerksam gemacht:

> „Jede als Bürokratie bezeichnete Organisation stellt einen Versuch zur Lösung von Zielsetzungen dar, die in drei gesellschaftliche Dimensionen, nämlich der Herrschaftsbeziehungen, der technischen Gestaltung und der Humanisierung gelagert sind.“[19]

Die Erreichung von Zielen auf der Herrschaftsebene macht die Bürokratie zum Herrschafts- und Strukturprinzip, macht also die Herrschaft zur bürokratisch-rationalen Herrschaft.

Bürokratische Herrschaft ist eine Dimension legaler Herrschaft, die weitgehend geprägt ist von formalen Rechtsbeziehungen und einer rationalen Bürokratie als Organisationsform. Sie basiert entweder auf gesetzten Regeln oder auf wertrationalen Begründungen ihrer Legitimität, wie etwa dem neueren Naturrecht. Der Geltungsgrund legaler Herrschaft beruht entweder auf dem Glauben an die formale Rechtmäßigkeit der gesetzten Regeln (Gebotsrecht) oder auf dem wertrationalen Glauben an das Herrschaftssystem und seine Grundlagen.[20]

---

[19] *B. Balla*, 3.

[20] Vgl. *M. Weber*, Wirtschaft und Gesellschaft, 124ff.

Bürokratische Herrschaft ist von Weber in unterschiedlichen Dimensionen thematisiert worden.

Die erste Dimension ist die der Herrschaft *mittels* eines Verwaltungsstabes. Als zweite Dimension kann bürokratische Herrschaft als Herrschaft *der* Verwaltung bezeichnet werden, die eng mit der dritten Dimension verknüpft ist, nämlich der Herrschaft der Verwaltung aufgrund der Durchdringung der Lebensverhältnisse mit einem „bürokratischen Geist".

Alle drei Dimensionen konstituieren in ihrer Verflechtung bürokratische Herrschaft. Die Herrschaft mittels eines bürokratischen Apparates hängt mit dessen technischer Ausgestaltung als Herrschaftsinstrument zusammen; Herrschaft der Verwaltung impliziert die technische Ausgestaltung eines technisch effizienten Apparates *und* die Möglichkeit der Beeinflussung von Lebenslagen durch die bürokratischen Methoden der Aufrechterhaltung und Sicherung von Beziehungen zur jeweiligen Klientel.

In der dialektischen Verschränkung von Bürokratie als technischer Organisierbarkeit und Berechenbarkeit einerseits und der Dimension der Herrschaft durch den Geist der Bürokratie andererseits wird bürokratische Herrschaft erst konstituiert. Nur über diese beiden Dimensionen konnte es einem Verwaltungsstab im geschichtlichen Prozeß gelingen, die Herrschaft des legitimen Herren offen oder versteckt zu überlagern und so die Herrschaft an sich zu reißen. Die vom Regenten zunächst „in Gewalt" genommene öffentliche Macht wurde über den Prozeß der „Bürokratisierung der Herrschaft" dem personalen Zugriff allmählich entzogen und der Berechenbarkeit, Objektivierbarkeit und Organisierbarkeit eines Verwaltungsapparates „übereignet". In diesem Prozeß wurde Herrschaft rationalisiert. Im Begriff der Rationalität verdichtet sich die dialektische Verschränkung von Herrschaft und technischer Organisierbarkeit und Berechenbarkeit und Herrschaft durch den Geist der Bürokratie. Erst über diese Formen der Rationalität, über die Rationalität des Herrschaftsprinzips in Verbindung mit dem rationalen Organisationsprinzip entsteht das Prinzip des Beherrschens durch Berechnen. Gleichzeitig kann Herrschaft nur über die formale Rationalisierung des Rechtes und die damit verbundene Rationalisierung der Kommunikationsweise begriffen werden, mit der die Verwaltung ihre Beziehungen zu ihrer Klientel definiert.

Im Blick auf das zu begründende Verhältnis von Sozialpolitik und Bürokratie kann zunächst Herrschaft der Bürokratie also verstanden werden als die Chance zur Durchdringung der Lebensverhältnisse mit einem rationalen bürokratischen Geist und als die Chance, über die Vermittlung von monetären Mitteln (oder quasi-monetären Leistungen), über die Vermittlung von Rechtsansprüchen und sozialen Chancen Lebensverhältnisse zu durchdringen, Lebenslagen im Sinne bestimmter Ordnungsvorstellungen zu beeinflussen, notfalls zu verändern, und damit Abhängigkeit zu erzeugen.

Der Begriff der Rationalität ist die zentrale Kategorie der Analyse bürokratischer Herrschaft. Insbesondere der Aspekt der ökonomischen Rationalität als der Inbegriff von „Beherrschen durch Berechnen" wird hier relevant. Es geht dabei nicht darum, daß durch Rationalisierung Lebensbedingungen erfahrbarer werden, sondern darum,

> „daß man, wenn man *nur wollte,* es jederzeit erfahren *könnte,* daß es also prinzipiell keine geheimnisvollen unberechenbaren Mächte gebe, die da hinein spielen, daß man vielmehr alle Dinge – im Prinzip – durch *Berechnen* beherrschen könnte".[21]

Der Zusammenhang zwischen ökonomischer und politischer Rationalität, zwischen Berechnen und Beherrschen, zwischen der Kalkulierbarkeit von Lebensverhältnissen und ihrer Beherrschbarkeit gehört sicher zu den zentralen Gedankenführungen Webers, ist doch der Geist des Kapitalismus ohne den Geist der rationalen Herrschaft nicht hinreichend denkbar – und vice versa.

In der Verschränkung dieser beiden Rationalitätsprinzipien ist auch die Verbindung zur Sozialpolitik bereits verankert, weist doch der Begriff der ökonomischen Rationalität bereits auf die Tendenz der Sozialpolitik hin, ihre Leistungen zu ökonomisieren. Die Affinität der Sozialpolitik zur Bürokratie besteht gerade darin, daß beide Bereiche das ökonomische Rationalitätsprinzip des Beherrschens durch Berechnen für sich als konstitutiv ansehen. Im Begriff der ökonomischen Rationalität trifft sich die rationale Herrschaft mit der rationalen Sozialpolitik.

Wie stellt sich für Weber die Rationalität bürokratischer Herrschaft dar? Weber typisiert ja drei Formen von Herrschaft – die traditionale, die charismatische und die legale Herrschaft. In dem Maße – so Weber –, wie Rationalität und rationales Handeln ein unbestimmtes, ungerichtetes, psychischen Bedingungen ausgesetztes und damit unberechenbares, irrationales Handeln verdrängen, in demselben Maße werden im Geschichtsprozeß auch die Typen traditionaler und charismatischer Herrschaft in gesatzte Regeln legaler, bürokratischer Herrschaft übergehen. Die Ökonomie des Kameralismus und die neue, rationale Staatlichkeit konstituieren dabei diesen Typ legaler Herrschaft; für sie werden Ökonomie und rationaler Staat zur unabdingbaren Voraussetzung. Von allen drei „reinen Typen" legitimer Herrschaft ist die Bürokratie die reinste.

> „Der reinste Typus der legalen Herrschaft ist diejenige mittels *bureaukratischen Verwaltungsstabes."*[22]

---

[21] *M. Weber,* Vom inneren Beruf, 317.

[22] *M. Weber,* Wirtschaft und Gesellschaft, 126; „Die rein bureaukratische, also: die bureaukratisch-monokratische aktenmäßige Verwaltung ist nach allen Erfahrungen die an Präzision, Stetigkeit, Disziplin, Straffheit und Verläßlichkeit, also Berechenbarkeit für den Herrn, wie für die Interessenten, Intensität und Extensität der Leistung, formal universaler Anwendbarkeit auf alle Aufgaben, rein *technisch* im Höchstmaß der Lei-

Herrschaft als „die Chance, für einen Befehl bestimmten Inhalts bei angebbaren Personen Gehorsam zu finden“[23] schließt m. E. andere Formen als die der legitimen Herrschaft aus. Sie unterscheidet sich gerade vom Begriff der Macht und von anderen Begriffen der Herrschaft dadurch, daß sie vorhersehbar in ihren Konsequenzen ist, ja – nach Wenn/Dann-Beziehungen – logisch überprüfbar, kalkulierbar ist. Es fällt auf, daß Weber die Begründung „legaler Herrschaft mittels bürokratischen Verwaltungsstabes“ weitgehend auf dessen technische Überlegenheit bezieht; überhaupt gewinnt man den Eindruck, daß die technische Überlegenheit konstitutiv ist für die Durchsetzung und Behauptung von Herrschaft. Die Begriffe – wie Präzision, Stetigkeit, Straffheit etc. – sind weitgehend technischer Provenienz; sie begründen eher Herrschaft durch Verfahren als durch soziale Beziehungen. Balla weist mit Recht darauf hin, daß die Dominanz technischer Verfügungsmöglichkeiten zu einer Vernachlässigung sozial-humaner Elemente in Webers Idealtypus geführt hat.[24]

> „Bezeichnend ist . . ., welch hochgradige Fähigkeit zur Stabilisierung der sozialen Beziehungen von Weber dieser technisch optimalen Qualität der rationalisierten Lebensbeziehungen im allgemeinen, der Bürokratie im besonderen zugesprochen sind. Ein technisch optimales Funktionieren der Bürokratie gewährleistet das Primat rationalen Handelns, trägt zur Dominanz des Prinzips der Beherrschung der Lebensvorgänge durch Berechnen bei und sichert somit hochgradige Stabilität gesellschaftlicher Beziehungen.“[25]

Aus diesem Sachverhalt ergibt sich dann in logischer Konsequenz, daß Verwaltungshandeln und seine verantwortungsethische Grundlegung nicht mehr alleine durch die Subjekte und Objekte des Handelns und die Beziehungen zwischen beiden hinreichend gewährleistet sind, sondern geradezu dadurch, *wie* sich Vermittlungs- und Handlungsstrukturen konstituieren, *wie* die Beziehungen konstituiert und gestaltet werden. In den Kategorien Webers gedacht, überwiegt das zweckrationale Handeln gegenüber einem eher wertrationalen Handeln.[26] *Wertrationalität* ist ja dadurch begründet, daß dieses Handeln – anders als etwa affektiv-emotionales – sinnhaft nachvollziehbar ist, über intersubjektive Verständigung, diskurshaft normative Orientierungen vermittelt, sinnstiftend ist. Entweder über Wertmuster oder personale Vermittlung stellt sich den Akteuren des Handelns der Handlungsgrund und -zusammenhang als

---

stung vollkommenbare, in diesen Bedeutungen: formal *rationalste,* Form der Herrschaftsausübung.“ Ebenda, 128.

[23] Ebenda, 28.

[24] Vgl. *B. Balla,* 59ff.

[25] Ebenda, 58.

[26] „Wie jedes Handeln kann auch das soziale Handeln bestimmt sein 1. zweckrational: durch Erwartungen des Verhaltens von Gegenständen der Außenwelt und von anderen Menschen und unter Benutzung dieser Erwartungen als ‚Bedingungen‘ oder als ‚Mittel‘ für rational, als Erfolg, erstrebte und abgewogene eigene Zwecke, – 2. durch bewußten Glauben an den – ethischen, ästhetischen, religiösen oder wie immer sonst zu deutenden – unbedingten Eigenwert eines bestimmten Sichverhaltens, rein als solches unabhängig vom Erfolg, . . .“ (*M. Weber,* Wirtschaft und Gesellschaft, 12).

„objektiver Sinn" dar. Bei der Frage nach *Zweckrationalität* hingegen stellt sich die Wertproblematik dem Handelnden nicht mehr. Vielmehr stellt sich die Frage nach dem Verfahren, in dem Mittel und Zweck und ihr Verhältnis zueinander bereits festgelegt sind. „Lob der Routine" (Luhmann), Gradlinigkeit des Vollzuges steht im Vordergrund; ungebrochene Durchsetzung der Zweckverfolgung bei geringstem Mitteleinsatz ist das Ziel des Handelns.

2. Inwieweit konstituieren sozialpolitische Ziel- und Ordnungsvorstellungen und Problemlösungsstrategien in Verbindung mit der Bürokratie Herrschaft?

Bei dieser Frage geht es darum, ob und auf welche Weise aus dem Selbstverständnis sozialpolitischen Denkens und Handelns heraus Herrschaft begründbar ist, inwieweit also über sozialpolitische Zielsetzungen und Ordnungsimplementation die Chance erzeugt wird, über sozialpolitische Maßnahmen bei der Mehrheit der von ihr abhängigen Klientel Gehorsam zu finden.

Um diese Frage zu beantworten, muß auf einige Aspekte des Selbstverständnisses sozialpolitischen Denkens eingegangen werden. Dies scheint mir deshalb besonders wichtig zu sein, weil sich andernfalls nicht belegen ließe, inwieweit sozialpolitisches Handeln disponiert ist, in Verwaltungshandeln überzugehen, bzw. warum sozialpolitisches Handeln letztlich nicht von den Aspekten bürokratischen Handelns und Herrschens getrennt betrachtet werden kann.

Der Herrschaftsaspekt der Sozialpolitik wird in der Regel unter den Gesichtspunkten der Funktion der Sozialpolitik für die Gesellschaft diskutiert. Wir können den Herrschaftsaspekt von Sozialpolitik nicht hinreichend erfassen, wenn wir nicht die Funktion der Sozialpolitik für die Gesamtgesellschaft, wie für den einzelnen in Bezug setzen zu den Institutionen und deren Prinzipien und Mechanismen sozialpolitischer Problemlösung und Zielerreichnung. Sozialpolitik als konstitutives Element eines Gesellschaftsprozesses ist in seinem Selbstverständnis gebunden an die Form, wie sie sich im Gesellschaftsprozeß als unabdingbar erweist – und dies ist die sozialpolitische Praxis, genauer: die Praxis der sozialpolitischen, bürokratisch verfaßten Institutionen.

Indem Sozialpolitik als wesentlicher Teil dieser Gesellschaft begriffen wird, sind ihre Maßnahmen der gesellschaftstypischen Logik unterworfen. Sie manifestiert sich zunächst in der Logik des Wirtschaftssystems, dann aber auch und vor allem in der der bürokratischen Institutionen.

Wenn im folgenden also eher Ansätze behandelt werden, die auf die Erhaltung und Gestaltung des Gesellschaftssystems ausgehen, dann deshalb, weil es eine der entscheidenden Funktionen der Sozialpolitik ist, über ihre Maßnahmen integrativ und stabilisierend zu wirken. Damit leistet sie auch einen entscheidenden Beitrag zu Stabilisierung und Tradierung von Herrschaft. Wenngleich noch nicht davon ausgegangen werden kann, daß die Sozialpolitik dabei ohne ihre Bürokratie auskommt, so kann doch festgehalten werden, daß aus diesem eigenen konzeptionellen Verständnis von Sozialpolitik heraus ableitbar ist, daß sie über ihre Maßnahmen Herrschaft konstituieren kann.

Sozialpolitik – dies ist wohl das umfassendste Verständnis – greift über Mechanismen rationaler Planung und Beeinflussung in die Lebenslage von Individuen ein; insofern ist sie Prinzipien verhaftet, die mit der ökonomischen und sozialen Verfaßtheit der Gesellschaft unmittelbar verbunden sind. Sie ist Produkt dieser sozialen und ökonomischen Verfassung der Gesellschaft, wie sie auch ihren Ordnungsvorstellungen verpflichtet ist. So oder so – sie gehorcht den Prinzipien der Ökonomie; entweder, indem sie deren Folgeschäden behebt oder indem sie möglichen Schädigungen vorgreift. Als historisch gewachsene Form der Auseinandersetzung mit den Problemen der Konstitution von Gesellschaft ist Sozialpolitik zu einem integralen Bestandteil heutiger Gesellschaft geworden. Durch die Institutionalisierung des Zusammenhanges von Problemdefinition, Programmformulierung und -implementation wird Sozialpolitik auf Dauer gestellt, weil die Problemlösungsstrategien zwar auf die Problemwirkungen ausgerichtet sind, aber nicht auf die problemerzeugenden Strukturen und Prozesse, und weil die Problemlösungen selbst wiederum problemerzeugend wirken können.

> „Die von Marx scharfsinnig diagnostizierten Antagonismen einer kapitalistischen Gesellschaftsformation sind durch die Sozialpolitik domestiziert worden."[27]

Damit ist Sozialpolitik nicht nur zum notwendigen, nicht mehr wegzudenkenden Instrument der Stabilisierung und Integration von Gesellschaft geworden, sondern auch zu einem Garanten der für die Problemerzeugung und -perpetuierung notwendigen Strukturen und Prozesse. Dies gilt für den Prozeß der Sozialpolitik selbst auch: Mit der Stabilisierung der gesellschaftlichen Bedingungen ihrer Konstituierung schafft sich die Sozialpolitik die notwendigen Voraussetzungen, als Prozeß für die Gesellschaft konstitutiv zu werden und damit unabdingbar zu sein. Dies bedeutet auch: nicht nur die Widersprüche der Gesellschaftsformation werden durch Sozialpolitik domestiziert, sondern auch vice versa: Solange Sozialpolitik nur im Zusammenhang mit Problemdefinition und Programmformulierung und -implementation handlungsfähig ist, domestizieren die Antagonismen der Gesellschaft auch die Sozialpolitik; solange Sozialpolitik den Gesetzen der kapitalistischen Gesellschaft gehorchen muß, ist sie notwendigerweise ein Bestandteil von ihr, sie ist eine notwendige Bedingung ihrer Konstituierung.

Heimann[28] verweist in diesem Zusammenhang auf den Doppelcharakter der Sozialpolitik: Als „institutionellen Niederschlag der sozialen Idee des Kapita-

---

[27] *F. X. Kaufmann,* Staat, Gesellschaft, Lebenslage, E 10.

[28] Vgl. *E. Heimann,* 167ff.

lismus“ hat sie gleichsam die konservative Funktion der Strukturerhaltung. Gleichzeitig zeigt die Geschichte der Arbeiterbewegung eindeutig, auf welche Weise die Arbeiterschaft auf eine reine Strukturerhaltungspolitik reagierte, indem sie Sozialpolitik auch als „Politics“[29] begriff und damit selbst zum Agens der Veränderung machte. Durch Einbeziehung der sozialen Komponente in die wirtschaftstheoretisch orientierten Begründungsraster von Sozialpolitik wird die ökonomische Theorie noch nicht zu einer sozialen. Vielmehr gehorcht sie weiterhin dem Primat der Wirtschaft, indem Sozialpolitik – so Heimann – die kapitalistische Produktionsgrundlage sichert. Aber auch Heimann betont, daß die ökonomische Theorie durch den Einbezug des Menschen „in seinem vollen Menschsein“ (Preller) relativiert wird. Die ökonomische Theorie

> „wird dadurch nicht bestritten oder in sich geschwächt; sie wird nur eingeordnet und verliert den Anspruch auf alleinige Beherrschung des ökonomisch-sozialen Feldes, den die nackte Erwerbswirtschaft ihr zuweist . . .“.[30]

Damit stehen wir vor der Frage nach dem Verhältnis der Sozialpolitik zur Gesellschafts- und Wirtschaftsordnung und der Funktion der Sozialpolitik in der heutigen Gesellschaft.

Staatstheoretisch orientierte Autoren gehen bei der Funktionsbestimmung weitgehend von einer Metabestimmung der Sozialpolitik aus, die sich aus ihrer Art des Einflusses auf die der Gesellschaft zugrundeliegenden Ordnungsprinzipien ergibt, die aber nicht im Absichtsbereich der sozialpolitischen Intervention selbst liegen. Hier steht auch eher die Staatsfunktion im Kapitalismus zur Diskussion als die eigentlichen sozialpolitischen Maßnahmen. So heißt es z. B. bei Lenhardt / Offe:

> „Sozialpolitik ist die staatliche Bearbeitung des Problems der dauerhaften Transformation von Nicht-Lohnarbeitern in Lohnarbeiter.“[31]

Auch die Autoren des Beitrages: „Sozialpolitik als soziale Kontrolle“ in dem gleichnamigen Buch unterscheiden in ihrem Bemühen um eine Definition staatlicher Sozialpolitik drei wesentliche Funktionen der staatlichen Sozialpolitik: die Kompensations-, die Konstitutions- und die Kontrollfunktion der Sozialpolitik. Aus ihnen leiten sich dann auch drei Typen von Theorien ab.

> „Die *Kompensationsfunktion* staatlicher Sozialpolitik ist bezogen auf das Problem, daß in der kapitalistischen Produktionsweise Lohnarbeiter sich gegen die spezifischen Reproduktionsrisiken ihrer Existenz mit Hilfe ihres marktvermittelten individuellen Lohneinkommens nicht abzusichern vermögen. . . .
>
> Die *Konstitutionsfunktion* staatlicher Sozialpolitik resultiert aus dem strukturellen Widerspruch zwischen den konkurrenzvermittelten einzelkapitalistisch rationalen

[29] Zu der Unterscheidung von Sozialpolitik als Politics und Sozialpolitik als Policies vgl. *F. X. Kaufmann,* Sozialpolitisches Erkenntnisinteresse, 43ff.

[30] *E. Heimann,* 210.

[31] *G. Lenhardt / C. Offe,* 101.

Strategien der Verwendung der Arbeitskraft im Produktionsprozeß und den für die Aufrechterhaltung des gesamtkapitalistischen Akkumulationsprozesses notwendigen Formen der Nutzung von Arbeitskraft. . . .

Die *Kontrollfunktion* staatlicher Sozialpolitik ist auf das Problem bezogen, daß der reibungslose Ablauf des kapitalistischen Reproduktionsprozesses nur dann gelingen kann, wenn die Lohnarbeiter die für die bürgerliche Rechtsordnung konstitutiven Verkehrsformen erfolgreich einüben und in den Wechselfällen des Arbeitslebens aufrechterhalten. . . ."[32]

Es gehört in der Tat zum Wesen der Sozialpolitik im Kapitalismus, im Vollzug der Transformation gesellschaftlicher Verhältnisse diese permanent zu stabilisieren.

„Sozialpolitik ist also der Einbau des Gegenprinzips in den Bau der Kapitalherrschaft und Sachgüterordnung; es ist die Verwirklichung der sozialen Idee im Kapitalismus gegen den Kapitalismus."[33]

Der Kapitalismus konstituierte historisch die Sozialpolitik, institutionalisierte die soziale Idee in seinem System im Grunde gegen sich selbst, und gleichzeitig ist die institutionalisierte Idee die notwendige Voraussetzung der Konstitution des Kapitalismus; sie gehört zu seinem Wesen wie die Probleme und Widersprüche, die er hervorbringt und die ihm eigen sind.

So versteht Heimann Sozialpolitik nicht in einer zu entzweienden Doppelstellung als Fremdkörper und Bestandteil des Kapitalismus, sondern – in deren dialektischer Verschränkung – als Bestandteil.[34]

Wenn Heimann von Fremdkörper spricht, hat er nicht diese Form der Sozialpolitik als Politics im Sinn. Sein systematischer Zugang zu dem Begriff der Sozialpolitik gipfelt vielmehr in der strukturellen Veranlagung des Kapitalismus, Sozialpolitik zu konstituieren und zu brauchen und alle Bedingungen für deren Institutionalisierung zu schaffen, „Widersprüche zu domestizieren". (Kaufmann)

„Die soziale Idee entspringt aus dem wirtschaftlich-sozialen Boden des Kapitalismus, sie nimmt in der sozialen Bewegung Gestalt an und setzt sich mit wirtschaftlich-sozialen Mitteln im Kapitalismus und gegen den Kapitalismus durch."[35]

---

[32] *U. Rödel / T. Guldimann,* 1. Eine solche Zugangsweise zum Begriff der Sozialpolitik entzieht sich unmittelbar der Intention der sozialpolitischen Institution. Dies ist eine von außen an die Sozialpolitik herangetragene Definition, die freilich, von dort betrachtet, auch die Funktion der Sozialpolitik hinreichend beschreibt. Auf einige inhaltliche Bedenken zu dieser Zugangsweise möchte ich im Zusammenhang mit der Ökonomisierung der Sozialpolitik eingehen, beschreibt doch diese Definition die Funktion der Sozialpolitik in Hinblick auf die Aufrechterhaltung des sozioökonomischen Status des Lohnarbeiters und damit seine Integration in ein ökonomisches System.

[33] *E. Heimann,* 167.

[34] „Das dialektische Prinzip überwölkt den logischen Gegensatz der Begriffe Fremdkörper und Bestandteil und erfaßt die lebendige Bewegung nach vorn, zur sozialen Idee, wie nach rückwärts, zum Kapitalismus." (*E. Heimann,* 168).

[35] Ebenda, 171.

Darauf beruht letztlich die „revolutionär-konservative Doppelseitigkeit“[36] der Sozialpolitik; es ist der dem Kapitalismus immanenten Widersprüchlichkeit seiner Logik eigen, aus produktionspolitischen Notwendigkeiten die Reproduktion der Produktivkräfte zu erhalten, und zwar oft mit Hilfe von Mitteln und Strategien, die möglicherweise den produktionspolitischen Zielen und Notwendigkeiten diametral entgegenstehen. Aber letztlich ist alle Sozialpolitik auf den Wirtschaftsablauf ausgerichtet, auf die Produktion, auf die Distribution und auf die Konsumption. Wo sie nicht unmittelbar für die Aufrechterhaltung bestimmter produktionspolitischer Ziele nötig erscheint, verändert sie den Wirtschaftsablauf durch Verbesserung für die Arbeiter und gegen das Kapital

> „und macht daraus eine Bedingung für die weitere Mitwirkung der Arbeiter, also wieder eine produktionspolitische Notwendigkeit“.[37]

Und auch dort, wo nach Heimann der Wirtschaftsablauf geschädigt, beeinträchtigt wird „um sozialer und menschlicher Gesichtspunkte willen“ (Heimann), geschieht es aus einer integrationspolitischen und damit stabilitätspolitischen Notwendigkeit, die die Sozialpolitik auf den Plan ruft, allerdings in immanent gestalterischer Absicht.[38]

In Heimanns Theorie des Kapitalismus wird somit der strukturwandelnde Charakter der Sozialpolitik deutlich: „. . . sie wandelt die bestehende Gesellschaftsstruktur, ohne sie völlig zu verwandeln“.[39] Damit bleibt der Strukturwandel den immanenten Gesetzen kapitalistischer Entwicklung unterworfen. Die Sozialpolitik als strukturwandelnde Politik bleibt dabei ebenso den Strukturen verhaftet und gehorcht den Prinzipien einer kapitalistischen Ordnung, wie die von ihr bewirkten Veränderungen der immanenten Logik des kapitalistischen Verwertungsprozesses entsprechen. Trotz des Einbezuges des Men-

---

[36] Ebenda, 190.

[37] Ebenda, 214.

[38] Vgl. ebenda, 190ff., wo er in dem zweiten Kapitel „Sozialpolitik und Kapitalismus“ die Sozialpolitik einteilt in eine sozialpolitische Sicherung des Wirtschaftsablaufes, in eine sozialpolitische Veränderung des Wirtschaftsablaufes und in eine sozialpolitische Beeinträchtigung des Wirtschaftsablaufes. Vordergründig kann man Parallelen zu Prellers Einteilung der strukturerhaltenden, -wandelnden und -gestaltenden Sozialpolitik feststellen. Bei näherem Hinsehen ergeben sich aber Differenzierungen. Während Preller die strukturwandelnde Sozialpolitik eher der strukturellen Dynamik des Wirtschaftssystems zuschreibt, sieht Heimann in der Veränderung des Wirtschaftsablaufes einen bewußten Eingriff auf Teilgebiete, der seine Wirkungen auf andere Gebiete hat. Was bei Preller Strukturgestaltung bedeutet, ist nicht ganz identisch mit dem, was Heimann mit Beeinträchtigung des Wirtschaftsablaufes meint. Strukturgestaltende Sozialpolitik ist bei Preller intentionale Strategie der Sozialpolitik mit dem Ziel der Beeinflussung von Lebenslagen und Lebensbereichen; Heimann meint dazu die Beeinträchtigung durch soziale Kräfte und Bewegungen, die zunächst den Wirtschaftsablauf schädigen, langfristig dennoch integrierend wirken, im Sinne der Domestizierung des Widerspruches, also doch zur Stabilisierung des Wirtschaftsablaufes durch immanente Transformation beitragen.

[39] *L. Preller,* Sozialpolitik, Theoretische Ortung, 141.

schen in die Theorie und Praxis der Ökonomie; trotz der Tatsache, daß „der Mensch und das Leben gilt, nicht die Güter“ (Heimann) bleibt der Ökonomismus der Sozialpolitik durchaus unbestritten. Und dies begrenzt in der Tat den Strukturwandel auf die immanente Logik des gesellschaftlichen Prozesses. Diese Überlegung deckt sich auch mit dem, was Preller mit strukturwandelnder Sozialpolitik meint, wenn er also nicht die bewußte Gestaltung in den Vordergrund rückt, sondern die bewirkte Umstrukturierung,

> „die sich faktisch ergibt, ohne daß sie durch bewußte Willensakte herbeigeführt worden wäre“.[40]

Wir sind damit bereits bei einem Vertreter der Sozialpolitik, der Sozialpolitik als Strukturpolitik begreift: bei Ludwig Preller. Dieser Ansatz ist deshalb besonders wichtig, weil er auf zwei Aspekte aufmerksam macht:

a) Sozialpolitik implementiert über strukturpolitische Maßnahmen Ordnung und sichert damit gesellschaftliche und herrschaftliche Verhältnisse.

b) Im Blick auf die Beziehung zur Bürokratie stellt sich der Ansatz Prellers als Antwort auf die Frage dar, inwieweit und in welchen Grenzen die Sozialverwaltung zu dieser Form der Strukturpolitik beitragen kann.

Mit dem Begriff der Strukturpolitik soll auf die Beeinflussung von gesellschaftlichen Strukturen und Prozessen hingewiesen werden und ebenso auf die ihnen zugrunde liegenden Ordnungsvorstellungen und Wertprämissen.

Preller macht dabei auf eine auch in diesem Zusammenhang wichtige Unterscheidung aufmerksam, die den Strukturbegriff gerade im Zusammenhang mit dem Herrschaftsaspekt interessant macht. Preller unterscheidet nämlich eine strukturerhaltende von einer -wandelnden und -gestaltenden Sozialpolitik und stellt fest:

- daß die struktur*erhaltende* Sozialpolitik weitgehend auf die sozialpolitisch relevanten Strukturelemente konzentriert ist und dies „auch nur insoweit, als durch den sozialpolitischen Eingriff die Gesellschaftsstruktur selbst, d. h. die Kompositionsidee, unangetastet bleibt“.[41]
- daß die struktur*wandelnde* Sozialpolitik Veränderungen in der Gesellschaft bewirkt, die unbeabsichtigt sind und nicht aus der Gegenstandsbestimmung von Sozialpolitik ableitbar sind. Die Veränderung ergibt sich aus der hohen strukturellen und funktionalen Differenzierung und der in ihr angelegten funktionalen und strukturellen Verflechtung.
- daß die struktur*gestaltende* Sozialpolitik bewußt die Veränderung der Gesellschaftsstruktur und der ihr zugrundeliegenden Ordnungsvorstellungen zum Ziel hat.

---

[40] Ebenda, 13.

[41] *L. Preller,* Sozialpolitik als Strukturpolitik, 175.

Damit macht Preller in besonderem Maße auf den Zusammenhang von Herrschaft und Sozialpolitik aufmerksam. Es sind in der Tat mit diesen drei Dimensionen von Strukturpolitik jene Aspekte angesprochen, die auch Herrschaft konstituieren und prägen. Preller macht nämlich deutlich, daß es bei einer Sozialpolitik nicht nur auf die Stabilisierung der Verhältnisse ankommt, sondern auch auf deren Wandel und deren bewußte Gestaltung, und nur so kann Herrschaft begriffen werden. In Erweiterung der von bislang genannten Autoren vorgeschlagenen Ansätze der Funktionsbeschreibung der Sozialpolitik soll auf den Prellerschen Ansatz etwas ausführlicher eingegangen werden.

Die *strukturerhaltende* Sozialpolitik gehorcht jenen Elementen der gesellschaftlichen Ordnung, die für die zu erhaltende Gesellschaft konstitutiv sind. Dies gilt für die liberalen Ordnungsvorstellungen und -prinzipien in der Anfangsphase des Kapitalismus; dies gilt ebenso für die „Kompositionsidee" eines Augustinus, eines Albert Magnus oder eines Thomas v. Aquin, die ein geschlossenes Weltbild, die „ordo" der mittelalterlichen Gesellschaft, eine göttliche Ordnung nannten.[42] Wo es um die Erhaltung der Struktur geht, um Integration und Stabilität, bedient sich die Gesellschaft der ihr immanenten Logik des Handelns. Handeln wird somit zu einem Tatbestand des in der gesellschaftlichen Ordnung integrierten Daseins und Lebens. Sozialpolitisches Handeln beruht somit auf Prinzipien, die mit der Gesellschaftsstruktur kongruent sind.

Was Preller mit *strukturwandelnder* Sozialpolitik meint, bezieht sich auf die Tatsache, daß Sozialpolitik auf Strukturen und Prozesse und auf ihnen zugrundeliegenden Ordnungsprinzipien wandelnd Einfluß nimmt. Zwar ist es nicht das Ziel von Sozialpolitik, gesellschaftsverändernd auf Strukturen und Prozesse Einfluß zu nehmen, jedoch bewirken ihre Maßnahmen eine Wandlung quasi ungewollt und zunächst auch unbewußt. Was also nicht zunächst im Bereich ihrer Bemühungen liegt, kann trotzdem strukturell im sozialpolitischen Handeln angelegt sein. Dies ergibt sich zwingend aus den Wesensmerkmalen komplexer und hoch differenzierter Gesellschaften, die durch einen hohen Grad struktureller und funktionaler Differenzierung gekennzeichnet sind und damit durch eine hohe Dichte funktionaler und struktureller Verflechtung. Wenn es einer Sozialpolitik zunächst darum geht, auf die Veränderung der Lebenslage hinzuwirken und damit auf die für diese konstitutiven Handlungsspielräume einzuwirken, dann ist damit auch zwangsläufig verbunden, daß diese Handlungsspielräume selbst, ihre Struktur und ihre Ordnungsprinzipien verändert werden; schon allein deshalb, weil die durch die Sozialpolitik intendierte Interessenrealisierung und -entfaltung neben den individuellen Dispositionen, Mitteln und Kompetenzen auch den strukturellen Rahmen erforderlich macht, um Interessen überhaupt realisieren und entfalten zu können.

---

[42] Vgl. *L. Preller,* Sozialpolitik, Theoretische Ortung, 128.

Wenngleich die strukturwandelnde Sozialpolitik von kongruenten Auffassungen und Ordnungsvorstellungen ausgeht, bewirkt sie Veränderungen, weil die Bewertungsmaßstäbe, also die Ordnungsprinzipien, für sozialpolitische Maßnahmen herhalten müssen, die mit ihnen nicht zu bewerten sind. Es entsteht eine Diskrepanz zwischen der Maßnahme und den ihr zugrundegelegten Ordnungsvorstellungen; es entsteht eine anomische Situation, neue Bewertungsmaßstäbe werden eingesetzt, neue Legitimationsmuster müssen gefunden werden.[43]

Strukturwandel der Gesellschaft ist aber auch nicht ohne Strukturwandel der Sozialpolitik selbst denkbar. Diesen Strukturwandel bezieht Preller vor allem auf die Beziehung zur Wirtschaftspolitik, überhaupt zur ökonomischen Theorie. Im Wesen kann also ein Wandel von einer ökonomischen zu einer sozialen Theorie der Sozialpolitik, von einer an ökonomischen Zwängen der Maximierung orientierten Theorie zu einer am Menschen als „Faktum eigener Prägung" (Preller) orientierten Theorie festgestellt werden. Mit der Wandlung der sozialpolitischen Aufgabe von der Eingliederung der Arbeiterklasse zu der des Ausgleiches zwischen den am Wirtschaftsprozeß beteiligten gesellschaftlichen Gruppierungen steht die gesellschaftliche Struktur selbst und nicht mehr ihre Erhaltung zur Disposition.

Mit *strukturgestaltender* Sozialpolitik wird nun der Bereich angesprochen, der in diesem Zusammenhang von anderen Autoren als Ordnungspolitik (Molitor), Kausaltherapie (Arndt), Sozialreform (Mackenroth), Vitalpolitik (v. Rüstow) oder Gesellschaftspolitik (Achinger) bzw. Strukturreform (Nell-Breuning) bezeichnet wird. Strukturgestaltung bezieht sich auf die bewußte Beeinflussung von Strukturen und Ordnungsprinzipien mit dem Ziel, sie zu verändern. Im Unterschied zur strukturwandelnden Sozialpolitik ist die Strukturgestaltung ein intentionaler politischer Akt, der zielgerichtet Mittel einsetzt und Maßnahmen durchsetzt im Sinne spezifisicher Ordnungsvorstellungen und Wertprämissen.

Sozialpolitik in ihrer Funktion als *Strukturgestaltung* bezieht sich also auf die gesellschaftliche Ordnung, auf die Strukturen und Prozesse, die sich konstituieren und auf die ihnen zugrundeliegenden konstitutiven Ordnungsvorstellungen und Wertprämissen. Strukturgestaltung zielt auf die Veränderung und

---

[43] Preller nennt als Beispiel die Übertragung des Prinzips der Privatversicherung auf die Sozialversicherung, „in diese jedoch ein Element der Solidarität zwischen denen, die verschieden hohe Beiträge zahlen, eingefügt ist. Nach diesem Solidaritätsprinzip sind die Versicherungsleistungen gleich, während die Beiträge ungleich, ja nach der Einkommenshöhe bemessen werden. In der privaten Versicherung hingegen, die als Vorbild diente, gilt das Prinzip der Kongruenz zwischen Beitragshöhe und Höhe der Leistungen". (Ebenda, 176.) Diese Einführung des Solidaritätsprinzips in die Versicherung mußte nach Preller das Verhältnis des einzelnen zur Gesellschaft fundamental verändern, durchbrach dieses Prinzip doch die im liberalen Gedankengut angelegte Trennung von Staat und Gesellschaft und die dort ebenfalls verankerte Idee der Selbstverwaltung der bisherigen Versicherungsträger.

Konstituierung struktureller Bedingungen und Prozesse ab, die im gesamtgesellschaftlichen Bereich Veränderungen bewirken und gleichzeitig auf die Veränderung der Lebenslage von Individuen oder Gruppen bzw. Kategorien von Individuen einwirken. Hier geht es also nicht nur um die strukturellen Voraussetzungen der freien Interessenrealisierung und Chancenwahrnehmung unter den Bedingungen bestehender Ungleichheiten, Disparitäten und Interessenspezifitäten. Vielmehr stehen die Bedingungen von Ungleichheit, die Bedingungen disparitärer Lebenschancen, die Prinzipien der Verteilung gesellschaftlicher Ressourcen, Mittel und Kompetenzen selbst zur Disposition.

> „Sozialpolitik als ‚Kausaltherapie' heißt eben nicht mehr allein Kampf ‚gegen' irgendwelche Schäden und Beschädigungsmöglichkeiten, sondern Eintreten ‚für' einen Zustand ohne bzw. mit den geringstmöglichen Disproportionalitäten der Gesellschaft."[44]

Hier wird die Gestaltungsfunktion mit der Kausaltherapie vergleichbar, die eben nicht an Symptomen kuriert,

> „das heißt die eigentliche Ursachenkette nicht durchschaut und deshalb mit ihren Maßnahmen nur halbe Erfolge oder sogar ganzen Schiffbruch erleidet".[45]

In der Funktion der Strukturgestaltung wird schließlich auch deutlich, wie fundamental Sozialpolitik in den Gesellschaftsprozeß einzugreifen vermag und welche Grenzen die Strukturgestaltung hat, will sie durch ihre Maßnahmen nicht zu einer völlig neuen Gesellschaftsordnung vordringen, und damit zu völlig neuen Prinzipien gesellschaftlicher Produktion, Distribution und auch sozialer Sicherung kommen.

Historisch wie systematisch sind die drei Dimensionen von Strukturpolitik aufeinander bezogen.

> „Wie die strukturerhaltende Sozialpolitik den Keim zur Strukturwandlung in sich birgt, so gebiert die strukturwandelnde Sozialpolitik die Idee der strukturgestaltenden Sozialpolitik."[46]

Sozialpolitik als Strukturpolitik kann also nur unter Einbezug aller drei Sinndimensionen richtig erfaßt werden. In allen Dimensionen kommt auf gleiche Weise das strukturierende wie das ordnende Moment zum Tragen. Indem die Struktur einer Gesellschaft erhalten, in Grenzen gewandelt oder bewußt gestaltet wird, stehen entsprechend auch immer das Ordnungsprinzip und die ihm zugrundeliegenden Wertprämissen einer Gesellschaft zur Disposition. Insofern sind die zitierten Konzepte der Ordnungs- und Gesellschaftspolitik, der sozialen Struktur- und Sozialreform und der Kausaltherapie durchaus kompatibel mit dem hier vorgestellten Konzept der strukturgestaltenden

---

[44] Ebenda, 34.
[45] Ebenda, 167.
[46] *L. Preller,* Sozialpolitik als Strukturpolitik, 142.

Sozialpolitik. Denn in allen diesen Konzepten steht nicht alleine eine Neuordnung des Sozialleistungssystems als solches zur Debatte, sondern auch eine Neustrukturierung und Neubegründung des Verhältnisses von Sozialpolitik und anderen Politikbereichen (speziell der Wirtschaftspolitik) und der Beziehung zwischen Staat und Gesellschaft unter dem besonderen Aspekt der Sozialstaatlichkeit.

3. Welche sozialpolitischen Ziele begründet Herrschaft in der Verbindung mit der Bürokratie; bei welchen sozialpolitischen Handlungsstrategien ist ihre Durchsetzbarkeit und damit ihre Chance, Herrschaft auszuüben, nur mit der Bürokratie denkbar?

Ich versuche in diesem Abschnitt eine Synthese der beiden vorhergegangenen Abschnitte, indem ich Aspekte bürokratischer Herrschaft als Bedingungen für die Konstitution von Herrschaft durch die Sozialpolitik begründe. Denn nur über die Verbindung von Aspekten bürokratischen Handelns und Herrschens mit sozialpolitischen Problemlösungsstrategien läßt sich Herrschaft im Sozialstaat hinreichend erklären.

Wir haben für die Herrschaft der Bürokratie festgestellt, daß sie nur mit Hilfe des Begriffs der Rationalität hinreichend beschrieben werden kann. Rationalität macht sich einmal in der Organisationsweise der Bürokratie bemerkbar, zum anderen manifestiert sie sich in der Kommunikationsweise nach außen. Die Kommunikation ist durch die formale Rationalisierung des Rechts gekennzeichnet.

Nur über diese Formen der Rationalität kann Herrschaft der Bürokratie als die Durchdringung der Lebensverhältnisse mit dem bürokratischen Geist und als Chance begriffen werden, durch die Vermittlung von monetären Mitteln, Rechtsansprüchen und sozialen Chancen Lebensverhältnisse zu durchdringen, Lebenslagen zu beeinflussen und Abhängigkeit zu erzeugen. Hier trifft sich die im Geschichtsprozeß gewachsene Sozialpolitik mit der historischen Entwicklung der Bürokratie. Über diesen Prozeß konnte sich auch die Sozialpolitik in ihrer herrschaftsstabilisierenden und -sichernden Funktion erweisen, weil sie aus ihrem Selbstverständnis heraus durch die Verteilung und Vermittlung von monetären Mitteln, rechtlichen Ansprüchen und sozialen Chancen Herrschaft konstituiert. Daß sie dies nur konnte, indem sie sich der Verwaltung „auslieferte" und auch bediente – der Prozeß ist nicht eindeutig linear zu beschreiben –, läßt sich daraus erklären, daß ihre Maßnahmen ökonomisiert wurden und ihre Beziehungen zu sozialpolitisch relevanten Klientel verrechtlicht wurden. Verrechtlichung und Ökonomisierung sind dabei Ursache und Wirkung zugleich: Sie sind Resultat des Verhältnisses von Sozialpolitik und Bürokratie, und sie konstituieren das Verhältnis von Sozialpolitik und Bürokratie.

H. Baier definiert die Herrschaft im Sozialstaat

> „als die verläßliche Verteilung von knappen Lebensgütern, die durch politische Eliten geregelt. . . . und von Abhängigen anerkannt wird".[47]

Angewandt auf die bürokratische Herrschaft bedeutet dies, daß die verläßliche Verteilung von knappen Gütern in der Sozialpolitik durch die sozialpolitischen Institutionen, also durch die Sozialbürokratie vorgenommen wird. Unter dieser Prämisse ist dann vor allem der letzte Passus der Baierschen Einlassung folgenreich, nämlich, *daß die Verteilung von den Abhängigen anerkannt wird.* Nicht nur daß dieser Passus uns den Zugang zur bürokratischen Herrschaft als legitimer Herrschaft erschließt; er gibt uns auch Auskunft über den Herrschaftscharakter sozialpolitischer Institutionen und der Sozialpolitik selbst.

Weber definiert ja Herrschaft als legitim, wenn die Chance besteht, bei einer Anzahl von Menschen für seine Befehle Gehorsam zu finden. Legitime Herrschaft ist also immer an die Anerkennung durch die Beherrschten gebunden. Der entscheidende Unterschied zur Konstitutierung politisch-demokratischer Herrschaft ist allerdings der, daß die Loyalität zu den Herrschenden von diesen durch die „bis heute unaufhebbare Knappheit lebensnotwendiger Ressourcen" (Baier) erzwungen werden kann, und zwar nicht durch physische Gewaltanwendung, sondern durch strukturelle Zwänge der Existenzsicherung und durch institutionell verankerte Prozesse der Zuweisung und Verteilung knapper Güter durch sozialpolitische Institutionen. Die von Bürokratien verteilten und zugewiesenen Chancen und Mittel machen den eigentlichen Herrschaftsaspekt in der Sozialpolitik aus und gleichzeitig das Wesen bürokratischer Herrschaft. Indem es Ziel der Sozialpolitik ist, über die Verteilung knapper Mittel und Chancen in die Lebenslage von Individuen ordnend und integrierend Einfluß zu nehmen und indem es auf der anderen Seite Ziel der Bürokratie ist, diese Verteilung herrschaftlich zu organisieren und zu verwalten, treffen sich Bürokratie und Sozialpolitik. In ihrer Verschränkung begründen sie das Verhältnis von Herrschaft, Ordnung und Integration.

Was die Bürokratie für die sozialpolitische Aufgabe im Laufe der Geschichte immer prädestinierter machte, war der Wandel von einer reinen Finanz- und Hoheitsverwaltung zur Versorgungs- und Leistungsverwaltung. Allerdings hat die Verwaltung dabei den Typus der Eingriffsverwaltung hinüberretten können; in der Tat begreift sich die Sozialverwaltung vor allem im Bereich der Fürsorgeverwaltung weitgehend von ihrem Eingriffscharakter her.

Die immer wachsenden Planungs- und Versorgungsnotwendigkeiten und -kompetenzen führten zu einer „administrierten Daseinsvorsorge" (Forsthoff); der Betreuungscharakter der Leistungsverwaltung führte zudem zu

---

[47] *H. Baier,* 133.

einer entsprechend betreuten, unmündigen Klientel, die bereits von ihrer sozioökonomischen Lage her abhängig war. So schuf die „Daseinsvorsorge mit Herrschaftsmitteln" (Forsthoff) je unterschiedlich abhängige und loyale Sozialklientele, je nachdem, ob ihr Rechtsanspruch auf Leistung und Gegenleistung beruhte oder auf den Versorgungsleistungen qua Rechtsanspruch.

Damit wird deutlich, daß die Bedingungen der Konstitution von Sozialpolitik mit denen bürokratischer Herrschaft übereinstimmen, zumindest sich stark angenähert haben. Die Zuteilung von lebensnotwendigen Gütern an die Beherrschten erlaubt beiden, ihren Herrschaftsanspruch zu legitimieren; er wird durch die Abhängigen anerkannt, solange diese mit den lebensnotwendigen knappen Gütern versorgt werden. Die Frage nach der legitimen Herrschaft stellt sich also aus der Sicht der Sozialpolitik eher als die Frage nach dem Zusammenhang von Legitimität und Loyalität. Herrschaft ist dann legitim, wenn die Bedingung ihrer Konstitution – die Verteilung von knappen Gütern – Loyalität zu sichern vermag.

Deshalb kommt auch den Prinzipien und Mechanismen der Verteilung eine so entscheidende Bedeutung zu. Betrachtet man die Ökonomisierung und Verrechtlichung unter diesem Aspekt, wird deutlich, daß auch die Herrschaft der Sozialpolitik nur im Zusammenhang mit diesen beiden Prinzipien hinreichend interpretiert werden kann, und daß beide Prinzipien nur im Verhältnis zu den Prinzipien bürokratischer Herrschaft ihren Sinn haben.

Die Loyalität wird ja nicht nur über die Tatsache erzeugt, daß es sich um knappe Mittel und Güter handelt, die zu verteilen sind. Loyalität wird auch durch die Art der Zuweisung erzeugt; Herrschaft wird auch dadurch ausgeübt, daß Chancen und Mittel über entscheidende Sozialregulative, wie Geld und Recht, vermittelt werden. Denn genau durch diese Mittel wird eine Sozialordnung aufrechterhalten, stabilisiert und konsolidiert. Es sind genau die Mittel, die der gesamten gesellschaftlichen Ordnung zugrundeliegen und die eine kapitalistische Wirtschaftsordnung unter den Bedingungen des Rechts- und Sozialstaates ermöglichen.

Konstituiert die Tatsache der Knappheit das Verfahren der Verteilung, so schafft also die Verteilung ihrerseits die Bedingungen der Erzwingung von Loyalität und damit von Herrschaft.

> „Das Herrschaftsparadigma der Sozialpolitik führt uns also auf recht überraschende Strukturmuster und Strukturbewegungen des modernen Staates und seine sozialen Formationen. Seine Herrschaftsordnung bildet eine neuartige Sozialordnung aus, in der Verteilereliten die knappen und spezifischen Lebensgüter der Daseinsvorsorge und -fürsorge normieren und mittels öffentlicher Sozialdienste den abhängigen Sozialklientelen zuteilen lassen."[48]

---

[48] Ebenda, 141.

Aus der gesellschaftlichen Funktionsbestimmung der Sozialpolitik als eine dem Menschen verpflichtete und auf den gesellschaftlichen Prozeß gerichtete Politik ergeben sich nun allerdings – bezogen auf den Herrschaftscharakter der Sozialpolitik – einige Dilemmata.

Unabhängig von ihrem theoretischen Standpunkt kommt bei allen Autoren zur Geltung, daß Sozialpolitik als gesellschaftlicher Prozeß den Gesetzen dieser Gesellschaftsordnung gehorcht. Dieser ist nicht nur immanent, ihre Widersprüche zu domestizieren und durch Sozialpolitik zu entschärfen (Kaufmann); vielmehr gehorcht die Sozialpolitik selbst den Ordnungsprinzipien und der Logik dieser Gesellschaft (Heimann). Was also die Strukturpolitik (Preller) ausmacht, bezieht sich auf die Strukturveränderungen innerhalb eines gesetzten Rahmens, den auch die strukturverwandelnde oder -gestaltende Sozialpolitik nicht zu sprengen vermag.

Sowohl die institutionellen Zugriffsweisen zum Begriff der Sozialpolitik wie auch die funktionsbestimmten Definitionen der Sozialpolitik thematisieren den Aspekt der Verteilung von knappen Gütern nach Gesetzen von Recht und Geld, also nach Prinzipien von Bürokratie und Ökonomie. Wenngleich sie dabei den daraus resultierenden Herrschaftsaspekt unterschiedlich problematisieren; sie erkennen, daß Herrschaft in der Verteilung von knappen Gütern strukturell angelegt ist. Insofern stellt sich die Frage, ob auch die Sozialpolitik als Gesellschaftsprozeß aus sich heraus bereits bestimmbar ist, ob also aus den ihr zugrundeliegenden Mechanismen und Prozessen ein eigener Gesellschaftsprozeß konstituierbar ist, oder ob sich Sozialpolitik nur deshalb jeweils so verstehen kann, weil sie nur im Zusammenhang mit der Bürokratie so zu denken ist. Sowohl die Programmstruktur und die Organisationsweise wie auch die Kommunikationsstrukturen der Verwaltung schlagen sich in der Art der Problemfindung, der Programmsetzung und der Problemlösung nieder. Die Sozialpolitik ist in der Art ihrer Leistungen und der Leistungsvermittlung auf Verfahren angewiesen, die der Bürokratie immanent sind. Aber auch die Bürokratie ist letztlich in ihrem Selbstverständnis davon abhängig, wie die Sozialpolitik ihre Aufgabe versteht und sie zu lösen gedenkt.

Soweit Sozialpolitik in diesem Rahmen verstanden wird, muß sie als wesentlicher Teil von Herrschaft begriffen werden. Ihre Maßnahmen zielen auf Integration und Stabilisierung der gesellschaftlichen Verhältnisse ab, die Beeinflussung von Lebenslagen und das Ziel der Veränderung von Lebenslagen finden durchaus ihre Entsprechung in den Zielvorstellungen und Ordnungsprinzipien von Herrschaft.

Daß dieser Herrschaftsaspekt seither – seit der Sozialreformdiskussion – in dieser Form gerade in der Diskussion um die Reform der Sozialpolitik nicht artikuliert wurde, lag an mehreren Gründen. Ausschlaggebend dürfte gewesen sein, daß sich in der Phase nach dem zweiten Weltkrieg ein Konsolidierungs- und Neuordnungsprozeß entwickelte, der gerade den Herrschaftsaspekt negierte. Auch die Bürokratisierung wurde zunächst nicht mit der zunehmenden Durchdringung der Lebensverhältnisse in Verbindung gebracht, insofern wurde weder der Herrschaftsaspekt der Bürokratie für die Sozialpolitik thematisiert, geschweige denn problematisiert, noch wurde der Sozialpolitikbegriff auf seine sozialwissenschaftlichen Dimensionen der Herrschaft und Integration untersucht, stellte sich doch das sozialpolitische Problem als ein wirtschaftspolitisches, sozialreformerisches dar, und es war auch so zu lösen.

Denn nach dem zweiten Weltkrieg stand die Neuordnung der Sozialpolitik im Zeichen der Eliminierung von Klassengegensätzen. Im Sinne einer Sozialreform als Gesellschaftspolitik wollte die Sozialpolitik alle „Bevölkerungsschichten" gleichermaßen erfassen. Damit waren gerade die Verfechter der Sozialreform nicht an einer Herrschaftsdiskussion im Sinne der Klassenherrschaft interessiert. Um so weniger war der Gedanke relevant, daß durch die bürokratische Verfaßtheit der sozialpolitischen Institutionen Herrschaft der Sozialpolitik konstituiert werden könnte.

Am wenigsten lag es in der Absicht sozialpolitischer Institutionen und Programme, über ihre Maßnahmen Herrschaft zu konstituieren bzw. auszuüben. Die Vertreter einer Sozialreform und einer als Gesellschaftspolitik verstandenen Sozialpolitik gingen zunächst von einer eher entpolitisierten, ökonomischen Bestimmung sozialpolitischen Handelns aus: sie begriffen Sozialpolitik als umfassende Strategie der ökonomischen Umverteilung ökonomischer Mittel bzw. sozioökonomischer Chancen. Sie gingen allesamt davon aus, daß soziale Schwächen ökonomisch behoben werden könnten und daß durch die Mechanismen von Geld und Recht soziale Gerechtigkeit hergestellt werden könnte. Die intentionale Beeinflussung von Lebenslagen und Lebensverhältnisse quer durch die gesellschaftliche Schichtung wurde zum Primat sozialpolitischen Handelns nach dem Krieg. Umfassende Beeinflussung von Lebenslagen und Lebensverhältnissen – das erinnert an einen umfassenden Wohlfahrtsbegriff, der zum Fokus aller politischen Bemühungen und Interessen des Staates wurde. Unter den Bedingungen einer fortschreitenden Bürokratisierung des gesellschaftlichen Lebens insgesamt mußte auch ein derart umfassender Sozialpolitikbegriff zu einer intensiven und extensiven Beeinflussung von Lebenslagen führen, zumindest zur Legitimation solcher Beeinflussung beitragen. Legitimierte sich in der Zeit des Aufgeklärten Absolutismus das umfassende Verwaltungshandeln und ein umfassender Policey-Begriff aus einem ins Uferlose erweiterten Wohlfahrtsverständnis, so war nun die Situation gegeben, wo eine alle gesellschaftlichen Bereiche durchdringende Bürokratie die Basis für ein umfassend verstandenes Sozialpolitikverständnis wurde. Erst die Durchdringung der Lebensverhältnisse durch die Bürokratie erlaubt jenen sozialpolitischen Institutionen, über den Prozeß der formalen Rationalisierung des Handelns und des Beherrschens durch Berechnen die sozialpolitischen Maßnahmen final auszurichten, Zielvorgaben unabhängig von Personen zu formulieren, Menschen zu Fällen zu machen, Maßnahmen kollektiver Daseinsvorsorge und individueller Lebensfürsorge ohne die Betroffenen zu entscheiden und durchzuführen – und dennoch nach der Logik immanent zu handeln, also zu herrschen.

Erst mit der Funktionsbeschreibung staatlicher Sozialpolitik wurde der Herrschaftsaspekt sozialpolitischen Handelns der Institutionen formuliert. Dabei lassen sich funktionalistische Ansätze von solchen unterscheiden, die die Funktion der Sozialpolitik nur vermittelt über andere gesellschaftliche Strukturen und Prozesse als herrschaftssichernd oder stabilisierend ansehen. Funktionalistische Ansätze sehen dabei eher die *direkte* Absicht von Herrschenden, über politische Maßnahmen in den Produktions- und Verteilungsprozeß einzugreifen; andere Ansätze versuchen eher die vielleicht unbeabsichtigte Folge sozialpolitischen Handelns – die strukturelle Rationalität sozialpolitischen Handelns – hervorzuheben. Über den Weg der „Domestizierung von Widersprüchen" (Kaufmann), über die Verteilung knapper Güter (Baier), über Strukturpolitik (Preller), über die Einbettung des Gegenprinzips des Kapitalismus (Heimann) werden Veränderungen bewirkt, die Herrschaft stabilisieren, weil sie gesellschaftliche Verhältnisse insgesamt konsolidieren.

Alle im Zusammenhang mit der Funktionsbestimmung von Sozialpolitik genannten Autoren diskutieren aber ihre Ansätze nicht im Kontext bürokratischer Entwicklung. Die Frage, ob also Sozialpolitik alleine bereits Herrschaft konstituiert, greift zu kurz; sie muß immer im Kontext bürokratischer Verfaßtheit von Herrschaft diskutiert werden. Denn alle Möglichkeiten der Funktionsbeschreibung von Sozialpolitik – lassen sie den Aspekt der Bürokratie außer acht – vernachlässigen zwangsläufig, daß sozialpolitisches Handeln von bürokratisch verfaßten Organisationen sich den Gesetzen und der Logik des Verwaltungshandelns und seiner Wirkungen nicht entziehen kann, auch wenn dies nicht in der Absicht der Handelnden liegt.

4. Die Ökonomisierung der Sozialpolitik und die technisch-ökonomische Rationalität bürokratischer Organisation

Ich bin von der These ausgegangen, daß das Prinzip des Beherrschens durch Berechnen der Tendenz der Sozialpolitik Vorschub leistet, in ökonomischen Denkstrukturen verhaftet zu bleiben. Die Bürokratie bereitet damit alle Voraussetzungen zur Ökonomisierung der Sozialpolitik, und Sozialpolitik konstituiert somit im wesentlichen bürokratische Herrschaft. Der Begriff der ökonomischen Rationalität ist dem der bürokratischen immanent. Rational-bürokratische Herrschaft konstituiert sich immer durch das Prinzip des Beherrschens durch Berechnen. Damit ist die technisch-rationale Struktur bürokratischer Organisationen eine entscheidende Bedingung für bürokratische Herrschaft. Deshalb sind wesentliche Elemente ökonomischer Rationalität auch schon grundsätzlich im vorhergehenden Kapitel „Bürokratische Herrschaft“ abgehandelt worden, darauf will ich nun zurückgreifen, ohne sie hier zu wiederholen.

Indessen stellt sich die Frage nach der ökonomisch-rationalen Struktur und Begründung der Sozialpolitik in diesem Kapitel neu. Sie ist in Verbindung zu bringen mit der ökonomischen Rationalität bürokratischer Herrschaft als Folge rationaler Organisation und ökonomisch-rationaler Denkstrukturen und Verhaltensmuster der Verwaltung.

Ich werde zunächst versuchen, die Dimensionen des Verhältnisses von Ökonomie und Sozialpolitik darzustellen, um dann auf die Beziehung von Ökonomisierung und Bürokratie einzugehen.

Zunächst wird Ökonomisierung im Anschluß an Achinger[49] als die Tendenz der Sozialpolitik verstanden, ihre Leistungen weitestgehend als kalkulierbare wirtschaftliche Hilfen zu verstehen; entweder indem sie ihrer Klientel Kaufkraft zuweist oder aber Sachleistungen und sonstige soziale Leistungen nach Marktpreisen vermittelt. Aus dieser Sicht muß die Erklärung und Begründung von Sozialpolitik notwendigerweise eine ökonomische sein, greift doch die Verteilung von Kaufkraft und Sachleistungen und damit die Umverteilung von Einkommen in den Wirtschaftsablauf ein. Mit der Verteilung von Kaufkraft durch monetäre Zuweisungen von Einkommen gerinnt die sozialpolitische Praxis zur ökonomistischen Durchsetzung eines Mindeststatus entlang den Grenzen marktvermittelter Einkommenshöhen.

> „Die historische Entwicklung der Sozialpolitik ist bekanntlich bis in die Gegenwart hinein an den Elendsgrenzen der marktvermittelten Arbeitsteilung erfolgt. Dort, wo das kapitalistische bzw. neo-liberale Wirtschaftssystem mit den in dem Leistungsaustausch nicht zu assimilierenden Elementarbeständen des Humanen und des Sozialen konfrontiert wurde, entstanden die sozialpolitischen Einrichtungen als Sicherung der Alten, der Kranken, der Invaliden, der Witwen und Waisen, der Mütter und Kinder, der Leistungsschwachen, der Entwurzelten und der von der Gesellschaft Abgeschriebenen. Die Probleme, die die menschliche Existenz jenseits des arbeitsteiligen Leistungsverkehrs aufwirft, wären gründlich mißverstanden, wollten wir sie als Fragen der Einkommensverteilung formalisieren. Vor allem aber lehrt jede Untersuchung, die aus dem Horizont der Klienten auf die sozialpolitischen Einrichtungen blickt, daß die ökonomische und juristische Einkleidung der Sozialleistungen für die Betroffenen selbst fremdartig und unverständlich bleibt.“[50]

Die Ökonomisierung der Sozialpolitik wäre aber zu eindimensional betrachtet, bezöge man sie nur auf die Vermittlung von Kaufkraft und die Zuweisung von ökonomischen Chancen im Zuge der Umverteilung gesellschaftlicher Ressourcen. Gerade in ihrem Verhältnis zur Bürokratie stellt sich nicht nur die

---

[49] Grundlegend für die Erörterung der Ökonomisierung bleiben weiterhin die Arbeiten von *H. Achinger,* Sozialpolitik als Gesellschaftspolitik; *Chr. v. Ferber,* Sozialpolitik in der Wohlstandsgesellschaft; *F. Tennstedt,* Ökonomisierung und Verrechtlichung.

[50] *Chr. v. Ferber,* Sozialpolitik in der Wohlfahrtsgesellschaft, 20f.

Frage, was die Sozialpolitik an ökonomisierten Handlungsmustern und -zielen einbringt, sondern wie tiefgreifend die Durchdringung des sozialpolitischen Denkens und Handelns mit ökonomischen Denkmustern bereits ist.

Offensichtlich läßt sich der Einfluß ökonomischen Denkens und Handelns in der Sozialpolitik auf drei unterschiedlichen Ebenen identifizieren, die allerdings stark miteinander verwoben sind:

a) auf der Ebene der Theoriebildung, also auf der Ebene der beiden wissenschaftlichen Disziplinen Sozial- und Wirtschaftswissenschaften bzw. auf der Ebene der Theorie der Sozialpolitik und der Wirtschaftstheorie;

b) auf der Strukturebene der Gesellschaft, also auf der Ebene des Verhältnisses von Wirtschaftspolitik und praktischer Sozialpolitik, auf der Ebene des Verhältnisses der Planung verteilbarer Ressourcen einerseits und „gerechtfertigter Bedürfnisse" bzw. der Realisierungsmöglichkeiten von Lebenslagen andererseits;

c) auf der Handlungsebene, also auf der Ebene der Einschätzung des Verhaltens und der Handlungskompetenzen und -dispositionen von Individuen im Wirtschaftsablauf.

a) Verläßliches Kriterium für die Beurteilung des Einflusses der ökonomischen Theorie in Geschichte und Gegenwart ist von jeher das Verhältnis der Sozialpolitik zu Wirtschaftstheorie und -politik gewesen. Es gehört geradezu zu den klassischen Auseinandersetzungen in der Programmgeschichte der Sozialpolitik, diesen Einfluß ins Verhältnis zu setzen zur Eigenständigkeit der sozialpolitischen Disziplin.

Angesichts der vielschichtigen Probleme, die die Verteilung, Umverteilung, Zuweisung von Mitteln und Ressourcen sozialpolitisch mit sich bringen, scheint es gerechtfertigt zu sein, von einer hohen Affinität des sozialpolitischen Gegenstandes zu Wirtschaftspolitik und -wissenschaft zu sprechen. Arbeiten wie Liefmann-Keils „Ökonomische Theorie der Sozialpolitik" unterstützen solche Meinungen, und auch die Theoretiker der Sozialreform sahen in der Wirtschaftspolitik einen wichtigen Partner für die Sozialpolitik.

> „Obwohl in Erkenntnis ihres gesellschaftlichen Charakters Versuche unternommen worden sind, sie (die Sozialpolitik, D. B.) als eine Art angewandte Soziallehre auf die grundlegende Gesellschaftswissenschaft, die Soziologie, zurückzuführen, überwiegen doch die Bestrebungen, sie als Glied der Wirtschaftswissenschaften einzuordnen."[51]

Seit den Anfängen staatlicher Sozialpolitik begreift sich diese weitgehend als eine staatlich abgesicherte Verteilung von Mitteln zur Sicherstellung ökonomischer Randexistenzen, die im Wirtschaftsablauf oder aufgrund von durch ihn initiierten Folgen sozial schwach wurden. Damit

---

[51] *I. Nahnsen,* 103.

„erscheint uns aber die Sozialpolitik als eine besondere Art der Wirtschaftspolitik überhaupt, und die Erkenntnis des Wesens der Wirtschaft, ihrer Eigengesetzlichkeit, ihrer Sacherfordernisse ist die theoretische Grundlage der Sozialpolitik".[52]

Wirtschaftspolitik ist die beste Sozialpolitik – auf diese Formel lassen sich viele derartige Ansätze bringen, die dem Westphalens nahestehen. Solche Versuche unterstellen, daß die zu behebenden sozialen Probleme wirtschaftlichen Ursprungs und wirtschaftlicher Natur seien und deshalb am ehesten mit einer sinnvollen Wirtschaftspolitik zu beheben wären. Eine solche Position vertritt in relativ neuer Zeit auch S. Wendt, der zwar eine Durchdringung beider Disziplinen erkennt, aber eine Dominanz der Wirtschaftswissenschaften gegenüber der Sozialpolitik begründet.[53] Die Tatsache, daß die Sozialpolitik – die praktische wie die wissenschaftliche – sich des begrifflichen und theoretischen Instrumentariums bediene, begründe alleine noch nicht die These der Dominanz der Wirtschaftswissenschaften gegenüber der Sozialpolitik, trage aber zu ihrer Integration in die Wirtschaftswissenschaften bei.

Mit W. Weddingens Einordnung der Sozialpolitik in die Wirtschaftswissenschaften steht ein „gemäßigter" Vertreter der Zuordnung und Subsumtion der Sozialpolitik unter die Wirtschaftswissenschaften zur Debatte.

„Die Sozialpolitik (muß) als wissenschaftliche Disziplin, wenn sie mit ihren Forderungen nicht über alle Grenzen hinaus ins Uferlose geraten will, im Rahmen der wissenschaftlichen Arbeitsteilung ihre Untersuchungen wesentlich darauf beschränken, dem praktischen Sozialpolitiker die wirtschaftswissenschaftlichen Erkenntnisse zu erarbeiten und bereitzustellen, die er für seine Zwecke benötigt. Die Disziplin ‚Sozialpolitik' beschäftigt sich daher vor allem mit den wirtschaftlichen Mitteln und Wegen der sozialpolitischen Praxis: Obwohl sich deren Mittel und Wege, wie wir sahen, keineswegs mit denen der Wirtschaftspolitik erschöpfen, kann die Disziplin ‚Sozialpolitik' sie doch im wesentlichen nur insoweit beraten, als ihre Wege über wirtschaftliches Gebiet führen, insofern also als Zusammenhänge der Wirtschaft (d.h. der Mittelbeschaffung) für das Zweckstreben des Sozialpolitikers von Bedeutung sind."[54]

Ist somit Sozialpolitik eher ein Teil der Wirtschaftswissenschaften, nur weil ihre zu verteilenden Ressourcen und Mittel wirtschaftlicher Natur sind, bzw. deren Verteilung und Beschaffung wirtschaftlichen Prinzipien gehorchen? Oder ist aufgrund der multidimensionalen Problematik der Einschätzung von sozialen Problemen und Lebenslagen die wissenschaftliche Sozialpolitik nicht eher im Zentrum der Sozialwissenschaften zu suchen? Besteht nicht bei Weddingens Einordnung der Sozialpolitik die Gefahr, daß Sozialpolitik eher einer ökonomischen Rationalität als einer sozial begründeten Vernunft gehorcht, daß sie sich eher an den zu verteilenden Mitteln orientiert und nicht so sehr an denen, die diese Mittel nötig haben? Orientiert sich diese Auffassung von

---

52 *F. A. Westphalen,* 96.

53 *S. Wendt,* 76ff.

54 *W. Weddingen,* Grundzüge der Sozialpolitik.

Weddingen nicht eher an der Frage, wie welche Mittel zu verteilen sind und nicht so sehr an der Frage, ob sie wirklich den Bedürfnissen der Individuen und deren Lebenslage angemessen sind? Orientiert sich Sozialpolitik als Teil der Wirtschaftswissenschaften dann auch nicht eher an Erfordernissen wirtschaftspolitischer Räson, und gehorcht sie somit nicht auch eher wirtschaftspolitischen Interessen, als daß sie sich an den sozialen Problemen sozial Schwacher orientiert?

b) Solche Fragen berühren bereits das Verhältnis von Sozialpolitik und Wirtschaftspolitik. In dem Maße, wie die Sozialpolitik Bestandteil der wissenschaftlichen Disziplin Wirtschaftswissenschaften ist, ist sie auch integraler Bestandteil der Wirtschaftspolitik. Die Frage des Verhältnisses von Sozial- und Wirtschaftspolitik war eine der zentralen Fragen, die die deutsche Sozialpolitik in der Nachkriegszeit beschäftigten. Selbst jene Ansätze, die sich mit weitergehenden Konzeptionen von Sozialpolitik befassen – wie etwa Achingers Ansatz einer Sozialpolitik als Gesellschaftspolitik – können nicht umhin, die Notwendigkeit der Einbindung der Sozialpolitik in den Wirtschaftskreislauf zu betonen. So weist Achinger z. B. seinem Begriff der Gesellschaftspolitik die Funktion zu, Einkommenshilfen und andere materielle Unterstützungen nun für alle Gesellschaftsgruppen bereitszustellen und nicht nur für eine bestimmte Gruppe, wie z. B. die Arbeiter.

Wie Achinger sieht auch Mackenroth[55] einen Unterschied zu älteren Konzeptionen der Sozialpolitik in der Ausdehnung der sozialen Leistungen auf alle Gesellschaftsgruppen. Gleichzeitig schränken beide aber den Maßnahmenkatalog auf die materielle Absicherung von Lebenslagen ein. Mit der Zuspitzung der sozialpolitischen Zielsetzung auf die Einkommensverteilung, auf den dazu notwendigen Aufwand, die budgetierungsfähigen Sozialleistungen, beschränken sie die sozialpolitischen Interventionen auf ökonomisch begründete Umverteilung von Einkommen.

Mackenroth hebt darauf ab – dies soll auch eine Begründung für die Subsumtion der Sozialpolitik unter die Wirtschaftspolitik sein –, daß die Sozialpolitik mitten im volkswirtschaftlichen Kreislauf steht und damit die sozialpolitischen Aktivitäten von der Intaktheit der Wirtschaft abhängen. Dies war in der Geschichte der Sozialpolitik eigentlich immer so; selbst die Armenfürsorge der spätmittelalterlichen Städte war abhängig von der wirtschaftlichen Situation der Geldgeber und Finanziers, die für die Armenmittel aufkamen.

Was allerdings neu ist und gleichsam eine Emanzipation von wirtschaftspolitischen Prämissen bedeutet, war der Übergang vom Kausal- zum Finalprinzip: Einkommenshilfen sollen nun allen Bevölkerungsschichten zukommen, und zwar unabhängig von der Ursache ihrer spezifischen Einkommensschwäche und damit der Hilfsbedürftigkeit. Entscheidend ist vielmehr der Zweck der

---

[55] Vgl. *G. Mackenroth*, 43ff.

Hilfe; es geht darum, einen bestimmten Zustand der Gesellschaft zu sichern, der durch einen hohen Grad sozialer Integration aller gesellschaftlichen Gruppen gekennzeichnet ist.

Damit wird auf die Doppelfunktion der Sozialpolitik für die Wirtschaft und für eine bestimmte Wirtschaftspolitik hingewiesen. Auf der einen Seite entsteht eine Abhängigkeit von der Wirtschaft durch die von ihr zur Verfügung gestellten Mittel und Ressourcen, durch die „budgetierungsfähigen Sozialleistungen“, auf der anderen Seite ist Sozialpolitik ein notwendiges wirtschaftspolitisches Instrument zur Sicherung der Wirtschaftsstruktur und den ihr zugrundeliegenden Ordnungsprinzipien. Anders ist der bereits zitierte S. Wendt nicht zu interpretieren, wenn er Sozialpolitik als eine wichtige Ergänzung der Wirtschaftspolitik ansieht –

> „jedoch nicht in dem Sinne, daß einzelne Schäden der wirtschaftlichen Entwicklung beseitigt oder – wie man gerne sagt – ‚Auswüchse‘ der industriellen Entfaltung bekämpft werden. Ihr Ziel ist, sinnvolle Beziehungen im Gefüge des gesellschaftlichen Lebens aufzubauen und zu sichern.“[56]

Damit wird Sozialpolitik aber nicht als ein selbständiger Bereich politischer Gestaltung begriffen; vielmehr ist sie

> „ein Teilgebiet einer auf die Ordnung des Volkslebens gerichteten Politik, in der die Wirtschaft bewußt als eine täglich neu zu lösende Gestaltungsaufgabe, als Aufgabe, das Zusammenleben der Menschen im Geiste dauernden Einklangs von Bedarf und Deckung zu gestalten, erlebt wird“.[57]

c) Kommen wir zur Bedeutung und zum Einfluß der Ökonomie auf der Handlungsebene, also auf der Ebene der Beziehungen der Sozialpolitik zu ihrer Klientel.

Der Ökonomismus in der Sozialpolitik verstärkt die historisch ältere, im historischen Prozeß allerdings zunehmende Tendenz der Individualisierung bei der Zuweisung von Rechten und Ressourcen. Das augenblicklich bestehende Modell der freien und sozialen Marktwirtschaft unterstellt „handlungs- und entscheidungsfähige, d.h. mit zureichenden Informationen über ihre Situation ausgestattete Individuen.“[58]

Das Modell der Marktwirtschaft geht weiter davon aus, daß Individuen in der Lage sind, sich Zugang zu den Märkten zu verschaffen und ihre Bedürfnisse nach den Prinzipien des Warenaustausches zu befriedigen. Ganz im Sinne des klassischen ökonomischen Liberalismus hält auch die Sozialpolitik ihre Klientel für handlungsfähig und geht davon aus, daß sie in der Lage ist, ihre Bedürfnisse zu artikulieren und durchzusetzen. Dafür, daß das Gegenteil dieser Mutmaßung zutrifft, bedarf es im Augenblick keiner Beispiele. Aus

---

[56] *S. Wendt,* 87.

[57] Ebenda.

[58] *Chr. v. Ferber,* Sozialpolitik in der Wohlstandsgesellschaft, 41.

individuellen Schwächen und strukturellen Hemmnissen unterschiedlichster Art heraus werden ganze Gruppen der Gesellschaft von der Teilnahme und Teilhabe an sozialpolitischen Gütern und Leistungen ausgeschlossen.

Diese Überlegungen nehmen auch die Verfasser der Sozialenquête auf, wenn zum Beispiel H. Meinhold das Modell skizziert, das dem folgt, was heutzutage als „westliches Denken" apostrophiert wird. Meinhold schreibt:

„a) Die Gesellschaftsordnung ist im Prinzip auf die Eigeninitiative und Selbstverantwortung der Individuen ausgerichtet;

b) Die Rechtsordnung gewährt allen Staatsbürgern gleichen Rechtsschutz und gleiche Chancen, überläßt es aber den Individuen, auf der Basis der Gleichbehandlung unterschiedliche Positionen und Einkommen zu erwerben;

c) die dementsprechend marktwirtschaftlich orientierte Wirtschaftsordnung geht davon aus, daß jedes Individuum Anspruch auf das am Markt verdiente Einkommen hat, und verlangt von ihm nur die unerläßliche finanzielle Beteiligung an der Deckung nicht individuell finanzierbarer Gemeinschaftsbedürfnisse;

d) diese Grundprinzipien werden nur dann gelockert, wenn bei ihrer konsequenten Verfolgung die Versorgung einzelner Individuen unter das Existenzminimum sinken würde. Darin liegt allerdings schon eine – freilich unbestrittene – Abweichung vom reinen Modell."[59]

Die Übernahme des Menschenbildes der Wirtschaftswissenschaften durch die Sozialpolitik muß natürlich fatale Folgen zeitigen. Formalisierung, Individualisierung und Monetarisierung der Beziehungen zwischen einer sich entfaltenden Sozialbürokratie und der Klientel lassen bereits deutlich werden, wie unzulänglich der Zugang der Sozialpolitik zu den Lebensverhältnissen der Betroffenen ist. Theoretisch vereinfacht, erfaßt die ökonomisch durchdrungene Sozialpolitik den Menschen in der Rolle des Einkommensempfängers, Sozialhilfefalles, in seiner Rolle als Arbeiter oder Fürsorgeempfänger, und ihre Aufgabe erstreckt sich auf genau diesen Aspekt der Behandlung: Zuweisung von Einkommen aufgrund von Rechtsansprüchen.

Das Verhältnis von Ökonomisierung und Individualisierung wird auch in der Tatsache sichtbar, daß die Sozialpolitik lediglich imstande ist, Individualeinkommen zu vermitteln und auf diesem Weg Umverteilung zu betreiben. Bereits Achinger hat diesen Aspekt problematisiert. Er verweist darauf, daß Geld und Einkommen für die Wirtschaftswissenschaften heute ganz andere Konnotationen haben als für die Sozialpolitik. Er beklagt, daß das Familieneinkommen zugunsten des Individualeinkommens zurückgedrängt wird, der Haushalt nicht mehr im Vordergrund der Begründung einkommenspolitischer Maßnahmen steht.[60]

---

[59] *H. Meinhold,* in: Sozialenquête, 114ff.

[60] *G. Albrecht,* Gesellschaftspolitik, 46ff.; vgl. auch *H. Achinger,* Sozialpolitik und Wissenschaft, 50.

Die ökonomische Denkstruktur der Sozialpolitik gipfelt m. E. allerdings in der Tatsache, daß die Sozialpolitik weniger den Strukturbedingungen als den in diesen Strukturen handelnden Individuen ihre Aufmerksamkeit schenkt, mit der fatalen Konsequenz, durch individuelle Hilfe bestenfalls die Strukturen zu belassen, schlimmstenfalls die Strukturen zu verfestigen, unter denen Individuen leben, in denen sie handeln und für die Sozialpolitik bedeutsam werden. Auf dieser Ebene macht die Sozialpolitik als Handlungssystem Individuen brauchbar für andere Handlungssysteme, vor allem für das ökonomische.

„Oder, um es in einem anderen soziologischen Schema zu formulieren: sehen wir die wirtschaftlichen Vorgänge, soweit sie menschliche Handlungen betreffen, als ein Handlungssystem an, dessen Orientierungs- bzw. Steuerungsordnung durch die wirtschaftlichen Modellvorstellungen und Begriffe konstituiert wird, dann bildet die Sozialpolitik ein komplementäres Bezugs- und Handlungssystem. . . . Das ökonomische Denksystem entfaltet typenbildende Kraft nach zwei Richtungen hin. Es konstituiert ein Handlungssystem, das wir Wirtschaft nennen, indem es die hierfür einschlägigen Modellvorstellungen bereitstellt: Wie Einkommen, Haushalte; Positionen, wie Unternehmen, Arbeitnehmer, Konsumenten, deren ‚Menschlichkeit' sich auf einen Begriff von Individualität reduziert, der inhaltlich durch ‚Geschäftsfähigkeit' im Sinne der Modellvorstellungen bestimmt ist. Daneben aber entfalten die ökonomischen Konstruktionen axiomatischen Charakter. Denn die Sozialpolitik setzt die ökonomischen Modellvorstellungen als Systembedingungen voraus und bestimmt ihre eigene Tätigkeit als komplementär dazu."[61]

Was macht nun die hohe Affinität des technischen Organisationsprinzips der Bürokratie zur Ökonomisierung der Sozialpolitik aus?

Die Tradition der Sozialpolitik – und hier ist die Geschichte der Armenfürsorge mit einbezogen, aus der sie in diesem Falle entsteht – ist eine Geschichte ökonomischer Sicherheit und der Einschätzung ökonomischer Risiken und Existenzprobleme, die im Zuge der sozialen Frage auf die damals entstehende Arbeiterschaft zukamen und zu lösen waren. Die fiskalische Beantwortung sozialer Fragen war also schon immer der Sozialpolitik immanent, und ihre Einordnung in das Wirtschaftssystem des Kapitalismus macht ihren Charakter geradezu aus.

In diesem Zusammenhang soll noch einmal auf das abstrakte Kommunikationsmittel Geld aufmerksam gemacht werden. In der Tat gehört es auch zur Logik des Verwaltungshandelns, mit seiner Klientel über Geld zu kommunizieren, d. h. alle Beziehungen zwischen der Verwaltung und dem Klienten mit monetären oder quasi-monetären Sachleistungen zu bewerten und zu definieren.

Ökonomie und Finanzwissenschaften gehören im übrigen zum zentralen Bestandteil der Ausbildung zum Verwaltungsbeamten, und auch der Beamte

[61] *Chr. v. Ferber,* Sozialpolitik in der Wohlfahrtsgesellschaft, 43f.

der Sozialverwaltung kann sich von dem Verständnis nicht freimachen, daß alle Probleme, die seine Klientel hat, sich durch Geld lösen ließen. Verteilungsprobleme sind fiskalische Probleme; sie lassen es zu, von den zu verteilenden Mitteln her die Probleme zu definieren und nicht die Probleme zum Anlaß zu nehmen, zu verteilende Ressourcen zur Disposition zu stellen.

Das Selbstverständnis der Sozialpolitik, Teil der Wirtschaftswissenschaften und der Wirtschaftspolitik zu sein, erleichtert den Konsens in der Beurteilung sozialer Probleme zwischen Verwaltung und Sozialpolitik. Für die Sozialpolitik sind es dann in der Regel ökonomische Faktoren, die die sozialen Probleme bestimmen, und sie trifft sich da mit der Verwaltung, die ihre Entscheidungen auf klare und „harte" Fakten stützen muß. Recht und Geld sind dabei – wie bereits ausgeführt – entscheidende Hilfen für klare Entscheidungen.

Die ökonomische Rationalität des Beherrschens durch Berechnen wird auch durch die Tendenz der Sozialpolitik unterstützt, Individuen ökonomische Mittel aufgrund individualisierter Rechtsansprüche zuzuweisen. Da jeder Fall anders liegt, reduziert sich die Komplexität auf den einzelnen; generalisierbare Entscheidungen sind auch kollektiv zu behandeln, was weder der Logik der Sozialpolitik noch der der Verwaltung entspricht.

Fataler wirkt sich aber die Übernahme eines von der Wirtschaftswissenschaft und -politik bevorzugten Menschenbildes durch die Sozialverwaltung aus, das unterstellt, Menschen könnten in einem solchen freiheitlichen System des Kapitalismus in jedem Fall für sich selbst sorgen, wenn sie sich nur anstrengten. Auch dahinter ist das Prinzip der ökonomischen Rationalität zu vermuten. Denn z. B. im Falle des Bedarfsprinzips, das bei der Einlösung von Versorgungsansprüchen oder Fürsorgerechten an die Sozialhilfe relevant wird, kommt die Analyse der Lebensverhältnisse einem Offenbarungseid gleich. Hier schlägt das ökonomisch-liberale Prinzip durch, zunächst das Selbsthilfepotential zu kalkulieren, um dann zu entscheiden, ob geholfen werden kann oder nicht.

Was sich auf der Makroebene als die Beziehung von Wirtschaftspolitik und Sozialpolitik herausarbeiten läßt, nämlich, daß die Sozialpolitik als Teil des Wirtschaftskreislaufes auf die dort freiwerdenden und freigestellten Ressourcen angewiesen ist, läßt sich auf der Mikroebene in der Beziehung der Sozialverwaltung zu ihrer Klientel wiederfinden: Die Sozialverwaltung muß mit den ihr zur Verfügung gestellten Mitteln ökonomisch umgehen, deshalb kann nicht gerade jeder das bekommen, dessen er wirklich bedarf. Hier sind sowohl Wirtschafts- als auch Sozialpolitik dem Prinzip der ökonomischen Rationalität verhaftet. Auf ihre Art disziplinieren beide in ihrer Verschränkung die Individuen ökonomisch-rational. Die Verteilung der Mittel ist durch das Wie bestimmt, durch die Perfektion des technischen Apparates, der gleichsam für das sozialpolitisch richtige, weil formal gerechte Verteilungsprinzip garantiert. Damit verhindert die ökonomische Rationalität eine Hinterfragung der Verteilungsprinzipien und der Verteilungsweise. Verteilungsprinzip und Verteilungsweise sind aber konstitutiv aufeinander bezogen. Über die Art, wie verteilt wird, läßt sich auch erschließen, was an wen verteilt wird. Damit wird auch das Prinzip der *formalen* Gerechtigkeit deutlich. Formale Gerechtigkeit heißt in diesem Zusammenhang, daß aufgrund des Rechtsanspruches jeder sein Recht erhält, unabhängig von seiner wirklichen sozialen (Not-)lage. Die Verteilungsprinzipien und der Verteilungsmodus sind also nur deshalb zwischen Sozialpolitik und Bürokratie konsensfähig, weil beide der Logik des kapitalistisch-rationalen Wirtschaftens gehorchen.

Fassen wir zusammen: Die Logik und die Rationalität, die dem Wirtschaften zugrundeliegen, durchdringen nicht nur die sozialpolitischen Strategien; vielmehr sind sie die Grundlage für sozialpolitisches Handeln; durch sie gewinnen sozialpolitische Strategien erst ihren Sinn, und mit ihnen werden die Probleme und sozialen Folgen kapitalistischen Wirtschaftens domestiziert. Der Ökonomismus kann also beschrieben werden als eine Dominanz ökonomischer Strategien bei der Behebung sozialer Probleme auf der Basis der gleichen ökonomischen Rationalität, mit der diese Probleme erzeugt wurden. Ökonomisierung der Sozialpolitik als Strukturprinzip bedeutet, daß die sozialpolitischen Strategien zur Behebung sozialer Probleme in der Art ihrer Durchsetzung – also in der Art der Problemdefinition, Programmentwicklung und -implementation – in der Struktur der Gesellschaftsordnung genauso angelegt sind, wie die Mechanismen und strukturellen Prozesse der Erzeugung dieser Probleme.

5. Bürokratie und Recht – Zur Juridifizierung des Verwaltungshandelns und zur Verrechtlichung der Sozialpolitik

Ich habe den Zusammenhang von Sozialpolitik und Verwaltung mit der These begründet, daß die Formalisierung und Rationalisierung der Kommunikationsweise und der Entscheidungsabläufe der Verwaltung mit einer Verrechtlichung der Sozialpolitik korrespondieren, die durch die Verwaltung geprägt ist.

Die „Erfassung einer zunehmenden Anzahl von Lebensbereichen und deren Regelung durch Recht, das Überwuchern sozialer, ökonomischer und politischer Beziehungen durch Rechtsbeziehungen“[62] trägt eher dem Gedankengang Rechnung, daß das Recht mit seiner „Formenwelt juristischen Denkens“ (Achinger) die Partner des „sozialpolitischen Geschäfts“ voneinander trennt.[63]

Dieser Argumentationsstrang soll hier weiter verfolgt werden. Es geht um die Formalisierung der Beziehungen von Verwaltung und Klientel und der

[62] *G. Vobruba,* Entrechtlichungstendenzen, 92.
[63] Vgl. *H. Achinger,* Sozialpolitik als Gesellschaftspolitik, 87.

durch diese Verrechtlichung der Sozialpolitik entstandenen Strukturen und Probleme der Kommunikation zwischen Verwaltung und Klienten. Es geht darum, daß durch die Verrechtlichung der Beziehungen zur Klientel die sozialpolitische Praxis nicht mehr in der Lage ist, die Problemlagen angemessen zu erfassen, und daß die theoretische Auseinandersetzung um eine sinnvolle Sozialpolitik meist an der Frage scheitert, wie sie formalrechtlich *umgesetzt* werden kann, um *durchgesetzt* werden zu können.

Hier kommt ein anderer Argumentationsstrang dazu, der bei der Verrechtlichungsdiskussion nicht vernachlässigt werden kann, wenngleich er praktisch und analytisch – bezogen auf die Organisationsanalyse – kaum mehr relevant ist. Verrechtlichung ist zunächst ein Prozeß gewesen, in dem die Zufälle einer paternalistisch verfaßten Armenpflege zurückgedrängt wurden zugunsten einer zunehmenden Stärkung von Rechtspositionen der Armen. Dieses aus der Arbeiterbewegung herübergerettete Resultat langer Kämpfe verbindet sich originär mit dem Begriff der Verrechtlichung. Entrechtlichung bedeutet in diesem Zusammenhang einen Prozeß, in dem „subjektive Rechte zurückgenommen werden, die wohlfahrtsstaatliche Relation (zwischen Staat und Bürger, D.B.) also modifiziert wird".[64] Es geht bei der Analyse der Verrechtlichungsproblematik also nicht um die Kritik dieser ursprünglichen Intention. Es geht daher darum, die Ambivalenzen des umfassenden Begriffs der Verrechtlichung mit zu berücksichtigen und den Blick für die Erkenntnis dafür zu öffnen,

> „daß weder die Verrechtlichung in ihren Erscheinungsformen Vergesetzlichung, Bürokratisierung und Justizialisierung noch ihre Gegentendenzen Entregelung, Entstaatlichung und Entbürokratisierung nur ‚gut' oder ausschließlich ‚schlecht' sind".[65]

Neben diesem Argumentationsstrang der Überformung sozialpolitischen Handelns durch die Formen des Rechts birgt die Verrechtlichungsdiskussion noch einen anderen Gedanken in sich, der sich eher an der Funktion des Rechts für den Staat orientiert. Es geht darum, daß das Recht mit seinem hohen Grad formaler Rationalität die abhängige Klientel „befriedet", weil in ihrer Vereinzelung erfaßt, wo kollektives solidarisches Handeln erforderlich und durchsetzungsfähig wäre. Das Recht befriedet ökonomisch und wirkt konfliktkanalisierend, wo der Konflikt als Widerspruch von Arbeit und Kapital hervortritt und als solcher von der Sozialpolitik domestiziert wird, also in Grenzen gehalten wird.

Diese vor allem von Billerbeck[66] vorgetragene Argumentation wendet sich von Anbeginn gegen einen Sachverhalt, der durch den Begriff der Verrechtlichung eigentlich geklärt werden sollte: Die Sicherung der Rechte. Diese Argumentation lag nicht in der Intention des Verrechtlichungsbegriffes, sie

---

64 *G. Volbruba,* Entrechtlichungstendenzen, 91f.

65 *R. Voigt,* Mehr Gerechtigkeit, 23.

66 Vgl. *U. Billerbeck,* 166ff.

zeigt aber seine bereits angesprochene Ambivalenz. Der Gedankengang soll in dieser Weise nicht wieder aufgenommen werden. Vielmehr will ich diesen Gedanken mit dem ersten Gedankengang der Formalisierung des Rechts verbinden und fragen, wie die Verrechtlichung, also die formale Rationalisierung der Rechtsbeziehungen zu einer *umfassenden* Formalisierung aller Beziehungen zur Klientel geführt hat, und warum die Zuweisung von ökonomischen Mitteln aufgrund von Rechtsansprüchen „befriedend" und damit herrschaftsstabilisierend und -institutionalisierend wirkt. Im Zusammenhang mit der Begründung bürokratischer Herrschaft wurde ja bereits darauf aufmerksam gemacht, daß bürokratische Herrschaft u.a. auf formalisierten Rechtsbeziehungen von Verwaltung und Klientel beruht.

Deutlicher Ausdruck für die Formalisierung der Beziehungen zwischen Verwaltung und Klientel ist die Art, wie Entscheidungen der Verwaltung dem Klienten mitgeteilt werden. Die Tatsache, daß es sich bei den Entscheidungsprozessen eher um Informationsverarbeitungs- denn um Kommunikationsprozesse handelt, wirkt auch auf die Außenbeziehungen. In der Tat besteht der Außenkontakt der Verwaltung in einer im Inneren benutzten formalisierten Amtssprache, und diese Amtssprache ist die Sprache des Rechts; die Entscheidungen der Verwaltung beruhen auf Rechtsgrundsätzen, und sie werden nach rechtlichen Kriterien beurteilt. In dieser Form werden sie auch dem Klienten mitgeteilt. Eigentlich ungefiltert und überhaupt nicht auf seine Möglichkeiten zugeschnitten, erreichen den Bürger die „Rechtsbescheide" der Verwaltung. Daß sie der Bürger dennoch akzeptiert, liegt nicht daran, daß er sie verstünde, vielmehr akzeptiert er sie, weil er auf die rechtlichen Grundsätze und Sanktionen hingewiesen wird, die eine Annahme oder Verweigerung der Entscheidung mit sich bringt.

Ein weiteres Kriterium für die Formalisierung und Rationalisierung von Entscheidungsprozessen liegt in der Schriftlichkeit. Nicht nur, daß die Verwaltung Entscheidungen schriftlich mitteilt; sie ist auch darauf angewiesen, die Informationsverarbeitung und Entscheidungsfindung schriftlich – aktenmäßig – zu fixieren. Mündliche Kommunikation ist die Ausnahme, sie dient höchstens zur Bereinigung von Zweifelsfällen. Mit Hilfe der Schriftlichkeit wird natürlich auch das Verfahren der Entscheidungsfindung formalisiert, generalisierbar, jederzeit überprüfbar. Und hier ist auch der Punkt, wo die rechtliche Formalisierung von Bedeutung ist. Denn das Verfahren wird nun einer rechtlichen Überprüfung durch das Gericht zugänglich. Wird schon durch die gesetzestechnische Logik der Entscheidungsfindung ein hohes Maß an Formalisierung hergestellt, so kann durch die schriftliche Fixierung im Verwaltungsgerichtsverfahren diese formal-rechtliche Entscheidung noch einmal überprüft werden. Dazu ist wiederum notwendig, daß die Entscheidungen juristisch transparent sind, und von daher ist es erforderlich, daß sie in der Sprache des Rechts und der ihm eigenen Logik formuliert und schriftlich fixiert werden.

Diese Anforderung an die Entscheidungspraxis bringt die Verwaltung natürlich in Zugzwang. Sie ist aufgefordert, ihre Entscheidungen nach den Kriterien zu fällen, die natürlich auch das Verwaltungsgericht an eine Entscheidung anlegt. Deshalb ist die Verwaltung wenig sensibel für die Belange der von den Entscheidungen Betroffenen, die ja die verwaltungsgerichtliche Überprüfung verkomplizieren würden.

In der Tat interessiert sich die Verwaltung solange für die Entscheidung, solange sie „im Hause" ist. Sobald sie das Haus verläßt, sind Einwände irrelevant; d.h. die Verwaltung kümmert sich in keiner Weise darum, ob die Entscheidung verstanden wurde, wie sie aufgenommen wurde, und Fehldeutungen werden dem Empfänger der Entscheidungen zugerechnet, also seiner Inkompetenz, die Entscheidung zu verstehen. Damit ist auch der Kommunikationsprozeß zwischen Verwaltung und Publikum gebrochen. Das Publikum degeneriert zu einem Objekt, dessen Fall bearbeitet wird und das mit Gehorsam auf die Entscheidung zu reagieren und sie dementsprechend anzunehmen hat.

Achinger und v. Ferber haben das Problem der Verrechtlichung der Sozialpolitik nicht nur in der Tatsache gesehen, daß die sozialpolitischen Leistungen irgendwelchen rechtlich fixierten Anspruchsberechtigungen entsprechen. Sie sahen den Prozeß der Verrechtlichung auch unter dem Aspekt, daß es durch die rechtliche Fixierung von Ansprüchen – zusammen mit anderen Faktoren – zu einer strukturellen Distanz zwischen Sozialverwaltung und Klientel kommt, die Leibfried[67] mit dem Begriff „administrative Schwellen" umschrieben hat, und zwar mit dem Ergebnis, daß nicht alle Anspruchsberechtigten auch tatsächlich ihren Anspruch einlösen können, weil nur wenige diese Schwellen überwinden können.[68] Dabei unterscheidet Leibfried *latente* und *manifeste*, transparente Schwellen des Zugangs zur Bürokratie, hier: der Sozialverwaltung. Transparente Schwellen sind strukturell im Prozeß der Verwaltung angelegt. Sie liegen in den spezifischen Verfahren der Problemlösung; sie liegen in den Bedingungen der Kommunikation zwischen Verwaltung und Publikum. Sie sind eigentlich sichtbar, ohne daß sie damit bereits von beiden Seiten her einsichtig und bewältigt wären. Sie gründen auf allgemeinen Stereotypen der Einschätzung des jeweils anderen, gründen auf Rollenzuweisung, vielleicht auf Rollenoktroyierung. Wir wissen aus der Stigmatisierungsforschung im Bereich der Sozialverwaltung, daß Verwaltungsangehörige ihre Klientel ähnlich beurteilen wie die Gesamtbevölkerung es tut: sie erliegen denselben Vorurteilen; sie sind lediglich über die Gesamtsituation besser informiert, aber sie schreiben dem einzelnen genauso diskreditierende Merkmale und Eigenschaften zu wie die Gesamtbevölkerung, bzw. diskreditieren Eigen-

---

[67] Vgl. *S. Leibfried,* Armutspotential und Sozialhilfe.

[68] Vgl. ebenda.

schaften von Individuen ähnlich, trotz besserer Einsichtsmöglichkeiten in die individuelle Lebenslage der Klienten.[69]

Was Leibfried mit latenten Schwellen meint, läßt sich mit der historisch gewachsenen – für die Gesellschaftsformation spezifischen – gesellschaftlichen Einschätzung der Armut und der sozialen Schwäche begründen. Hier macht sich die Ausdifferenzierung der Sozialverwaltung aus der allgemeinen Verwaltung, ihre bauliche und funktionale Ausgesondertheit als zusätzliche Barriere bemerkbar. Nicht nur die Frage wird hier virulent, wer schon gern aufs Amt geht, sondern die Frage, wer schon gerne aufs *Sozial*amt geht. Hinter allen psychischen Mechanismen der Abwehr und der Verschämtheit wird die Höhe dieser Schwelle erst bedeutsam, wenn sie identifizierbar ist, wenn die Abwehrreaktionen in Verhaltensmustern gerinnen, die in der konkreten Interaktion mit anderen aktuell werden.

Obwohl die Sozialverwaltung von ihrem Selbstverständnis als Leistungsverwaltung für die Erfüllung von Rechtsansprüchen zu sorgen hat, und obwohl sie auch für die Beziehung zu ihrer Klientel aus diesen Rechtsansprüchen heraus verantwortlich ist, baut sie ständig administrative Schwellen und Hemmnisse auf, die die Klienten auf Distanz halten. Damit werden nicht nur Problemlösungsstrategien auf Dauer gestellt, weil sie nie zu einer endgültigen Lösung des Problems führen, sondern es vielmehr verstärken. Denn dieses Verfahren muß sich gerade bei der ohnehin schon schwierigen Beziehung z. B. zwischen der Sozialverwaltung und den Bedürftigen fatal auswirken. Wo ihnen gerade die notwendigen Kompetenzen und Mittel der Durchsetzung von Interessen strukturell versagt sind, sind sie doch am ehesten darauf angewiesen, daß die Sozialverwaltung ihre Probleme löst und nicht nur verwaltet.

Damit wird auf ein strukturelles Dilemma verwiesen, in dem die Sozialverwaltung typischerweise steht: Sie begreift sich als *Leistungs*verwaltung und verhält sich als *Eingriffs*verwaltung. Insofern die Sozialverwaltung beides von ihrem Wesen her ist, vereinigen sich in ihr zwei unterschiedliche, ja sogar widersprüchliche Funktionsweisen. In der Tat steht der Typus der Leistungsverwaltung zunächst dem Typus der Eingriffsverwaltung gegenüber.

Die Sozialverwaltung ist also nur in Grenzen Leistungsverwaltung reinen Typs. Vielmehr wird die Funktionsweise der Leistungserbringung durch den Organisationstyp der Eingriffsverwaltung relativiert. Deren Funktionsweise gehorcht aber dem Prinzip monokratischer Verwaltung und bürokratischer Herrschaft.

Das Selbstverständnis der Leistungsverwaltung ist – was ihre Beziehungen zur Klientel angeht – von dem Gedanken getragen, daß der Staat qua Gesetz und Ordnungsvorstellung verpflichtet ist, Rechtsansprüche zu erfüllen, die tatbestandlich festgelegt sind. Im Rahmen seiner fiskalischen Möglichkeiten

[69] Vgl. *L. A. Vaskovics,* insbes. 92ff.

sind ihm zwar Grenzen gesetzt, aber er kann nur noch über die Veränderung der Gesetze oder der Ordnungsvorstellungen Verteilungsprinzipien oder -modi verändern, bzw. Rechtsansprüche zurücknehmen. Solange die Rechtsansprüche gelten, ist er zur Leistung verpflichtet.

Der Typus der Eingriffsverwaltung ist dadurch gekennzeichnet, daß der Eingriff in die Lebenslage von Individuen mit der Prämisse erfolgt, daß damit auch eine Störung beseitigt wird. Eingriff heißt in diesem Zusammenhang, daß eine ordnungspolizeiliche Grenzkorrektur vorgenommen wird, zumindest die Regelhaftigkeit der Verkehrsbeziehungen einer Tauschgesellschaft so zu überwachen sind, daß der Eingriff jederzeit denkbar und möglich ist.

> „Der ‚Eingriff' soll den Störfaktor ausschalten, Eingriffsverwaltung ist im Grundtypus Unterdrückungs-, ‚Repressions'-Verwaltung, die ‚Abweichungen' (Devianzen!) von den allgemeinen Regeln des Gesellschaftsverkehrs verbieten und deshalb dessen ‚Ruhe, Sicherheit und Ordnung' garantiert. Sie ist Polizeiverwaltung, die eine Abweichung von den Regeln verbietet oder die Befolgung gebietet und zur Erfüllung dieser Funktion mit Zwangsgewalt ausgestattet ist."[70]

Die Eingriffsverwaltung geht in der Regel davon aus, daß die Reproduktion des Individuums privat oder öffentlich gesichert sei.[71] Diese Voraussetzung wird in dem Augenblick hinterfragt, wo das Individuum mit seinen Ansprüchen an die Verwaltung herantritt, was es zum unliebsamen Störer macht, ohne den die Verwaltung ihre Ziele viel besser erreichen könnte. Der Störer der Ordnung, der hier ordnungspolizeilich diszipliniert wird, gerät in den Augen der Verwaltung unweigerlich zum Störer des Verwaltungsganges.

Die Eingriffsverwaltung ist hoheitlich verfaßt. Sie steht in der Tradition des obrigkeitsstaatlichen Bevormundens. Die Leistungsberechtigten erfahren diese Berechtigung nicht als eine wechselseitige Beziehung von Rechten und Pflichten. Sie erfahren also nicht, daß dem Recht auf Leistung die Pflicht der Leistungserbringung gegenübersteht. Vielmehr vermag die Verwaltung die Erbringung ihrer Leistungspflicht in die Erteilung von Genehmigungen und Erlaubnissen zu kleiden.

Leibfried nennt diesen Prozeß „passive Institutionalisierung"[72] und weist zu Recht darauf hin, daß dieser Prozeß der Verwaltung nicht nur immanent, sondern auch in ihrem Interesse ist. Dadurch nämlich, daß sie das Problem nie

[70] *R. R. Grauhan / S. Leibfried,* 66.

[71] „Nach diesem Modell der Eingriffsverwaltung geht die Verwaltung dann vor, wenn sie voraussetzt, in der Regel sei die private oder sonstwie öffentlich gesicherte individuelle Reproduktion gewährleistet. Wer das Gegenteil behauptet, soll sich melden, einen Antrag stellen und die Antragsvoraussetzungen nachweisen . . ." (*S. Leibfried,* Vorwort zu *F. F. Piven / R. A. Cloward,* Regulierung der Armut, 55.)

[72] „Passive Institutionalisierung bedeutet, daß die Verwaltung ‚ihre' gesellschaftlichen Probleme nicht aufspürt und ausnahmslos bearbeitet – aktive Institutionalisierung –, sondern darauf wartet, daß sich das gesellschaftliche Problem ihr ‚aufdrängt' . . ." (Ebenda, 54.)

ganz löst, bleibt ihr eine Basis und ein immenser Spielraum für die Legitimation ihrer Existenz. Abgesehen von strukturellen Prozessen der Erzeugung und Perpetuierung von sozialen Problemen, die in dieser Gesellschaft Sozialpolitik immer erforderlich machen, tut die Sozialverwaltung vor allem im Bereich der Sozialhilfe das Ihre dazu, daß die Probleme zumindest nicht kleiner werden.

Die Organisationsform der Sozialverwaltung trägt den Interessen eines fiskalisch ausgerichteten Steuerstaates Rechnung. Die strukturelle Distanz der Klientel zur Verwaltung, die administrativen Schwellen erzeugen ein hohes Maß an „gefilterten Anspruchsberechtigten“, die von vornherein keine Chance sehen, die Leistungen in Anspruch zu nehmen, obwohl sie berechtigt wären. An den dadurch gewonnenen fiskalischen Spielräumen kann der Steuerstaat nur interessiert sein, zumindest kommt es seiner Fiskalpolitik zugute. In diesem Zusammenhang sei an das grundsätzliche Dilemma erinnert, das der Steuerstaat als Sozialstaat immer hat. Er ist als Sozialstaat zu Leistungen verpflichtet, denen er – nach der Logik der Ökonomie – zu entgehen trachtet, da sie seinen Spielraum bei der Abschöpfung privater Wertschöpfung erheblich einengen.[73]

So ist die Sozialverwaltung im Prinzip Ausdruck der Verschränkung von sozialpolitischen Leistungszielen und bürokratischen Eingriffen. Im Dilemma von Leistungs- und Eingriffsverwaltung manifestiert sich der Konflikt von sozialpolitischen Wertvorstellungen und Zielen und von bürokratischen Prinzipien und sozialpolitischen Handlungsmaximen. In der Sozialverwaltung drückt sich das historisch angelegte Dilemma von obrigkeitsstaatlicher Bevormundung durch Eingriffe und Sorge um das Wohl des Untertanen durch Leistungserfüllung aus.

Welche Schlußfolgerungen ergeben sich aus der Zusammenschau von Verrechtlichung, Formalisierung des Rechts und Verwaltungshandeln?

Die Verschränkung von bürokratischem Prinzip der Problemdefinition und Programmimplementation einerseits und der sozialpolitischen Zielformulierung andererseits programmiert die Problemlösung vor: Die Zuweisung kalkulierbarer Mittel aufgrund individuell nachweisbarer Rechtsansprüche ordnet durch formal-bürokratische Verfahren die Individuen wieder in die Gesellschaft ein, ohne eine wirkliche sozial*politische* Lösung anzustreben. Selbst die Maßnahmen, die als präventive in eine aktive Sozialpolitik gestaltend eingehen, werden durch den Prozeß des Verwaltungshandelns zu reaktiven passiven Eingriffen in bereits strukturierte Lebenswelten, deren Strukturierung und Verfestigung auf einer Ebene hätte politisch gelöst oder gar verhindert werden können. Zweckrationalität steht immer noch vor Wertrationalität,

---

[73] Vgl. dazu *R.-R. Grauhan / S. Leibfried;* grundsätzlich dazu: *R. Goldscheid / J. Schumpeter.*

daran hat sich seit Max Weber in der Sozialverwaltung nichts geändert. Individualisierung der Probleme verhindert kollektive Einsichten und Lösungsversuche, verhindert den strukturellen Zugang zu den Problemen. Technische Perfektion der Verwaltung steht immer noch vor der Humanisierung der Beziehung zu ihrer Klientel.

Individualisierung der Probleme führt zur Verhinderung solidarischer Beziehungen der Klientel untereinander; rational geführte Diskurse schaffen Distanz und Angst und erzwingen Loyalität. Herrschaft als die Chance, für einen bestimmten Befehl bei angebbaren Personen Gehorsam zu finden, erfährt eine Erweiterung durch Macht als die Chance, den Willen durchzusetzen auch bei Widerstreben. So ist also zu bedenken, daß gerade in der Sozialpolitik, in der noch der Mensch im Zentrum aller Bemühungen steht, die Bürokratie als Strukturprinzip die sozialpolitischen Zielsetzungen in ihr Gegenteil verkehrt. Durch die Formalisierung der inneren Beziehungen und die Neutralisierung der äußeren Umwelt mußte die bürokratische Maschine blind für die sozialen und humanen Probleme der Menschen werden; die Sozialverwaltung, die sozialpolitischen Institutionen werden damit zum Produzenten jener Probleme, zu deren Lösung sie eigentlich da sein sollten. Die Trennung von Handlungs- und Strukturebene verhindert zudem, daß sich strukturelle Entscheidungen einer Sozialpolitik auf der Handlungsebene der Beamten einfach umsetzen lassen, sie müssen vielmehr kompliziert vermittelt werden und verpuffen letztlich über diesen Vermittlungsprozeß.

Die von Weber gerühmte Garantie der Gleichbehandlung durch Formalisierung und Standardisierung, die ja auch eine Wandlung von der Herrschaft durch Willkür zu einer Herrschaft durch gesetzte Regeln bedeutet, unterstellt auch eine gleiche Ausstattung der Klientel mit Mitteln und Ressourcen. Denn die formale Gleichheit vor der Bürokratie führt allemal zu Ungleichheiten. Diese Überlegung, auf die Sozialbürokratie angewendet, erinnert uns an die bereits gemachten Ausführungen zu den administrativen Schwellen und zu den manifesten und latenten Hindernissen und Filtern, die sich auf die Chance, sich durchzusetzen, negativ auswirken.

Nun kann man sicher nicht behaupten, die Sozialpolitik habe das explizite Ziel, Individuen durch ihre Maßnahmen voneinander zu isolieren, Solidarität zu verhindern, Kommunikation und Kooperation zugunsten einer „ordnungsmäßigen Integration" unmöglich zu machen. Aber die Maßnahmen der Vermittlung von Einkommens- und Sachhilfen aufgrund von Rechtsansprüchen sind so differenziert gestaltet, daß z.B. schon von daher gemeinsames Handeln einfach ausgeschlossen wird; es ist im Strukturprinzip der Sozialverwaltung nicht angelegt, daß Individuen sich über ihre Lage diskursiv verständigen und sich darüber hinaus solidarisieren können. Die Sozialpolitik entwickelt dabei keine Gegenstrategie, vielmehr unterliegt sie den administrativen Grundsätzen und Regeln der Problemlösung.

Das von der Sozialpolitik präferierte Sozialmodell eines freien und gleichen Individuums wird von den bürokratisch verfaßten sozialpolitischen Institutionen unterstützt. Das vor dem Gesetz nunmehr gleiche Individuum wird formal gleich behandelt, aus Individuen werden Fälle, die gleichsam auf Distanz und abhängig gehalten werden. So wichtig also im historischen Prozeß die Durchsetzung des Rechtsanspruches auf sozialpolitische Leistungen für die Freiheit und Unabhängigkeit des Individuums von den Zumutungen gesellschaftlicher Verhältnisse und Beziehungen war, so sehr hat sich die sozialpolitische Intention durch die Verrechtlichung in ihr Gegenteil verkehrt. Der formale Rechtsanspruch und seine Durchsetzung bedingen zwar das freie Individuum und verlangen formal gleiche Behandlung, aber über diese Prozesse der formalen Gleichheit ergibt sich eine strukturelle Ungleichheit, bedingt doch die formale Gleichheit auch materiell gleiche Chancen des Individuums, seine Rechtsansprüche angemessen vertreten und durchsetzen zu können. Dies entspricht aber nicht der gesellschaftlichen Realität und hat gerade im Sozialverwaltungsbereich fatale Konsequenzen.

Ich bin in meinen bisherigen Überlegungen davon ausgegangen, daß die *Formalisierung des Rechts* die Verrechtlichung der Sozialpolitik gefördert hat, weil mit der Formalisierung des Rechtsanspruchs auch ein Höchstmaß formalen Entscheidens und Vollzuges garantiert wird. Die Verrechtlichung der Sozialpolitik basiert also in erster Linie auf einer formalen Rationalisierung des Rechts durch Verwaltungshandeln.

Mit der formalen Rationalisierung des Rechts ist auch die Zurückdrängung seines materialen Charakters verbunden. Die formale Rationalisierung trennt das Recht und den Rechtsgedanken von ihren verfassungsmäßigen ethischen Bindungen und gründet nur noch auf dem Verfahren und der verwaltungsmäßig zu bearbeitenden sozialen Problemlage.

Exkurs:

Ich möchte deshalb versuchen – quasi exkursartig – auf einige Wesenszüge des materialen und formalen Rechts und dem Prozeß der formalen Rationalisierung einzugehen, weil damit auch die geschichtliche Dimension der Entwicklung vom materialen zum formalen Recht deutlich wird, die ja sich auch in dem Verhältnis von Wohlfahrt und Verwaltung, guther Policey und Verwaltung widerspiegelt.

Formales Recht und materiales Recht basieren auf je spezifischen Begründungen und auch auf unterschiedlichen Formen der Rechtsfindung. Formalgesatztes Gebotsrecht ist – wie offenbartes Recht auch – weniger inhaltlich kausal begründet (weil es so *ist*), sondern ist final ausgerichtet, auf den Zweck hin bestimmt (weil es so *sein soll*), material ist ein Recht um so mehr, je mehr seine Geltungsgründe inhaltlicher Natur sind und je weniger das Verfahren Legitimationsgrundlage ist. Umgekehrt gilt unterdessen, daß formales Recht weitgehend durch das Verfahren und nicht durch das Ziel des Rechtsschöpfungs- oder -findungsprozesses bestimmt ist. Beide Eigenschaften sind jedem Recht wesenhaft; bei der Unterscheidung von materialem und formalem Recht kommt es im wesentlichen auf die Dominanz des einen oder anderen Elementes an. Beim (offenbarten und gesatzten) formalen Recht können wir erfolgreich fragen, *wie* entschieden wurde, beim (traditionalen und erschlossenen) materialen Recht werden wir eher eine Antwort auf die Frage finden, *was* entschieden wurde. Daraus allerdings zu schließen, formales Recht wäre ohne Inhalt, materiales Recht ohne Form, wäre falsch.

Formal und material sind also Kriterien, die Rechtsfindungsprozesse nach ihrem Inhalt und ihrer Form unterscheiden. Danach ist ein Recht material bestimmt, gleichviel, ob es sich um traditionales Recht (Sitte, Brauch, Weistum) oder um ein durch Vernunft im Rat erschlossenes Recht (Naturrecht) handelt. Kerngehalt ist immer die Gerechtigkeit, die auf Ausgleich der Interessen hinzielende rechte Entscheidung. Der Grund der Rechtsfindung ist entscheidend. Demgegenüber hat das formale Recht das Ziel der Rechtssetzung bzw. -offenbarung im Auge. Materiales und formales Recht unterscheiden sich in ihrem Verhältnis zur Ethik. Nach Webers Auffassung ist ein Recht um so materialer, je eher Recht und Ethik „umstandslos in einander konvertierbar bleiben und wenn der Ethik gegenüber dem Recht dauerhaft der Primat zufällt".[74]

Je weiter die Rechtsentwicklung voranschreitet – so Weber –, desto weniger Geltung besitzen dann materiale Rechte und Normen, bis sie schließlich ganz aus dem Recht eliminiert sind, ohne daß sie deshalb aus anderen Bereichen des Gemeinwesens zwangsläufig verschwinden müssen. Formalisierung des Rechts heißt in diesem Zusammenhang, daß Ethik und Recht funktional differenziert sind und durch die Form bzw. das äußere Verfahren der Inhalt, also der materiale Charakter des Rechts überdeckt, ja sogar überformt wird. Die materialen Geltungsgründe werden nun in die Politik integriert; zum Teil erscheinen sie in einem differenzierten System akademischer Lehre wieder. Je mehr sich aber der Rechtsgedanke von seinen ethisch-materialen Gründen entfernt, desto prädestinierter ist das Recht, in der Verwaltung aufzugehen und sich von der Verfassung zu trennen.

Die formale Rationalisierung des Rechts hat Folgen für die sozialpolitische Erfüllung von Rechtsansprüchen. Formale Rationaliserung ist der Verwaltung immanent. Ihr Rechtsbegriff bezieht sich auf die formale Gleichheit der Individuen vor dem Gesetz und vor den aus ihm abgeleiteten Verordnungen, Rechtssätzen und Verfahren. Die Trennung von Recht und Politik, von Verwaltung und politischer Entscheidung, hilft der Verwaltung, ihre Entscheidung auf eindeutige Rechts- und Gerechtigkeitsgrundsätze zu stellen, weil es nicht in ihrer Macht steht, anders zu entscheiden.

Dies hat wiederum Auswirkungen auf die sozialpolitischen Entscheidungen, denn diese werden so „produziert", daß sie umstandslos in Verwaltungshandeln überführt werden können. Das bedeutet, daß die materialen Grundlagen der Entscheidungen in ganz anderen Bereichen zu suchen sind als in der Sozialpolitik oder der Sozialverwaltung, ja vielleicht noch nicht einmal in der Politik, sondern z.B. in der Ethik.

6. Zusammenfassung

Die These von der Bürokratisierung der Sozialpolitik erschließt uns einen für die Sozialpolitik konstitutiven Bezug zur Geschichte und Entwicklung der

[74] *W. Schluchter,* Die Entwicklung des okzidentalen Rationalismus, 155.

Verwaltung. Sozialpolitik ist nur in Verbindung mit der Bürokratie historisch und systematisch sinnvoll zu erklären; nur über den Zusammenhang von Bürokratie als Strukturprinzip der Sozialpolitik und Bürokratie als Rationalisierung von Herrschaft erschließt sich uns die Wirksamkeit sozialpolitischer Maßnahmen auf der makrosoziologischen Ebene.

Über die Prozeses der Ökonomisierung und Verrechtlichung der Sozialpolitik wird uns die Verbindung von sozialpolitischen Prinzipien mit den Handlungsmaximen der Bürokratie deutlich, und gleichzeitig werden wir auf den herrschaftsstrukturellen Zusammenhang aufmerksam gemacht, der zwischen Bürokratie und Sozialpolitik besteht und der durch die Prozesse der Ökonomisierung und Verrechtlichung im Grunde konstituiert wird. In der Tat erlauben erst die Beziehungen von Verrechtlichung, Ökonomisierung und bürokratischer Durchdringung der Lebensverhältnisse, von einem herrschaftskonstituierenden Charakter der Beziehung von Sozialpolitik und Bürokratie zu reden. Erst über den Begriff der ökonomischen Rationalität wird die Verbindung sichtbar, die zwischen dem Prinzip des Beherrschens durch Berechnen und dem durch die Ökonomisierung verursachten Prozeß der ökonomischen Behebung von ökonomisch definierten sozialen Schwächen besteht.

Erst mit der Verbindung von Verrechtlichung der Sozialpolitik und Formalisierung des Rechts, bzw. der formalen Rationalisierung des Verwaltungshandelns, wird uns der Grund deutlich, der für die formalisierte Beziehung von Bürokratie und Klientel im Bereich der sozialpolitischen Institutionen verantwortlich ist.

Die Rationalisierung der Herrschaft zeigt in der Ökonomisierung und Verrechtlichung ihre notwendigen und gleichzeitig ausgeprägtesten Manifestationen. Geld und Recht werden zu den entscheidenden Umverteilungsmechanismen von Chancen und damit zu entscheidenden Kriterien für die Rationalität von Herrschaft.

TEIL II

Zum Verhältnis von „guther Policey“ und „gemeinem Besten“

1. „Guthe Policey“ als Verfassungs- und Rechtsprinzip – Zum Verständnis der Ungeschiedenheit von Lebensordnungen

Bevor es zu der besagten Ausdifferenzierung von Wohlfahrt und Verwaltung im Zuge der neuzeitlichen Rationalisierung von Wohlfahrt, Recht und Verwaltung kam, konnte man von einer ungeschiedenen Verfassung geschlossener Lebensordnungen und Daseinsverbände sprechen.

Bis zur spätmittelalterlichen Ordnungskrise, die mit dem Verfall und dem Versagen der altstädtischen Ordnungsprinzipien einherging, war der Begriff der „guthen Policey“ als Verfassungs- und Ordnungsbegriff in einer umfassenden, philosophisch von Aristoteles geprägten Bedeutung gültig.

Friede und Gerechtigkeit waren Inbegriff von „guther Policey“. Die umfassende Realisierung dieser beiden Staatszwecke garantierte die Möglichkeit des „gemeinen Besten“. Das „gemeine Beste“ realisierte sich in der „besten Gesellschaft“, und es war auch deren Folge.

Die Einheit von „guther Policey“ und „gemeinem Besten“ muß also in ihrer Dialektik verstanden werden; „guthe Policey“ war Bedingung und Folge des „gemeinen Besten“; das „gemeine Beste“ konnte sich nur unter der Bedingung realisieren, daß das Prinzip der „guthen Policey“ entfaltet war, und gleichzeitig war die „guthe Policey“ nur realisiert, wenn das „gemeine Beste“ realisiert war.

Deshalb ist der Begriff der „guthen Policey“ als Verfassungs- und Ordnungsprinzip ohne das im „gemeinen Besten“ realisierte Gemeinwohl nicht zu denken. Ohne das „gemeine Beste“ als Rechtsprinzip und als realisierte Gerechtigkeit konnte schon in der traditionellen Gesellschaft also der Begriff der „guthen Policey“ nicht hinreichend erfaßt werden. Herstellen von Gerechtigkeit hatte für die damaligen Verhältnisse sozialregulativen Charakter. Das „gemeine Beste“ war der Gerechtigkeit immanent und war Wesenszug der „guthen Policey“.

Soweit das Gemeinwesen noch durch den Begriff der „guthen Policey“ verkörpert wurde und somit das Gemeinwohl sich im Gemeinwesen selbst manifestierte, war auch der Begriff der „guthen Policey“ durchaus eine Ordnung, die weder Verwaltung noch Verfassung noch Wohlfahrt jeweils allein repräsentieren konnten. Sie repräsentierte *in ihrer Einheit* diese Elemente; ein eigenständiger Wohlfahrtsgedanke war im Rechtsdenken nicht angelegt.

Die ältere deutsche Staatsverwaltungslehre, speziell die ältere Polizeiliteratur bis Seckendorff baute im Grunde auf dem Verständnis ungeschiedener Lebensordnung auf, wie es im Begriff der „guthen Policey“ angelegt ist. Die von der älteren Polizeiliteratur kommentierten Reichspolizeiordnungen und viele Polizeiordnungen der Städte operierten am Ende des Ancièn Régime aus dem Umstand heraus, daß der Begriff der „guthen Policey“ noch Bedeutung hatte und nur gefährdet war durch realgeschichtliche Veränderungen, denen man Einhalt zu gebieten hatte. Friede und Recht als Staatszwecke und als Folge und Bedingung von „gemeinem Besten“ blieben als Grundpfeiler der Ordnung erhalten.

Das Gemeinwesen war noch nach dem Dreißigjährigen Krieg der Ort der sich verwirklichenden natürlichen Gerechtigkeit; der Staat war als Zwangsveranstaltung noch nicht gedacht. Das ältere Naturrecht prägte ein Rechtsbewußtsein, das nicht durch den Positivismus gesetzten Rechts charakterisiert war. Das Rechtsbewußtsein basierte eher auf der Vorstellung des gefundenen und vergänglichen Rechts, das den Dingen und Verhältnissen angepaßt wurde. Die Weistümer der altständischen Gesellschaft sind im Grunde nichts anderes als im Urteil gefundene Gerechtigkeit. Recht und Sitte wurden noch als identisch gedacht, die Trennung von Trägern unterschiedlichen Rechts (Staat, Familie), wie wir sie in der Literatur des 19. Jahrhunderts vor allem bei H. W. Riehl finden[1], waren dem mittelalterlichen und frühneuzeitlichen Denken fremd. Auch die Trennung von positivem und natürlichem Recht war im Strukturprinzip der mittelalterlichen Sozialverfassung nicht angelegt. Nicht Recht *aus* Gewohnheit, sondern Recht *als* Gewohnheit, Brauch und Tradition beschrieb die Rechtsfindung und das Recht hinreichend. Finden wir im Weistum den Kern der mittelalterlichen Rechtsbildung, so stand es dem Herrscher an, das Recht zu finden, zu urteilen und zu bewahren. Sinn dieser Rechtsfindung war dabei das konkrete „Ins-Recht-weisen“ oder „Im-Recht-lassen“.

Nicht das Alter des Rechts ist von Bedeutung, sondern das Prinzip der „Unvordenklichkeit“ des Rechts: Weil es immer so war, ist das Recht gut und darum gültig. Es spiegelt Tradition, Gewohnheit und Brauchtum wider; damit sind die Strukturprinzipien der Tradierung der mittelalterlichen Gesellschaft umschrieben. Unvordenklichkeit des Rechts bedeutet dabei, daß man aufgrund der Tradierung sich einen anderen Zustand des Rechts nicht vorstellen konnte als den, der bis zu einem bestimmten Zeitpunkt bestanden hatte.

Rechtsfindung und -bewahrung waren eminent politische Aufgaben. Recht und Politik galten für die ältere Rechtsauffassung als untrennbar miteinander verbunden; politisches Handeln war zugleich auch rechtliches Handeln und

---

[1] Vgl. *H. W. Riehl.*

gutes Handeln. Politik, Recht und Moral waren konstitutiv aufeinander bezogen. Auf Rechtsfindung und -bewahrung bezog sich Herrschertugend und Staatsklugheit. Die Bindung an das – wenngleich selbst gesetzte – Recht war zuvörderste Tugend des Monarchen, denn das Recht stand bei allen monarchischen Prärogativen nicht zur Disposition des Fürsten; vielmehr war es seine Aufgabe, das natürliche Recht zu verwirklichen. Überblickt man die Fürstenspiegel-Literatur bis ins 13. Jahrhundert hinein, begegnet man kaum den großen Gesetzgebern unter den Herrschern; wohl aber den „rechtskundigen, rechtsgewillten, rechtsmäßigen und friedliebenden Fürsten".[2]

Aus der vernünftigen Anwendung des Rechts resultierte nach der mittelalterlichen Rechtsauffassung also das Gemeinwohl als Bedingung, Folge und Inbegriff von „guther Policey". Dabei waren Herrscher und Volk an überkommenes, geheiligtes Recht gebunden; Gerechtigkeit entstand nicht aus dem Recht des Herrschers, sondern aus dem Interessenausgleich von Herrscher und Volk.

Grundsätzlich sind für den Polizeibegriff in Verbindung mit dem Gemeinwohlverständnis drei philosophische und rechtsgeschichtliche Traditionen von Bedeutung, die im folgenden näher erläutert werden sollen:

a) die aristotelische Tradition, die sich
b) im Gemeinwohlverständnis des Thomas von Aquin wiederfindet und
c) die Tradition der deutschen Rechts- und Verfassungsentwicklung.

2. Eudämonia und Polis – Der Glücksbegriff bei Aristoteles

Der Begriff der „guthen Policey" stand – wie bereits erwähnt – im älteren deutschen Staatswesen bis ins späte Mittelalter in jener aristotelischen Tradition, wie sie vor allem an den Artistenfakultäten gelehrt wurde und wie sie von Melanchthon[3] aufrechterhalten wurde. In diesem Sinne verstand man unter „Policey" die Verfassung des Gemeinwesens, wie auch seine Ordnung. Politeia meint ja die Ordnung des Gemeinwesens wie auch das Gemeinwesen selbst. In diesem Sinne hatte der Polizeibegriff der „guthen Policey" zunächst seine Bedeutung erhalten. Aristoteles verband damit die rechte Ordnung des

---

[2] *W. Berges,* 14.

[3] *Ph. Melanchthon,* In Ethica Aristoteles Commentarius; Melanchthon hebt in seinen Ethikkommentaren die Verbindung von Ökonomie und Politik in ihrer zentralen Bedeutung noch einmal hervor – hier steht er in der Tradition Aristoteles; bzw. in der scholastischen Aristotelesrezeption. Auch Ethik und Politik werden erneut aufeinander bezogen, „aber die Politik bildet jetzt nicht mehr, wie im antiken Denken, Ziel und Erfüllung und Grenze der Ethik: sie ist vielmehr, wie alles Irdische, nur noch ein Mittel auf ein Höheres hin". (*H. Maier,* Staats- und Verwaltungslehre, 168.) Vgl. dazu auch: *P. Petersen,* wo u. a. begründet ist, daß die Aristotelesrezeption in die territorialstaatliche Wirklichkeit der damaligen Zeit – was die Weltbezogenheit angeht – unkompliziert hinein paßt.

Gemeinwesens. Politeia ist die rechte Verfassung, die nur dann als solche realisiert ist, wenn der gemeine Nutzen bzw. das „gemeine Beste“ oder Gemeinwohl realisiert ist. Nur die Politeia ist zum Gemeinwohl in der Lage.

Wie kam es – in Blick auf diese Doppelbedeutung des Polizeibegriffes – zu der Anbindung an die aristotelische Tradition der Politeia?

Es waren zuerst die Gelehrten, die – auf der Suche nach den Ursprüngen des burgundischen Begriffes der „Pollucey“ – auf den griechischen Begriff „politeia“ stießen und auf ähnliche Begriffe wie politia (lat.). Der lateinische und der griechische Begriff schoben sich im Laufe der Zeit ineinander und wurden zur „Policei“. Gleichzeitig tradierte sich aber die griechische, genauer aristotelische, Bedeutung des Wortes politeia. Aristoteles meinte – wie erwähnt – mit diesem Begriff zweierlei: nämlich die Ordnung des Gemeinwesens wie auch das Gemeinwesen selbst. In dieser Doppelbedeutung hatte das Wort nun in der deutschen Sprachtradition weitergewirkt. Bereits Eichhorn hat auf diesen Tatbestand verwiesen, wenngleich er – wie Maier[4] betont – zu der „irrigen“ Annahme kommt, die Gelehrten hätten den Begriff der Polizei unmittelbar aus der aristotelischen Tradition übernommen. Richtig ist, daß der Begriff „politeia“ die rechte Verfassung umschließt; nur die rechte Verfassung mit dem Ziel des gemeinen Nutzens konstituiert nach Aristoteles den Begriff politeia.[5] Für die ältere Polizeiliteratur hat dieser Sachverhalt des Einflusses der aristotelischen Tradition durchaus Bedeutung erlangt, wenngleich sich die Bedeutung des Polizeibegriffes immer mehr verschob.

Der Glücksgedanke beruht bei Aristoteles auf einer dialektischen Verschränkung von Ethik und Politik. In beiden Bereichen geht es um das sittliche Handeln und „um die Erkenntnis und Bewertung der Herrschafts-Modi im Hinblick auf bestimmte Güter“.[6] Im Falle der Ethik geht es um ein sittliches Handeln im individuellen Tun, in der Politik um ein Handeln, das bezogen ist auf die Polis als den Bereich, in dem sich das menschliche Wesen als zoon politikon zu entfalten vermag. Die Stadt gehört konstitutiv zum Wesen des Menschseins; in ihr kann der Mensch sein Humanum entfalten.

In der humanen Selbsterfüllung und materieller Genügsamkeit sieht Aristoteles die Bedingungen für ein gutes Leben (eudämonia) als Inbegriff des Glücks. In der Stadt ist die Verknüpfung von individuellem Glück und Gemeinwohl erst möglich. Die Polis ist die umfassendste Form der Vergesellschaftung, nur in ihr kann sich über das individuelle Glück hinaus Gemeinwohl konstituieren und vice versa. Was für das Individuum gut ist, ist auch für die Stadt gut.

> „Das Glück für den Einzelnen der Menschen und für die Stadt ist dasselbe“.[7]

---

[4] Vgl. *Maier,* Staats- und Verwaltungslehre, 99ff.

[5] Vgl. *F. K. Eichhorn,* 272, Anm. a).

[6] *H. Maier,* Staats- und Verwaltungslehre, 166.

Politik ist nicht Selbstzweck und nicht nur dazu da, das Leben an sich und überhaupt zu erhalten. Gutes Leben heißt vielmehr Selbsterfüllung, die über die bloße Existenzerhaltung hinausgeht. Das unterscheidet den Menschen vom Tier.

„Während die übrigen Lebewesen ‚von Natur' werden, was sie sein können, ist der Stand verwirklichten Menschseins an die Stadt gebunden".[8]

In der Tat verweist der Begriff des zoon politikon auf die Tatsache, daß bei Aristoteles nur in der Stadt hinreichende Bedingungen für die Selbstverwirklichung des Menschen gegeben sind. Indem die Stadt dem einzelnen das beste Leben ermöglicht, ist die Definition des individuellen Glückes gleichbedeutend mit dem Ziel der Politik, mit dem Staatszweck.

„Die Bewegung, in welcher das Einzelne zu seiner Bestimmung kommt, ist zugleich die Bewegung, in der sich das Allgemeine verwirklicht."[9]

Die Lehre von der Bestimmung des einzelnen in der Ordnung ist somit auch die Lehre von der Ordnung selbst, von der Verfassung des Gemeinwesens. Sowohl in der *Nikomachischen Ethik* als auch in der *Politik* geht Aristoteles von dieser Identität des politischen und des individuellen Glückes aus, was nichts anderes bedeutet, als daß er auch von der dialektischen Bezogenheit des Gemeinwohles der Stadt bzw. des Staates auf das individuelle Glück ausgeht. Wer das Wesen der Stadt denkt, der kann an der Individualität nicht vorbeigehen. Das Wesen der Stadt[10] ist im Begriff des Individuums als zoon politikon angelegt. Erst dadurch wird die Stadt hinreichend bestimmbar als polis, als politische Ordnung. Was vorher da sein muß, was notwendig ist, um Staat sein zu können: Schutz nach innen und außen, Sicherheit von Handel und Gewerbe, macht notwendigerweise einen Staat aus, aber nicht hinreichend.

„Die Stadt ist keine Gemeinschaft nur dem Orte nach, oder nur zum Schutze gegen wechselseitige Benachteiligungen und zur Pflege des Handelsverkehrs. Alles das muß zwar auch sein, wenn die Stadt sein soll. Auch wenn alles dies gegeben ist, ist damit noch nicht die Stadt. Als solche aber hat zu gelten die Gemeinschaft in einem guten Leben unter Häusern und Geschlechtern mit der Bestimmung des in sich vollendeten und selbständigen Lebens."[11]

Das Individuum ist aber nicht das isolierte Wesen, genauso wie das individuelle Glück nicht in der Isolation mangelnder menschlicher Beziehungen

---

7 *Aristoteles*, Nik. Ethik, I, 1, 1094b 7 - 8.

8 *J. Ritter*, Das bürgerliche Leben, 192ff.; vgl. *Aristoteles* Politik I, 2, 1252b, 1253a, 29 - 30; ähnlich auch: Politik III, 9, 1280b, 33 - 35.

9 *J. Ritter*, Das bürgerliche Leben, 82.

10 Aristoteles denkt hier von der Stadt als dem Staat, die Stadt ist sowohl Gesellschaft wie Staat. Die Gesellschaft wiederum ist in der Tatsache begründet, daß hier Herrscher und Beherrschte als Bürger identisch begriffen werden. Indessen faßt Aristoteles alles das unter dem Begriff der Staatskunst zusammen, was politische Führung, Rechtssetzung und -sprechung meint.

11 *Aristoteles*, Politik, IIIa, 1280b, 30 - 35.

konstituiert werden kann. Wenn sich Aristoteles das individuelle Glück in der Autarkie vorstellt, dann doch nicht in der Abgeschiedenheit. Zentraler Sozialraum für die Entfaltung des Glückes wird vielmehr das Haus, der Oikos, mit seiner Ökonomie.

Die Ökonomie als eine Mischung aus technischer und ethischer Lehre von der Bestellung der Hauswirtschaft und den Tugenden des Hauslebens ist die zentrale Vermittlerin des Glücks. Konstitutiv für den Oikos sind das Zusammenleben im Haus und die aus der gemeinsam zu bewältigenden Arbeit entstehenden Kommunikationszusammenhänge. Der Begriff des einzelnen ist damit nicht abstrakt wie bei Platon, er gewinnt in den Beziehungen im Haus Konturen. Es sind freundschaftliche, verwandtschaftliche und nachbarschaftliche Beziehungen, die Aristoteles sich vorstellt, wenn er von den Möglichkeiten der Realisation des individuellen Glücks spricht. So lebt der einzelne nicht als Individuum, sondern als „Tisch- und Hausgenosse“.[12]

Die Wirksamkeit dieser Beziehungen macht denn auch den Charakter der Stadt aus. Aristoteles meint, daß die Stadt aus der Freundschaft heraus zusammenhaltende Momente entwickeln könnte:

> „Es scheint auch die Städte die Freundschaft zusammenzuhalten, und deswegen wenden sich die Gesetzgeber ihr mit ernsterem Eifer zu als selbst die Gerechtigkeit.“[13]

Aus der Fülle der menschlichen Beziehungen heraus steigt das im Oikos integrierte Wesen zum Bürger auf. Die auf Ökonomik angelegte Hausgemeinschaft wird zur Bürgergemeinde, die Polis ist der ethische Gipfel und das ethische Band des Glücks, das auf ökonomischer Autarkie beruht. Was im Hause angelegt ist – sein Strukturprinzip – drängt in der Stadt zur Entfaltung, und deshalb nennt Aristoteles die Stadt die vollendete Form der Gemeinschaft, auf die alle Gemeinschaften hindrängen. Damit meint Aristoteles nicht nur eine historische Abfolge: erst kommt das Haus und dann die Stadt. Vielmehr handelt es sich um einen evolutionären Prozeß, der gleichsam auch das früher Dagewesene seiner Vollendung entgegenbringt. Das Haus ist zuerst da, aber nicht im letzten aufgehoben, sondern durch das letzte – die Stadt – mit zur Vollendung gebracht. So ist das Glück des einzelnen in der Stadt auch nicht aufgehoben, im Gemeinwohl integriert, sondern ist mit diesem dialektisch verknüpft[14]; erst in dieser Verknüpfung konstituiert sich das, was Aristoteles das „bürgerliche Leben“ nennt.

---

[12] *Aristoteles,* Politik, I, 2, 1252b, 14ff.

[13] *Aristoteles,* Nik. Ethik, VIII, 1, 1155a, 22 - 24.

[14] „Es ist grundsätzlich falsch, wenn man alle die Formen der Gemeinschaft, aus denen die Stadt und ihre vernünftigen Ordnungen als ein Höheres hervorgehen, von ihrem Begriff ausschließt und sie im Verhältnis zu ihnen als ein Vergangenes behandelt, das mit ihnen vergeht oder seine Bedeutung verloren hat. In dieser Vorstellung wird außer acht gelassen, daß in der Stadt als der höchsten Ordnung auch diese vorstädtischen Gemeinschaften zu höherer Erfüllung kommen. Die Stadt hebt sie in sich auf und

Auf der Identität des Allgemeinen mit dem Individuellen beruht bei Aristoteles die Positivität und sittliche Fundierung der politischen Ordnung. Gemeinwohl ist konstitutiv auf das Individualwohl bezogen, individuelles Glück ist nur in der Polis, durch die Polis verwirklichbar, und die Polis ist das, was sie ausmacht, nur durch das Glück ihrer Bürger. Was den bürgerlichen Staat von allen anderen Staaten unterscheidet, ist die Gemeinschaft der Bürger, die in ihrer Freiheit die Selbstverwirklichung suchen.

Gegen Platon wendet Aristoteles ein, daß es ein individuelles Recht auf das Glück gibt, das allerdings nicht gegen die Stadt zu verteidigen ist. Nur so läßt sich die Stadt leben, daß die gemeinsamen Angelegenheiten Element des persönlichen Interesses werden.

> „Wenn das Glück des Einzelnen preisgegeben wird, dann wird auch dem Allgemeinen der politischen Ordnung der Boden entzogen, aus dem es lebt. Indem Platon die Herrschenden auf den Inhalt ihres Herrschens und die Bürger auf ihren besonderen Stand einschränkt, will er die Verwirklichung des Menschseins durch den Staat in reiner Vollendung erreichen.“[15]

Wie Platon glaubt Aristoteles an den Begriff des höchsten menschlichen Gutes und dessen Bindung an die Stadt. Aber indem Aristoteles dieses höchste Gut aus dem Glück ableitet, macht er das Recht des individuellen Lebens zum konstitutiven Element der Stadt.[16]

Die bürgerliche Gesellschaft macht die Realisation des individuellen Glücks möglich und begrenzt gleichsam die Bedingungen seiner Entfaltung. Denn die Stadt ist rational strukturiert. Die Bedingungen von Lebenswelt dringen nur mit großer Mühe in das rationale System der Stadt vor. Gleichzeitig machen nicht die Strukturen der Stadt das Glück; es sind die tätigen Menschen, die es erreichen und etablieren. So weist der Zweck der Politik über das hinaus, was die Ethik im sittlichen Tun verwirklicht. Die Politik kann das Glück nicht machen, aber sie kann Vernunft und Tugend in den Bürgern wecken, damit sie ihr Glück erreichen können. Wenn sich der einzelne in seinem Menschsein verwirklicht in der sozialen Gebundenheit des Oikos, dann ist auch dort die Wurzel für rationale politische Ordnung zu suchen. Sie liegt in der Tat in der sittlichen Ordnung des Hauses, in dem durch Brauchtum, Tradition und „Weistum“ gefundenen Recht, das auch Grundlage ist für die rationale Satzung der Stadt. Aus dem ethischen Handeln der einzelnen lebt die politische Ordnung, ihnen und ihrer Entfaltung ist diese verpflichtet. Gesetz und Recht werden von denen getragen, die ethisch-sittlich für sich selbst handeln, im umfassenden Sinne ökonomisch handeln, weil sie die Sitten und Tugenden des

---

bringt damit ihre eigene Substanz auch für sie selbst zur Entfaltung, auf sie drängen alle Gemeinschaften wie auf die eigene Erfüllung und Vollendung hin.“ (*J. Ritter,* Das bürgerliche Leben, 86.)

[15] Ebenda, 85.

[16] Vgl. *Aristoteles,* Politik II, 3, 1021 b, 34 - 35.

Oikos leben. Auch hier bestätigt sich die Verschränkung, ja sogar Identität von Einzel- und Gemeinwohl.

Die Realisierung des Glücks ist somit vernünftige gesellschaftliche Praxis; es ist die Verbindung von Ethik und Vernunft, manifestiert in der vernünftigen Praxis *in der Polis* und der vernünftigen Praxis *der Polis*.

> „Wer hindert uns glücklich denjenigen zu nennen, der gemäß einer vollendeten Tüchtigkeit wirkend tätig ist und über die äußeren Güter in ausreichendem Maße verfügt, nicht eine flüchtige Zeit, sondern ein ganzes Leben.“[17]

Der hier entfaltete Glücksbegriff ist zunächst nicht normativ gemeint. Er ist weder Norm noch Wert; Glück ist gesellschaftliche Praxis, ethisches Handeln des einzelnen, Praxis des Lebens, Tätigkeit und Betätigung des Menschen als Mittel der Verwirklichung seiner selbst. Über dieser Praxis

> „steht das höchste Gut in Beziehung zur ‚Natur‘ und zum Wesen des Menschen: Die Beziehung wiederum ist darin begründet, daß Praxis nach Aristoteles zum Wesen alles Lebendigen und nicht nur des Menschen gehört, weil alles Lebendige seine Natur und das, was es von Natur sein kann, im tätigen Lebensvollzug verwirklicht“.[18]

Die Praxis antizipiert den Zweck, das Ziel. Es gehört konstitutiv zum Wesen der Praxis, daß sie in ihrem Vollzug das Ziel realisiert, als intentionales Handeln ist es also gleichsam teleologisches Handeln. Die Intention des Handelns kann dabei nicht außerhalb des Handelns selbst gesucht werden, es ist nicht das äußerliche Ziel der Handelnden, sondern die Tatsche, daß eine Praxis handelnd ihr Telos zu verwirklichen sucht. Ziel des Handelns ist das, auf das sich alle Menschen beziehen, was ihnen als das höchste Gut erscheint; wovon sie im intersubjektiven Diskurs sagen, dies sei das Glück. Es wird deutlich, daß über ein derartiges hermeneutisches Verständigungsverfahren das Glück nicht eindeutiger wird, eher vieldeutig bleiben muß. Aristoteles führt in der Nikomachischen Ethik eine Reihe von Beispielen an, um dies zu verdeutlichen. Alle diese Beispiele zeigen die Verschiedenartigkeit des Glückverständnisses, in der sich dann aber auch Gemeinsames wiederfindet. Der Kranke hält die Gesundheit für sein Glück, der Notleidende und Elende den Reichtum und die Eingebundenheit in soziale Beziehungen, „die Menge nennt etwas anderes ihr Glück als der einzelne Kundige“.[19]

Aber über diese verschiedenen Meinungen und Ansichten zum Glück gibt es auch bei Aristoteles ein Gemeinsames, das über diese Verschiedenheit hinausgreift,

> „was in allen diesen Vorstellungen und Meinungen als ihre gemeinsame Natur wirkt, und als der in ihnen allen treibende Zweck zu ihrem Nennen zu Wort kommt“.[20]

---

[17] *Aristoteles,* Nik. Ethik I, 11.1101a, 14 - 16. Diese Definition – so *J. Ritter,* Das bürgerliche Leben, 93, Anm. 45 – gilt auch für den Begriff des „menschlichen höchsten Gutes“ (vgl. Nik. Ethik I, 6., 1098a, 16).

[18] *J. Ritter,* Das bürgerliche Leben, 61.

[19] Vgl. *Aristoteles,* Nik. Ethik I, 2. 1095a, 20 - 25.

Es ist das Prinzip der Herstellung des Wahren durch Herstellen eines intersubjektiv erreichbaren Konsens.

> „Was übereinstimmend von allen gesagt wird, muß selbst in gewisser Weise wahr sein und auf das Wahre hinweisen."[21]

In dieser Gemeinsamkeit ist schließlich der Begriff des „guten Lebens" verankert. Glück meint so etwas wie „auf gute Weise leben und gut gehen", wobei im Griechischen der Sinn der Tätigkeit gemeint ist. Auf „gute Weise leben" bedeutet dabei so viel wie: daß es „gut von der Hand geht".[22] Weiter ist damit auch ein zu erreichender Lebensstandard gemeint, der zugleich endgültig ist. Glück ist die Realisation bis zum Ende hin; hat man das Ende erreicht, ist man dort, wo man sein wollte. Soll menschliches Streben zum Ende kommen, bedarf es der selbständigen Verwirklichung im diesseitigen Leben. Es muß leiblich und geistig zu Disposition stehen können; das Individuum muß Mittel und Kompetenzen zur Verfügung haben, die es von keinem anderen abhängig machen.

> „Ein vollendeter und selbständiger Stand ist, so zeigt sich das Glück, Ziel allen Tuns und allen Lebens."[23]

Fassen wir zusammen: Der Staat – die Polis – ist die natürliche Voraussetzung des Glücks, des glücklichen und guten Lebens. Der Staat ist ursprünglicher als der einzelne, die Polis nimmt den Oikos im Wesen vorweg; und weil das Ganze ursprünglicher ist als seine Teile, ist auch das Gemeinwohl Voraussetzung des glücklichen Lebens. Aber der einzelne trägt als zoon politikon die Prädestination in sich, in der politischen – d.h. sozialen – Gesellschaft aufzuwachsen und zu leben. Und nur in der dialektischen Verschränkung dieser Voraussetzungen für das Glück ist der Glücksbegriff bei Aristoteles zu denken.

3. Gemeinwohl bei Thomas von Aquin

Thomas von Aquin steht mit seiner Lehre vom Gemeinwohl in der aristotelischen Tradition. Diese Lehre hat vor allem im Zusammenhang mit der Neubegründung des kirchlichen Almosenwesens und der Neudefinition der Almosenberechtigung und der Armut lange Zeit und nachhaltig die Armuts- und Gemeinwohldiskussion bestimmt. Insofern tragen die Überlegungen des Th. v. Aquin zur Klärung des Verständnisses von Wohlfahrt in den Territorien der frühen Neuzeit mit bei.

---

[20] *J. Ritter,* Das bürgerliche Leben, 65.

[21] Ebenda, 90, Anm. 12.

[22] Vgl. hierzu und zu den folgenden Ausführungen: ebenda, 65f.

[23] *Aristoteles,* Nik. Ethik I, 5. 1097b, 10 - 21.

Die Sorge um das Wohl des Bürgers formuliert bereits die Scholastik als Aufgabe des Staates. Diese Sorge muß sich sowohl auf die materielle Seite der Hilfe beziehen als auch auf die immaterielle der Weckung von Tugenden durch Erziehung. Der Staat sollte die weltlichen Voraussetzungen schaffen für die Erreichung des geistlichen Zieles der gloria dei et ecclesiae[24]. In Anlehnung an Aristoteles finden sich bei Th. v. Aquin Überlegungen zum Verhältnis des Gemeinwohls zum einzelnen.

> „Wie das Wohl des einzelnen nicht letztes Ziel ist, sondern auf das allgemeine Wohl hin bezogen ist, so ist auch das Wohl eines Hauses geordnet auf das Wohl des ganzen Staates, der eine vollkommene Gemeinschaft ist.“

Und:

> „Da nun jeder Mensch ein Teil seines Staates ist, so kann kein Mensch gut sein, wenn er nicht im rechten Verständnis zum Gemeinwohl steht, und das Ganze kann nicht bestehen, wenn seine Teile nicht zu ihm im rechten Verhältnis stehen.“[25]

Da ist aber nichts mehr von der dialektischen Verknüpfung zu spüren, die in der Beziehung von Gemeinschaft und einzelnem, zwischen Gemeinwohl und individuellem Glück bei Aristoteles angelegt ist. Eher läßt sich bereits hier, wie dann in den nachreformatorischen Staatslehren, ein Übergewicht des Gemeinwohls erkennen.

Man muß den anderen historischen Kontext sehen, in dem Th. v. Aquin seine Lehre von Gemeinwohl entwickeln konnte. War Aristoteles in der griechischen Polis verwurzelt und dachte er den Staat als den Stadtstaat in seiner höchsten Vollkommenheit, hatte Th. v. Aquin die vom Universalismus gekennzeichnete mittelalterliche „Weltgesellschaft“ vor Augen, wenn er vom Staat sprach. Im Mittelalter war das „gemeine Beste“ von universalgeschichtlicher Bedeutung. Es bezog sich nicht auf eine konkrete Ordnung eines Staates oder einer anderen Sozialform, sondern auf die republica christiana, auf die Einheit der Kirche unter der Bedingung der Vielfalt der politischen Verfassungen, die ja auch bereits typisch sind für das abendländische Mittelalter im 11. - 14. Jahrhundert. Die Weltgesellschaft war vertreten durch von Gottes Gnaden ernannte Herrscher, die über ein bestimmtes Gebiet nach den gleichen universalistischen Prinzipien und Regeln herrschten. Dies gilt zumindest für das christliche Abendland. Insofern ist der Gemeinwohlbegriff auf sehr unterschiedliche Dimensionen eines umfassenden Bezugsrahmens ausgerichtet. So bezieht er die Frage nach der Verortung des Gemeinwohls auf das Weltall wie auch auf die menschliche Gesellschaft.

Verpaalen hat die Einordnung des Gemeinwohlbegriffs bei Th. v. Aquin in folgendes Schema zusammengefaßt:

---

[24] Vgl. dazu: *E. Troeltsch,* 340 und *Nielsen,* 15.

[25] Zit. nach *Th. v. Aquin,* Gemeinschaft und Wirtschaft, 25ff.

1. Das Gemeinwohl in analogem Sinne.
   a) Die Vollkommenheit des Weltalls, in der die Gutheit der einzelnen Geschöpfe mitenthalten ist.
   b) Das Gemeinwohl der menschlichen Gesellschaft, die Vollkommenheit der menschlichen Natur, die in der Gesellschaft verwirklicht wird, weil alle Glieder darin auf eigene Weise ihre persönliche Vollkommenheit erreichen.
2. Das Gemeinwohl als „einmaliges", ungeteiltes Gut.
   a) Gott als das universale, transzendente Gut der Schöpfung, an dem alle Geschöpfe partizipieren.
   b) Die Ordnung im Universum, durch die alle Geschöpfe ihre spezifische Aufgabe im Ganzen erfüllen.
   c) Die Gemeinschaftsordnung, welche die Aktivität der einzelnen Personen koordiniert und dadurch das Glück aller in der Gemeinschaft verwirklicht.[26]

Von besonderem Interesse ist natürlich hier die Frage nach dem Gemeinwohl innerhalb der menschlichen Gesellschaft in ihrem Verhältnis zum einzelnen und seinem Glück.

Das eigentliche und höchste Ziel der Gesellschaft ist die subjektive Vollendung ihrer Mitglieder. Mit Aristoteles nimmt Th. v. Aquin an, daß der Mensch im eigentlichen Sinne, von „Natur" aus, sozial sei und nur einer Ordnung bedürfe, um seine Soziabilität zu entfalten. Nur in der Gemeinschaft kann der Mensch sein eigentliches Ethos entfalten, die Gemeinschaft ist Voraussetzung für die Verwirklichung seiner Tugend, d.h. – aristotelisch gedacht – seiner Tüchtigkeit, irgendwo auch Tauglichkeit, also seiner Tätigkeit insgesamt. Thomas schließt sich wiederum Aristoteles an, wenn er dessen Satz übernimmt, daß, wer nicht in Gesellschaft lebt, entweder ein Tier oder ein Gott ist. Aufgabe des Staates ist es daher, den Menschen seiner natürlichen Vollendung näherzubringen; als Synthese der sozialen Ordnung ist er dabei nicht nur für die materiellen Güter da, sondern auch für die Erziehung seiner Bürger.

Nur indem der Staat seine Aufgabe ganz darauf ausrichtet, das Gemeinwohl als Inbegriff aller Möglichkeiten der Vervollkommnung des Menschen zu realisieren, ist es dem Menschen möglich, sein Einzelschicksal als Teil und Voraussetzung des Gemeinwohls zu begreifen. Es geht nicht darum, daß der einzelne zunächst das interesse privatum realisiert und dann an das bonum commune denkt. Vielmehr ist das bonum commune im Handeln der einzelnen mit angelegt und kann sich nur realisieren, wenn der einzelne sich vollkommenen kann. Das Gemeinwohl ergibt sich aus dem individuellen Tun, aus der Ethik des Individuums in seinem praktischen Handeln.

---

[26] Vgl. *A. P. Verpaalen,* 79.

Wenn der Staat vollkommene Gesellschaft ist, muß der Einzelmensch sich zur Vervollkommenheit seiner selbst des Staates bedienen. In seiner Vollkommenheit, in der der Staat bereits existiert, wenn seine Glieder diesen Zustand noch anstreben, steht er demnach über dem Einzelmenschen. Deshalb sieht Th. v. Aquin das Einzelwohl dem Gemeinwohl untergeordnet. Dies ist ein zentraler Unterschied zur aristotelischen Denktradition, weil gerade Aristoteles auf die bereits erwähnte dialektische Verschränkung von Gemeinschaft und Individuum, gemeinschaftlicher und individueller Vervollkommnung, Gemeinwohl und Individualglück verweist. Wo der Staat also bereits seine Vollkommenheit erreicht hat, muß der Mensch im Schutze des Staates noch handeln, um sich zu vervollkommenen, der Staat strebt nach Th. v. Aquin nicht selbst zu höheren Stufen der Vollkommenheit und bedarf dazu auch nicht der Vollkommenheit des einzelnen.

Das Gesetz wird zum Strukturprinzip der Gesellschaft als Ordnungsganzes. „Zweck des Gesetzes aber ist das Gemeinwohl“.[27] Das Gemeinwohl erwächst aus dem tätigen Streben des Individuums, und damit ist das Ziel des einzelnen mit dem Gemeinwohl identisch.

> „Das Gesetz erscheint damit als das Ordnungsprinzip des Zusammenwirkens der Menschen zur Verwirklichung des Endzieles in gemeinsamer Tätigkeit und nicht allein zum Zweck, Frieden unter ihnen zu schaffen.“[28]

Im Gesetz manifestiert sich das sittliche Endziel des einzelnen. Aus dem sittlichen Handeln des einzelnen erwächst die politische Klugheit als sittliche Tugend und die Gesetzesgerechtigkeit als die sittlich-vernünftige Rechtspraxis.

Die Verantwortung für das Gemeinwohl liegt bei den Herrschenden. Ihnen obliegt die Aufgabe, alle Glieder der Gesellschaft auf das eine Ziel – das Gemeinwohl – auszurichten. Nicht, daß der Untertan deshalb unverantwortlich gehorchen soll; natürlich bleibt der einzelne in seinem ethischen Handeln auf sich selbst verwiesen. Doch bleibt die individuelle Handlungsverantwortung untergeordnet, es ist die Verantwortung des ethisch Handelnden und zugleich vernünftig Gehorchenden. Das Handeln des einzelnen wird nicht zum Prinzip einer allgemeinverbindlichen Ethik.

Das Gemeinwohl erwächst auch bei Th. v. Aquin aus der gesellschaftlichen Ordnung, deren wichtigste Elemente Friede und Gerechtigkeit sind. Friede und Recht sind nicht teilbar, sie gehören quasi allen, jeder hat Anteil an der so durch Friede und Recht konstituierten Ordnung. Gemeinwohl konkretisiert sich im friedlichen und gerechten Zusammenleben aller und ist als „bonum humanum“ auf das Glück aller in der Gesellschaft ausgerichtet.

---

[27] Zit. nach: *Th. v. Aquin,* Gemeinschaft und Wirtschaft, 25ff.

[28] *A. P. Verpaalen,* 74.

4. Das „gemeine Beste“ als Rechtsprinzip in der deutschen Verfassungsentwicklung

Der Begriff des „gemeinen Besten“ bezeichnet einen übergeordneten Gemeinschaftszweck. Als bonum commune, bonum publicum, communis salis – um nur einige Synonyme herauszugreifen[29] – ist das „gemeine Beste“ Resultat und Voraussetzung für Frieden und Recht als die einzigen Gemeinschaftszwecke, die die traditionale Sozialverfassung bis ins Mittelalter hinein kannte. In deutscher Übersetzung findet man den Begriff als Gemeinnutz, gemeiner nutz oder das „gemeine Beste“. Der Begriff des „gemeinen Besten“ bestimmt den Umfang und Inhalt der Herrschergewalt; das gemeine Beste enthält nicht nur einen Wunsch an den König oder das Lob an ihn; das „gemeine Beste“ ist vielmehr Rechtfertigungsgrund und Rechtsschranke seiner Tätigkeit als Herrscher[30]. In vielen Kapitularien der fränkischen Herrscher wird auf diese Rechtssetzung des gemeinen Besten verwiesen. Das Herrscheramt ist Dienst (officium) am Gemeinwesen; nicht der Eigennutz des Königs bestimmt die Herrschergewalt, sondern der Gemeinnutz.

Der Gemeinnutz ist nicht nur Sache des Herrschers, er kann ihn nicht willkürlich bestimmen. Dies gilt auch für das Rechtsprinzip des „gemeinen Besten“. Volksrechte aus der fränkischen Zeit nennen vielfach die Zwecke, die das Gemeinwohl ausmachen, ebenso lassen sie sich in den Rechtsversammlungen, in den Versammlungen der Stände, in den Reichs- und Hoftagen und in den Synodenberatungen über das gemeine Beste nachweisen.[31]

Merk weist darauf hin, daß der Begriff des „gemeinen Besten“ nicht in der römisch-rechtlichen Tradition begriffen werden kann. Es darf nicht als

> „Grundlage für die schrankenlose Eingriffsbefugnis eines unumschränkten Herrschers in Freiheit und Rechtsstand des einzelnen und für die Verwirklichung einer Staatsallmacht verstanden werden, sondern als treuhänderische Bindung eines im wesentlichen auf Wahrung von Recht und Friede beschränkten Staatsoberhauptes“.[32]

„þearf“[33], „gemeiner Nutz“, „gemeines Bestes“ sind eher konstitutiv bezogen auf Friede und Recht und damit auch auf die Rechts- und Friedebewahrpflicht

---

[29] Einen Überblick über alle diesbezügliche Begriffe verschafft *Merk,* 405f.; siehe auch die entsprechenden Stellen in: *A. Verdross,* bes. 286ff.; *C. A. v. Heyl; D. Klippel; Stoltenberg,* Geschichte d. dt. Gruppwissenschaft, 35ff., 55ff., 411ff. Vgl. dazu grundsätzlich und im Überblick: *J. Ritter / O. H. Pesch / R. Spaemann; R. Eisler; J. H. Zedler; H. M. J. Köster.*

[30] Vgl. *W. Merk,* 461.

[31] Vgl. ebenda 461f. und die dort in den Anm. angegebenen Quellen, die anzugeben den Rahmen des intendierten Überblickes sprengen würden.

[32] Ebenda, 470.

[33] Der Begriff „þearf“ ist angelsächsischen Ursprungs und meint Notwendigkeit, Bedürfnis, Vorteil, Nutzen. Durch þearf werden vor allem die lateinischen Wörter utilitas bzw. necessitas übersetzt.

des Fürsten.[34] Dies unterscheidet diese beiden Rechtstraditionen voneinander.

Der dem Gemeinwohl immanente Gerechtigkeitsbegriff impliziert nicht nur die rechtliche Gültigkeit und die Überzeugung der richtigen Entscheidung. Vielmehr sind damit auch sittliche und ethische Grundlagen der Entscheidungen, der Rechtsfindung und Rechtsprechung gemeint. Gerechtigkeit ist der Kompromiß zwischen den subjektiven Rechtsansprüchen beider – Herrscher und Untertan. Gerecht ist, was beide jeweils für sich als Recht empfinden.

Im Herstellen der Gerechtigkeit vollzog sich also die Realisation des Interessenausgleiches zwischen Herrscher und Untertanen. Denn die herrscherliche Rechtspraxis war bei aller ethischen Selbstbindung und -verpflichtung auch interessenspezifisch; in ihr realisierten sich auch immer die Interessen des Herrschers. So war auch das Gemeinwohl interessenspezifisch orientiert.

Das Gemeinwohl war nicht auf das Individualwohl bezogen; das bonum commune hatte seine Grundlage nicht im „interesse privatum“ einzelner. Zwar bezog der einzelne als Mitglied seiner Lebensordnung aus dem bonum commune sein „gutes Leben“, aber solange das Individuum nicht gedacht wurde, konnte sich auch das Gemeinwohl nicht als die Summe der Individualwohle verstehen oder gar als eine dem Individualwohl übergeordnete Größe. Um so weniger konnte man sich ein individuelles Glück vorstellen. Insofern ist das „gemeine Beste“ auch nicht zu verstehen als ein struktureller Rahmen, innerhalb dessen der einzelne seine Chancen realisieren, sein Glück verfolgen kann. Vielmehr gehörte das „gemeine Beste“ zu den Ordnungsprinzipien der Gesellschaft. Das Gemeinwesen war nur deshalb als solches zu identifizieren, weil das „gemeine Beste“ realisiert werden konnte.

Das Einzelne hat sich dem „gemeinen Besten“ unterzuordnen. Frondienste, Abgaben und Steuern, die gleichwohl das Individualwohl beschränken, sind konstitutiv auf das „gemeine Beste“ bezogen. Ebenso sind Dienste für den Herrn, für die Stadt oder das Dorf eng mit dem Gemeinwohl verknüpft. Alle Dienste, Steuern und Abgaben sind also Bedingung für das Gemeinwohl, nur in der Verwirklichung dieser Aufgaben der Untertanen kann sich das Gemeinwohl durchsetzen. Fordert ein König mehr, als er zur Erfüllung seiner Aufgaben – der Realisierung des „gemeinen Besten“ – braucht, kommt das einem Raub gleich.[35]

Wohl aber war im „gemeinen Besten“ das Verhältnis von Gemein- und Sondernutz institutionell verankert. Der Gemeinnutz hat in der Regel einen „höheren Frieden“ als der Sondernutz. Wenngleich die mittelalterlichen Herrscher verpflichtet waren, für das Wohl jedes einzelnen Untertanen zu sorgen und ihn bei

---

[34] Vgl. ebenda, 494.

[35] Vgl. *O. Schilling,* 86f., hier zit. nach *W. Merk,* 489, Anm. 129.

„seinem überlieferten Rechtsstande zu schützen haben, so mußten doch vor unabweisbaren Bedürfnissen des Gemeinwesens private Belange und Sonderrechte des Einzelnen zurücktreten".[36]

Die traditionelle Gesellschaft kannte bis ins Mittelalter hinein auch nicht den Begriff des öffentlichen Nutzens als eines durch kollektive Daseinsvorsorge gesicherten öffentlichen Bereiches. Solange die Sozial- und Herrschaftsverbände in sich geschlossene Daseinsverbände waren, war auch der öffentliche Nutzen kein in sich ruhender selbständiger Wert. Die Friede- und Rechtsbewahrpflicht des Königs hat weitestgehend die Bedürfnisse nach einer allgemeinen Sicherheits- und Gerechtigkeitsgarantie gedeckt. Erst die Konstituierung des institutionellen Flächenstaates mit seinen Einrichtungen und Institutionen kollektiv-öffentlicher Daseinssorge konnte die Grenzen der mittelalterlichen Friede- und Rechtsbewahrpflicht sprengen. Wirtschaft und Recht mußten erst in die Kompetenz weltlicher Obrigkeit kommen, ehe sich der etablierte Territorialstaat der mit ihm verbundenen Ordnungs- und Strukturprobleme annehmen konnte. Erst mit der Ausbildung der für den Territorialstaat typischen Institutionen war es möglich, den Begriff des „gemeinen Besten" aus der Friede- und Rechtsbewahrpraxis des Staates herauszulösen und als eigenständigen Staatszweck „Wohlfahrt" auszubilden, was ohne Frage den Begriff des „gemeinen Besten" einem Bedeutungswandel unterwarf. Hier ist historisch der Punkt erreicht, wo der Wohlfahrtsbegriff seine uneingeschränkt profane Bedeutung als Staatszweck zurückerhält. Mit der Reaktivierung der aristotelischen Tradition und der auf ihnen aufbauenden antiken Lehren durch das ältere Naturrecht konnten die Territorien einen Wohlfahrtsbegriff konstituieren, der dem Zustandsbegriff näher war als dem Verfassungsbegriff der Polis.

---

36 *W. Merk*, 491.

TEIL III

Wohlfahrt und Verwaltung in der älteren Polizeiliteratur

1. Einleitung

Meine Überlegungen kommen nun an den Punkt, wo die ältere deutsche Staatsverwaltungslehre für die Begründung der bürokratischen Entwicklung der Sozialpolitik ihre Bedeutung erhält.

Die theoretische Begründung des Zusammenhanges von Bürokratie und Sozialpolitik sollte auf die Differenzierung hinweisen, die auch für die gesamte Betrachtung der Staatslehren von Relevanz ist. Mit Teil II sollte auf die philosophische und verfassungsgeschichtliche Herkunft der Vorläufer einer systematischen und wissenschaftlichen Staatsverwaltungslehre aufmerksam gemacht werden, die nun Gegenstand dieses Kapitels ist: die ältere Polizeiliteratur, die Polizeiordnungen und die sie begleitenden Polizeischriften. Sie alle stehen insgesamt in der Tradition der Begründung eines traditionellen Herrschafts- und Rechtsverständnisses; auf dieser Grundlage begründen und legitimieren sie Verwaltungshandeln, und legitimiert die Verwaltung ihr eigenes Handeln und ihre Geltung. An der Schwelle zu einem neuen Ordnungsverständnis haben diese Schriften gerade im Zuge der Legitimierung und Kommentierung der Polizeigesetzgebung eine zentrale ordnungspolitische Funktion.

Bereits vor dem Dreißigjährigen Krieg, aber erst recht nach ihm ist im Zuge der Konsolidierung der politischen und wirtschaftlichen Verhältnisse in den Territorien eine Rückkehr zum mittelalterlichen Rechts- und Friedebewahrstaat nicht mehr ohne weiteres möglich. Die ältere Staatszwecklehre, die sich auf die Staatszwecke Friede und Recht beschränkte, erfährt eine grundlegende Wandlung. Die Zentralisierung der Verwaltungsgeschäfte bei der Obrigkeit macht es unmöglich, den Wohlfahrtsgedanken als Rechts- und Verfassungsbegriff weiterhin zu denken. Vielmehr wird er immer mehr mit einer wohlfahrtsfördernden Verwaltung verbunden. Im Zuge der Emanzipation der Territorien von der Reichsgewalt bestand zudem die Notwendigkeit, die polizeilichen Aufgaben auf die gesamte Breite des Staatslebens auszudehnen, nachdem der Begriff der „guthen Policey", wie ihn die Reichspolizeiordnungen noch verstanden, gegenstandslos geworden ist. Nur so ist zu erklären, daß sich die zukünftige Staatslehre in der Begründung von Wohlfahrt aus der staatlichen Wirklichkeit ihrer Territorien entwickelte; nur so ist begreifbar, warum sich aus der älteren Polizeilehre eher eine Staats*verwaltungs*lehre entwickelte und nicht eine eigenständige Staatslehre. Erst die zunehmende Zentralisierung der Verwaltungsgeschäfte bei der Obrigkeit und den Kammern machte die Beantwortung der Frage notwendig, wie denn eine derart zentralisierte Verwaltung die Probleme des Landes zu lösen hatte und wie sie ihre Aufgabe als „Policey" verstand. Die Antwort auf diese Frage war ein ins Uferlose erweiterter Wohlfahrtsgedanke, der in seiner Erweiterung völlig unbestimmt alle Bereiche des gesellschaftlichen Lebens erfaßte.

Ich beginne die Auseinandersetzung um die Literatur der Staatslehren mit den Polizeiordnungen und der älteren Polizeiliteratur, die Kommentar und kritischer Wegbegleiter der Polizeigesetzgebung waren. Die die ältere Polizeilehre umfassenden Schriften – Polizeischriften und Regimentstraktate – sind bislang nicht in ihrer Fülle überblickt worden. Wenn hier auf einige zurückgegriffen wird, dann haben diese einen exemplarischen Charakter, weil sie im wesentlichen auf das Verhältnis von „policey und gemeinem nutz" eingehen und in ihrem jeweiligen Entwicklungsstadium und dem jeweiligen politischen, wirtschaftlichen und sozialen Kontext typische Beispiele, ja sogar Zäsuren in der Entwicklung des modernen Wohlfahrts- und Verwaltungsgedankens darstellen.

Nicht die gesamte Fülle der politischen Wirklichkeit der damaligen Territorien und ihre Vielfalt der Erscheinungsformen steht also zur Diskussion, sondern in erster Linie die in den Staatslehren beschriebenen und diskutierten und für das Verhältnis von Wohlfahrt und Verwaltung relevanten Strukturen, aus denen der moderne Wohlfahrtsgedanke wie der moderne Verwaltungsgedanke gleichermaßen erwachsen und die für die Begründung des Denkens über den Staat und seine Verwaltung und Wohlfahrt auch fürderhin von zentraler Bedeutung waren. Es ist die Wirklichkeit des staatlichen Lebens und Seins, in dem sie handelten und aus dem sie heraus dachten; was aber die älteren Polizeischriftsteller und Staatslehrer über diese Zeit hinaus bedeutend macht, ist das Denken selbst, seine Systematik, die systematische und analytische Reflektion über den Staatszweck „Wohlfahrt" und seine Begründung durch eine Verwaltungslehre.

2. Grundlagen zum Verständnis der älteren Polizeiliteratur

Die ältere Polizeiliteratur des 16. bis 17. Jahrhunderts[1] kannte keinen material eingeschränkten und auf bestimmte Tätigkeiten und Verwaltungsfunktionen eingeengten Polizeibegriff. Sie geht noch von dem bereits besprochenen Begriff der „guthen Policey" aus. Allerdings kommt es mit der Polizeigesetz-

---

1 Dabei stütze ich mich vor allem auf die Arbeiten von *H. Maier,* Staats- und Verwaltungslehre, insb. 92ff.; *F. L. Knemeyer,* Polizeibegriffe, 153ff.

gebung zu einer Ausweitung des Verständnisses von „guther Policey“, indem – in guter aristotelischer Tradition – der Zustand des Gemeinwesens mit einbezogen wird. In Blick auf die gerechte und gute Verfaßtheit des Gemeinwesens wird aber „guthe Policey“ in der Dialektik des Gemeinwesens selbst und seines Zustandes verstanden.[2] In diesem Sinne verwenden auch die Reichspolizeiordnungen den Begriff der Polizei. Obwohl sie eigentlich all das regeln, was aus den Fugen der „guthen Policey“, aus ihrer Verfügung geraten ist, begreifen sich die Reichspolizeiordnungen im Sinne guter Verfassung des Gemeinwesens.

Wichtig ist für unseren Zusammenhang, daß zwar die Polizeiordnungen und die ältere Polizeiliteratur im Grunde noch das Verständnis der „guthen Policey“ haben, daß aber bereits ein neues Verständnis sich herausbildet. Dieser Prozeß wird dadurch begünstigt, daß die Reichspolizeiordnungen gezwungenermaßen bereits mit einem erweiterten Polizeibegriff operieren, dessen Grundlagen nicht mehr in der gerechten Ordnung und der guten Verfassung verankert sind, sondern in der Verwaltung des Zustandes als Ausdruck der „guthen Ordnung“ des Gemeinwesens.

Diese Erweiterung des Polizeibegriffes von der Ordnung des Gemeinwesens zum Inbegriff von Ordnung und Zustand des Gemeinwesens führen dazu, daß zwar die Probleme mit Kategorien der Verfassung „guther Policey“ definiert werden, ihre Lösung im Sinne der Zustandssicherung aber andere, außerhalb der „guthen Policey“ gelegene Mittel erfordert. Dies führt zu einer Ausdehnung des Polizeibegriffes auf die Bewältigung von Zustandsproblemen und zum Zurückdrängen des Verfassungsverständnisses von „guther Policey“.

Gerade die Erweiterung des Polizeibegriffes auf den Zustand des Gemeinwesens hin und die in ihm enthaltene Dialektik von Gemeinwesen als Ordnung und Zustand des Gemeinwesens verweist uns auf das sich ausbildende Verhältnis von Verwaltung und Wohlfahrt. Denn im historischen Prozeß war die Erweiterung der polizeilichen Aufgaben und des Verständnisses von „guther Policey“ genau der entscheidende Punkt, an dem sich Gemeinwesen und Gemeinwohl aus ihrem Verfassungsverständnis begaben. So, wie das Gemeinwesen sich auflöst in die Ordnung selbst und den Zustand der Ordnung, so löst sich der Rechts- und Verfassungsbegriff der Wohlfahrt auf in einen Ordnungsbegriff und einen sozialpolitischen Integrationsbegriff. So, wie nun das Gemeinwesen der „guthen Policey“ nicht mehr nur durch die Ordnung selbst repräsentiert wird, sondern durch ihren Zustand, so realisiert sich die Ordnung des Gemeinwesens nicht mehr durch das „gemeine Beste“, sondern durch die Realisierung eines besten Zustandes des Gemeinwesens. Dieser Zustand wird in erster Linie durch polizeiliche Tätigkeiten, also durch Verwaltung erreicht.

---

2 Vgl. *H. Maier,* Staats- und Verwaltungslehre, 96ff.

In der Tat meinte bereits der im Grimmschen Wörterbuch definierte Begriff der Polizei, wie er im 15. bis 17. Jahrhundert gebräuchlich war, umfassend die

„regierung, verwaltung und ordnung, besonders eine art sittenaufsicht in staat und gemeinde, auch den staat selbst sowie die staatskunst, politik".[3]

Mit der Formulierung „. . . auch den Staat selbst" wird auf ein Verständnis abgehoben, das im Polizeibegriff des 16. Jahrhunderts noch nicht angelegt ist. Aber daß Polizei sowohl das Gemeinwesen sein soll, wie auch die dazugehörenden Institutionen – dies wird aus dieser Definition ersichtlich.

Das Wort Polizei und der mit ihm verbundene materiale Gehalt stammt – wie bereits erwähnt – wahrscheinlich aus dem Burgundischen.[4] Als „Pollucey" wurde der Begriff gegen Ende des 15. Jahrhunderts aus der burgundischen Verwaltung ins Reich übernommen.[5] Die burgundische Verwaltungsorganisation war damals bereits vorbildlich strukturiert; der französische Territorialstaat hatte viele Probleme flächendeckender Verwaltungsorganisation bereits gelöst, als diese für das Reich erst interessant und relevant wurden.

Im Deutschen taucht das Wort „Polizei" in der Polizeiordnung einer Stadt auf: in der Nürnberger Polizeiordnung von 1466, die erste, die auf deutschem Boden diesen Namen trug. Hier finden wir die Formel „pollizey und regirung".[6] Diese Formel stand zwar auch in der Tradition der „guthen Policey", aber bereits in der erweiterten Fassung, den Zustandsbegriff implizierend. Diese Erweiterung kann auch für den Wohlfahrtsbegriff festgestellt werden. Die Formel: „umb (gemeinen) nutz und Notdurft willen"[7] deutet darauf hin, daß damit auch sozialpolitische Bemühungen der Beseitigung von Notlagen den Gemeinwohlbegriff begleiteten. Diese Erweiterung ist in vielen der Städteordnungen wiederzufinden.

In den Polizeiordnungen des Reiches (1530, 1548 und 1577) und in den im selben Zeitraum und danach entstandenen Städte- und Landesordnungen spiegelt sich der Wandel des Polizeiverständnisses wider, der sich aus der damaligen gesellschaftlichen und politischen Umbruchkrise ergab.[8] Sie regelten alles, was mit den herkömmlichen Ordnungsinstrumenten der „guthen Policey" nicht mehr zu lösen war. Sie versuchten Antworten auf Fragen, die in der Verfassung der „guthen Policey" nicht angelegt waren.

---

[3] *J. Grimm / W. Grimm,* Bd. VII, Art. „Polizei". Sp. 1981 - 1985.

[4] Vgl. dazu: *J. Segall,* 13ff. und 18ff.

[5] So z.B. in der Kölner Landespolizeiordnung von 1538, wo es heißt: Des Erzstifts Cölln Reformation deren weltliche Gericht, Rechts und Pollizei. Vgl. Pollizey-Ordnung des Erzstifts Cöllen, hrsg. v. J. J. Scotti.

[6] Es handelt sich um die Urkunde Kaiser Friedrichs an die Reichsstadt Nürnberg. In zwei weiteren Ratsverordnungen (1482 und 1492) findet sich dann die Formel „Regiment und Pollicei".

[7] Vgl. dazu und zu anderen Formeln: *J. Baader,* 128ff.

[8] Vgl. dazu die neue Sammlung der Reichsanschiede, Teil I, 1747ff.; Teil II, 322ff., 587 und Teil III, 379ff.

Die Polizeigesetzgebung ist meist das Ende des Prozesses der Festschreibung und Institutionalisierung von Problemlösungsstrategien; die Kodifizierung und Reglementierung des Lebens zur Aufrechterhaltung von Sicherheit und Ordnung ist mit den Polizeiordnungen bereits abgeschlossen.

Die Polizeiordnungen sind weit weniger an der Lösung konkreter Ordnungsprobleme interessiert. Von daher sind sie mehr Organisationsinstrument, als daß sie einen Ordnungsrahmen vorgeben, in dem Instrumente zu entfalten sind. Von daher sind sie für das Vorverständnis des Verhältnisses von Polizei und Wohlfahrt wichtig. Die in ihnen sich abzeichnenden Wandlungen des Begriffes der „guthen Policey", vor allem seine Erweiterung auf den Zustand des Gemeinwesens, markieren einen Meilenstein in der Geschichte der Polizei und in der Verbindung von Verwaltungs- und Wohlfahrtsgeschichte.

Die sie begleitenden Kommentare, die hier zusammengefaßt als die ältere Polizeiliteratur behandelt werden sollen, zeugen von der Bedeutung des Anliegens, die vom Verfall bedrohte Ständeordnung zu erhalten. Als Polizeigesetze basieren sie durchweg auf der Rechtstradition des alten Rechts- und Friedebewahrstaates. Wenn in ihnen auch keine Friedegebote und Fehdeverbote enthalten sind[9], so stabilisieren sie doch den inneren Frieden; in diesem Sinne waren sie Inbegriff von „guther Policey" als umfassender Wohlordnung des Gemeinwesens[10].

Die Polizeigesetzgebung beruhte von Anfang an auf dem Verständnis, die guthe Policey aufrechtzuerhalten, gleichzeitig aber Probleme zu lösen, die sich dem Verständnis der „guthen Policey" als Verfaßtheit des Gemeinwesens entzogen. Solange die Ordnungsinstrumente der älteren Ständegesellschaft ausreichten, um innerhalb der Stände die Lebensordnung aufrechtzuerhalten, und solange das Verhältnis der geschlossenen Lebenskreise geregelt war, war auch das „gemeine Beste" innerhalb der verfaßten Ordnung der „guthen Policey" realisierbar, womit auch die „guthe Policey" als Verfassung des Gemeinwesens schlechthin verwirklicht war.

So kann man wohl behaupten, daß mit den ersten Polizeiordnungen in der Mitte des 16. Jahrhunderts das alte Verständnis von „guther Policey" abgelöst wird und die Bedingung dafür geschaffen wird, daß das Verhältnis von Wohlfahrt und Verwaltung allmählich konstituiert wird. Dieser Ablösungsprozeß ist aber nicht eindeutig und durch eine Zäsur belegt. Vielmehr ist es ein historischer Prozeß, in dessen Verlauf der Polizeibegriff sich wandelt und im gleichen Zuge das Wohlfahrtsverständnis die Konturen annimmt, die es zum Schluß als Verwaltungszweck im Territorialstaat voll entwickelt.

---

[9] Solche Landfriedensgesetze wurden durch den Wormser Landfrieden von 1495 bereits geregelt.

[10] Vgl. dazu grundlegend: *F. Wieacker,* Privatrechtsgeschichte.

Aber auch die Städte haben die Polizeiordnungen als Instrument begriffen, christliche Zucht und Ehrbarkeit zu wahren,

> „Gotteslästerung, Trunksucht, Spiel, unsittliche Tänze, der übertriebene Aufwand bei Hochzeiten und den anderen freudigen und traurigen Familienereignissen, die Verfälschung der Lebensmittel, der Wucher, alle diese der guten alten Zeit vermeintlich unbekannten Laster des modernen Lebens werden in den alten Ordnungen bekämpft. In dem Streben, das Leben der Bevölkerung, zumal der unteren Schichten, möglichst in den Schranken der alten Sitte zu halten, greift die Obrigkeit tief in das Privatleben ein; nicht einmal die schwäbischen Fastnachtsküchlein entgehen dem scharfen Auge des bevormundenden Polizeistaates im 16. Jahrhundert.“[11]

Die frühen Polizeiordnungen zeigen den Eifer, mit dem städtische Obrigkeit um eine gute Ordnung und um das gemeine Beste bemüht war. Umständlich, ja geradezu grotesk wirken die Anweisungen und Anordnungen. Die Nürnberger Ordnung regelt z.B. bis ins Detail, daß man

> „zu ainischer hochzeyt weder rephun, haselhun, wasshun, norrhanner byrckhannen, pfawen noch koppawnen, weder gesotten noch gebraten, auch weder hyrschin noch ephin braten nit geben“ sollte.[12]

Diese Art intensivster Fürsorge läßt an dem Zusammenhang von gemeiner Wohlfahrt und „guther Policey“ keinen Zweifel mehr; indem dieses Wohlergehen zum Prinzip erhoben wurde, war jede Rechtsschranke der Obrigkeit auch aufgehoben, der Eingriff in die Lebenslage der Untertanen im Sinne bestimmter Ordnungsvorstellungen unterlag dem alten Rechtsprinzip der Wahrung von Gerechtigkeit, der Bürger degenerierte zum Objekt obrigkeitsstaatlichen Handelns, wurde somit zum Untertan.

3. Die ältere Polizeiliteratur J. Oldendorp – M. v. Osse – V. L. v. Seckendorff

a) Vorbemerkung

Grundsätzlich blieb die ältere Polizeilehre des 16. und 17. Jahrhunderts in allen Territorien dem Rechts- und Friedebewahrstaat des Mittelalters verhaftet; die Aufgabe der Polizei war mit der Herstellung und Sicherung von Friede und Recht hinreichend beschrieben, und daraus war dann auch Wohlfahrt ableitbar. Dies galt für die Polizeilehren von Osse und Oldendorp im besonderen Maße. Vor dem Hintergrund der sich wandelnden Polizeifunktionen, und dennoch den Polizeiordnungen des Reiches und dem in ihnen enthaltenen Polizeibegriff verhaftet, formulierten beide in unterschiedlicher Weise vorsichtig genug den Wohlfahrtsgedanken, ohne daß sie etwa an der Begründung

---

[11] *F. Hartung*, Verfassungsgeschichte, 75.

[12] *J. Baader*, 78.

der „guthen Policey" und der Ordnung der Staatszwecke Friede und Recht zweifelten.

So wurde die Erweiterung des Polizeibegriffes, seine Dialektik von Gemeinwesen selbst und Zustand des Gemeinwesens und die Verlagerung des Polizeiverständnisses auf den Zustand des Gemeinwesens für die Polizeischriftsteller zum Problem, weil diese Ausdehnung des Polizeibegriffes auch die aristotelische Logik des Verständnisses von „guther Policey" sprengte. Die Interdependenz von Ordnung und Zustand war im ungeschiedenen Denken nicht angelegt. Die Differenzierung von Ordnung und Zustand war noch nicht vollzogen. Mit der Erweiterung des Polizeibegriffes war also zunächst nur die Ausdehnung auf verschiedene Funktionsbereiche, nicht die totale Wandlung erfaßt. Noch galt das Verständnis von „guther Policey", und sowohl die Reichspolizeiordnungen und die ihnen vorausgegangenen Städteordnungen wie auch die sie begleitenden Kommentare der älteren Polizeischriftsteller argumentierten in der Tradition der ungeschiedenen „guthen Policey", wenn sie die Verbesserung des Zustandes meinten. Noch verwurzelt in der Tradition der „guthen Policey" und doch schon die Ordnungsprobleme und ihre Bewältigungsschwierigkeiten erkennend, formulierten die älteren Polizeischriftsteller oft das Dilemma, in dem sie sich befinden.

Die mit der Bewältigung der Zustandsprobleme und der Erweiterung des Polizeibegriffes verbundene Entwicklung zu einer dafür zuständigen Verwaltung, die ihre Probleme unabhängig von der Ordnungsimplementation löste, ist unübersehbar; sie war auch unausweichlich. Sie war auch nach der Meinung der älteren Polizeischriftsteller die angemessene Antwort auf die Probleme, die durch „guthe Policey" nicht mehr zu lösen waren. Sowohl die Probleme selbst als auch ihre Definition und ihre Lösungsmöglichkeiten entzogen sich dem Zugriff eines wohlgeordneten Gemeinwesens und seiner Ordnungsinstrumente.

Daraus haben auch die älteren Polizeischriftsteller Folgerungen gezogen. Für viele war die Differenzierung des Gemeinwesens als geschlossener Lebensordnung in eine verfaßte Ordnung und einen verwalteten Zustand der Ordnung ebenso unumgänglich wie die Differenzierung des Gemeinwohlbegriffes in ein Wohlfahrtsprinzip, das mit der Verfassung verbunden ist, und ein sozialpolitisches Integrationsprinzip, das der Herstellung und Sicherung des Zustandes diente.

Die Realität der Zeit verstärkte das Dilemma, weil es die beschriebene Tendenz beschleunigte, die am Ende zur Ausdifferenzierung der Verwaltung und des Wohlfahrtszweckes führte. Es entstanden bereits die ersten Territorien, die mit reformatorischem Eifer eine rationale Verwaltung und Regierung zu installieren trachteten, und von daher ist verständlich, daß sich die frühen Polizeischriftsteller schwer taten mit der Analyse und Beschreibung der territorialen Entwicklung, ihrer Verwaltung und ihres Wohlfahrtverständnisses.

Auf der anderen Seite paßten die Ratschläge und Bedenken zu einer „guthen Policey in Steden und Landen" in ihrer detaillierten Kasuistik und in ihrem Verweis auf den konkreten Zustand des Gemeinwesens sehr gut zu einem um gutes Regiment bemühten, in lutherischem Geist regierenden Regenten.

Die hier diskutierten Polizeischriftsteller stehen in Diensten städtischer Obrigkeit (Oldendorp) oder in landesfürstlichen Diensten (Osse, Seckendorff), und hier dominiert die Praxis eines durch Gebotsrecht aufrechterhaltenen Zustandes „guther Policey" in Verbindung mit einem Verständnis von gemeiner Wohlfahrt, das immer mehr als Verwaltungsgedanke dominant wird. Was Seckendorff dann ausdrücklich formuliert, wird implizit bei den frühen Autoren deutlich: Wohlfahrt ist nicht mehr Ergebnis herrscherlichen Handelns, es ist nicht mehr Grund und Ergebnis „guther Policey".

b) Johann Oldendorp (ca. 1488 - 1567) und Melchior v. Osse (1506/07 - 1557)

Mit *J. Oldendorp* wollen wir einen Vertreter der Polizeilehren diskutieren, der in der Welt der städtischen Ratsgelehrsamkeit zu Hause ist. Aus seinen Werken spricht der rationale Ratsverstand des lutherischen Ratsherrn und Stadtsyndikus in Rostock, später in Lübeck. Seine Vorschläge zu einer „guthen Policey" entspringen weniger dem Wunsch nach einer effektiven Verwaltung des Zustandes als nach einer Verbesserung der inneren Ordnung durch ordnungspolizeiliche Eingriffe. Noch ganz den Reichspolizeiordnungen verhaftet, bietet seine Gesetzeslehre einen Maßnahmenkatalog zur Verhinderung der „Verbiesterung" der Ordnung.

Oldendorp ist der erste der älteren Polizeischriftsteller. Mit seiner 1530 erschienenen Schrift „Von radtslagende . . ."[13] eröffnet er die Literatur der „Rathschläge zu gemeiner Polizei und Wohlfahrt". Im Zeichen des Augsburger Reichstags, der über „Reformation und Ordnung guter Polizei" beriet, bringt Oldendorp Ratschläge zur Förderung der Wohlfahrt und zur Bekämpfung der „Verbiesterung", zu der der Mensch nun einmal neige.

> „Eine polizeiliche Ratslehre (= Gesetzeslehre) auf dem Hintergrund einer moraltheologisch-soziologischen Kriminologie – das ist es, was Oldendorp mit seiner Schrift beabsichtigt".[14]

Ordnung und Wohlfahrt werden ineinander verschränkt, Gesetz und Ordnung werden bereits hier zur Grundlage von Wohlfahrt; Unordnung entsteht aus Unglaube, Geiz und Habsucht.[15] Hier wird dann ein Katalog von Übeln aufge-

---

13 Hier zit. nach der hochdeutschen Ubersetzung von *C. Forstenow:* „Von Ratschlägen . . ."

14 *H. Maier,* Staats- und Verwaltungslehre, 103.

15 Vgl. ebenda, 107.

zählt, das Übel insgesamt angeprangert und Abhilfe gefordert. Oldendorp steht mit seiner Analyse noch ganz in der Tradition des obrigkeitsherrschaftlichen Verständnisses der Stadtregimente. Dennoch weisen seine Ratschläge über die Polizeiordnung hinaus, wenn er etwa für die Formierung eines neuen Rechtes plädiert.[16]

Schließlich unterscheidet er zwischen „zweyerlei gewohnheiten, Gesätzen und Ordnungen, ewigen und zeitlichen".[17] Diese Unterscheidung hat eine neue Rechtsentwicklung mit begünstigt. Wie bereits erwähnt, war es gerade das neu entstandene Polizeirecht, das in die noch gültige mittelalterliche Rechtstradition nicht hineinpaßte, weil es als Gebotsrecht nicht im Rechtsverständnis des gefundenen und durch Weistum begründeten Rechts angelegt war. Es lag aber in der Intention Oldendorps, zwischen einem zeitlichen Gebotsrecht und einer anderen Rechtstradition zu unterscheiden, die die „ewigen Gesetze" begründete. Die Verschiedenheit in der Bedeutung von zeitlichem und ewigem Recht, die bei Oldendorp mitschwingt, führt auch zu einem neuen theoretischen Verständnis des neuen Rechts. Oldendorp steht hier in einem Dilemma, das der ganzen Staatslehre im Zeitalter der Reformation eigentümlich ist. Noch ganz in der Tradition der Ratsvernunft stehend, vertraut Oldendorp einerseits dem „mosaischen Gesetz" (Maier) der älteren guten Polizei.[18] Andererseits steht er in der Tradition von Polizeiordnungen des 16. Jahrhunderts, die sich durch die peinlich genaue Kasuistik auszeichnen, die eher vom Mißtrauen als vom Vertrauen in die Vernunft des Menschen bestimmt ist. Einerseits ist er für die gute und genaue Ausführung der Polizeivorschriften, die wichtiger ist als das Machen der Gesetze[19], und dennoch ist aus dieser Aussage noch nicht abzuleiten, daß andererseits der Polizeibeamte als Ordnungshüter gewünscht wäre. Trotz der genauen Analyse der „Verbiesterung" tritt dieser Analyse nicht ein annähernd systematisch genausogut erarbeiteter Katalog von „Rathschlägen" zur Seite; hier verläßt sich Oldendorp ganz offensichtlich auf die Ratsvernunft des erfahrenen Ratsmannes.[20]

M. v. Osse steht für die Polizeilehre des aufstrebenden Territorialstaates. Zunächst in kurfürstlich-sächsischen Diensten als Kanzler, schreibt er im Anschluß daran 1555 aus der ganzen Erfahrung und Gelehrsamkeit heraus sein „Politisches Testament", das die damalige Wirklichkeit des aufstrebenden

[16] Vgl. ebenda, 111.

[17] *J. Oldendorp,* 35f.

[18] Vgl. ebenda, 30f.

[19] Vgl. dazu: ebenda, Kap. XVIII (von der Exikution und -volstreckung der Rathschläge).

[20] Vgl. *H. Maier,* Staats- und Verwaltungslehre, 113: „Der allgemeinen Theorie des Verfalls der ‚Verbiesterung' tritt kein auch nur annähernd ähnlich weitgefaßter Schematismus bei der Ausarbeitung der Polizeigesetze an die Seite; hier wird alles dem Sachverstand des erfahrenen Ratsmannes überlassen."

jungen Territoriums mit allen seinen Entwicklungsproblemen in Regierung und Verwaltung am deutlichsten dokumentiert. Die Beschreibung des Zustandes des jungen Territorialstaates wird mit den Postulaten der Fürstenspiegelethik vermischt, wie sie aus dem Mittelalter überkommen ist. Damit entsteht ein wichtiges Bindeglied zwischen der traditionellen Ständelehre und der neuen Entwicklung der Territorien mit ihrem veränderten Rechts- und Ordnungsverständnis. Es wird deutlich, daß gerade die Entwicklung und die Ablösung des Rechts aus dem alten Rechtsverständnis „guther Policey" Osse sehr bewußt ist, und er artikuliert sehr deutlich die zentrale Frage, wie stark ein durch Herkommen gesichertes Recht weiterhin Bestand hat vor der neuen Entwicklung. Er ahnt am ehesten die Tendenz der Verwaltung, sich über die Adaption des Wohlfahrtsgedankens als Verwaltungsgedanken in umfassender Weise für die Sorge der Untertanen zuständig zu fühlen und mit Hilfe des Gebotsrechts die innere Ordnung des Territoriums aufrechterhalten zu wollen.

Mit Osse[21] kommt also ein Vertreter der älteren Polizeiliteratur zu Wort, der bereits mit einem *erweiterten* Polizeibegriff auf die Ordnungsprobleme der älteren Ständeordnung antwortet. Wurzelt seine allgemeine Begründung[22] noch im älteren Denken der Fürstenspiegel mit ihren ethischen Postulaten und der Gerechtigkeit als Inbegriff von Recht und Wohlfahrt, sieht sich Osse mit den Regierungspraktiken des frühen Absolutismus konfrontiert, die in den pragmatischen Erklärungs- und Lösungsversuchen der Polizeiordnungen ihren Niederschlag finden. Seine allgemeinen Ausführungen beruhen auf der Politik unter dem Gesichtspunkt der Regierungsklugheit, der „Prudentia politica".[23]

Prudentia politica ist der Inbegriff aller „guthen Policey", die hier im Sinne von Aristoteles' „politeia" als Ordnung des Herrschens und Gehorchens begriffen werden muß. Dementsprechend zählt Osse zunächst alle Rechte und Pflichten von Herrschern und Untertanen auf. In erster Linie ist der Herrscher verpflichtet, sein Volk in „gedeihlichem Wesen" zu erhalten, damit es tugendhaft leben kann. Gut und Vermögen muß der Fürst zu schützen wissen, und er muß alles abwenden, „dodurch solche gemeinnotzige sachen verhinderung haben". Deshalb müssen die *Untertanen gehorsam sein* und die Familie des

[21] *M. v. Osse,* De Prudentia regnativa. (Zu den Schriften von Osse, wie sie hier zitiert sind, vgl. die Arbeit von *O. A. Hecker.* Er hat die Schriften Osses kritisch kommentiert herausgegeben in: Schriften der sächsischen Kommission für Geschichte, Bd. 26, Leipzig–Berlin 1922. Nach dieser Ausgabe wird im folgenden zitiert.)

[22] Diese findet sich im ersten, allgemeinen Teil seiner Schrift. In ihm geht es um die Frage „welchergestalt eine cristliche obrigkeit, ingemein in ihrem regement mit gots hulfe ein gotselige, weisliche, vernunftige und rechtmäßige justicien erhalten kan".

[23] Dabei unterscheidet Osse 5 Formen der Regierungsklugheit: die prudentia militaris, die prudentia singularis sei particularis (was die persönlichen Eigenschaften des Fürsten meint), die prudentia oeconomica und die prudentia regnativa. In der Prudentia Politica sind all diese Regierungsklugheiten zusammengefaßt wiedergegeben. (Vgl. dazu *H. Maier,* Staats- und Verwaltungslehre, 113 ff., hier insbes. 115.)

Herrn achten. Guter Gehorsam – so Osse – ist aber gebunden an „guthe Policey", nur ein gutes Regiment schafft die Voraussetzungen für Loyalität und Gehorsam.

Worin besteht, vergleicht man Osses Polizeibegriff mit dem der Reichspolizeiordnungen, die Erweiterung polizeilicher Tätigkeit?

Neben den fürstlichen Prärogativen, die „Policey" zu bestimmen, fordert Osse in Erweiterung der Aufgaben der „Policey" das Eingreifen in gestörte Lebenslagen und Lebensverhältnisse. Die Ausweitung des Polizeibegriffes gegenüber den Reichspolizeiordnungen in Richtung einer Eingriffsverwaltung ist vor allem durch die Tatsache bestimmt, daß der Territorialstaat zwar seine polizeilich-verwaltungsmäßigen Aufgaben erweitert hat, aber die Ordnung selbst nicht zur Disposition steht.

Wo die Reichspolizeiordnungen den Eingriff nur im Fall der aufgelösten oder nicht mehr funktionstüchtigen kleineren Sozialverbände vorsahen, fordert Osse den Eingriff ohne Ansehen des Falles. Die Erweiterung des Polizeibegriffes gegenüber den Reichspolizeiordnungen betrifft also nicht nur den Aspekt extensiveren, sondern auch den der intensiveren Bemühung um die Herstellung von Ordnung. Der sächsische Reichsritter von Osse ist noch ganz der traditionalen Ordnung der Stände verhaftet. Sein Polizeibegriff muß zwar in Bezug auf die Reichspolizeiordnung als erweitert gelten; im Grunde liegt ihm aus den bereits eingangs genannten Gründen ein patrimonial-ständisches Verständnis von „guther Policey", gemeinem Nutz und gemeiner Wohlfahrt zugrunde. Gerade vor dem Hintergrund der sich auflösenden Ständeordnung, die ihre „Policey" (= Ordnung) verlassen, muß der traditionale umfassende Begriff von Polizei als Ordnung und Verfassung und ihre Hütung Bedeutung erlangen. Bei Osse ist Policey also nicht nur Verwaltung der Ordnung, sie ist die alte Ordnung der Stände, die Ordnung selbst, die Osse noch einmal wider alle Realität beschwört. Der umfassende Begriff der aristotelischen politeia wird hier noch einmal bemüht.

c) Zwischenergebnis

Oldendorp und Osse machen deutlich, daß sie auf der einen Seite der Ratsvernunft einer „guthen Policey" noch verhaftet sind, aber mit ihren Beschreibungen der Übel und den Ratschlägen zu ihrer Bekämpfung durchaus in der Tradition der verschiedenen territorialen Polizeiordnungen denken. Sie beschreiben zwar noch die „guthe Policey" als die Verfassung des Gemeinwesens, aus der auch Wohlfahrt erwächst. Aber sie sehen diese „guthe Policey" immer mehr gefährdet und suchen nach praktisch-organisatorischen Lösungen, die freilich bedingen, daß sich die Polizei als Instrument der Aufrechterhaltung der Ordnung gleichermaßen versteht wie als die Ordnung selbst. Von einer eigenständigen Verwaltungslehre kann keine Rede sein, ebensowenig darf von einem bereits eigenständigen Wohlfahrtsgedanken gesprochen werden. Aber die Autoren haben deutlich alle Schwierigkeiten, mit der neuen territorialstaatlichen Entwicklung zurechtzukommen, diese zu beschreiben und Ratschläge an den Landesherrn zu erteilen. Das Dilemma wird bei beiden eigentlich deutlich, wenn sie auf der Ordnung der Stände bestehen, das Auseinandertreten der Stände beklagen und damit der Tradition des älteren Rechtsbewahrstaates verhaftet sind, auf der anderen Seite aber mit der Rationalität des „politischen Verwaltungsbeamten" Ratschläge erteilen, Ordnung schaffen wollen im Sinne von Ruhe und Sicherheit, Abschaffung der „Verbiesterung" fordern und auf die Einhaltung ständischer Grenzen Wert legen. Traditionalismus und Rationalismus sind hier eng miteinander verwoben; bei Osse wird dies noch deutlicher, wenn er etwa an die Fürstenspiegelethik anknüpft und den aristotelischen Gedanken der politeia als Inbegriff von Ordnung und Zustand, von Wesen und Sein der Gemeinschaft reaktiviert und in diesem Zusammenhang auf die wechselseitige Verflechtung von Herrscherpflichten und Untertanenrechten bzw. Untertanenpflichten und Herrscherrechten hinweist.

Die Realität in den Territorien hat sich in der Tat gewandelt. Dort sind Verfassung und Verwaltung nicht mehr identisch, der Wohlfahrtsbegriff als Verfassungsbegriff weicht einem sozialpolitischen, praktisch-organisatorischen Verwaltungsprinzip. Das Bemühen der älteren Polizeischriftsteller, diese Realität zur Kenntnis zu nehmen und sie in Einklang mit ihren Ratschlägen zur „guthen Policey" zu bringen, scheitert an der Unvereinbarkeit des alten Polizeibegriffes mit dem gewandelten. Da mag die Ausweitung des Polizeibegriffes im aristotelischen Sinne zwar noch einmal die Chance erhalten, an das alte Polizeiverständnis anzuknüpfen. Aber die Realität in den Territorien hat dieses Verständnis längst überrollt. Dort gilt der Begriff der „guthen Policey" in seiner Annäherung an den Gedanken der Verwaltung des Zustandes ohne ordnungspolitische Perspektive. Von den „zweyerlei Gewohnheiten, Gesätzen und Ordnungen", von den „ewigen" und den „zeitlichen", gelten nur noch die letzteren.

So schwanken im Grunde beide Autoren – und dies gilt für viele andere auch – zwischen Verfassung und Verwaltung, Ordnung und Zustand des Gemeinwesens hin und her. Aufgrund ihres traditionalen Rechtsverständnisses kommen sie mit dem gewandelten Rechtsbegriff des Gebotsrechts nicht zurecht, wie er bereits in den Reichspolizeiordnungen angelegt und in den Landesordnungen entfaltet ist. Sie bauen auf die Ratsvernunft, auf das Verständnis guther Ordnung, und merken, daß die Probleme nicht mehr so zu lösen sind. Sie sind dem „gemeinen Besten" als Verfassungsprinzip verhaftet und führen es auf Friede und Recht zurück, und doch spüren sie, wie der Wohlfahrtsbegriff sich dem althergekommenen Rechtsverständnis in dem Maße entzieht, wie er in der Verwaltung aufgeht, Verwaltungszweck wird, bis schließlich die Verwaltung in der Sicherung des Gemeinwohles ihre zentrale Aufgabe sieht, aber das Gemeinwohl im Sinne von Ruhe und Ordnung definiert.

Die notwendige Konsequenz liegt auf der Hand. Für den Polizeibegriff bedeutet dies die Trennung des Zustandes des Gemeinwesens von seiner Verfaßtheit, seiner Ordnung als Verfassung; für den Wohlfahrtsbegriff ergibt sich in logischer Folge die Ausdifferenzierung des Wohlfahrtsgedankens als Verwaltungsgedanken aus dem Rechtsverständnis der umfassend gültigen „guthen Policey", aus der natürlichen Gerechtigkeit als Basis des Gemeinwesens.

Die Ausdifferenzierung des Wohlfahrtsgedankens und seine Einbindung in die Verwaltung des Zustandes wie die Loslösung der Verwaltung aus der Ordnung als Verfassung ist die entscheidende Zäsur in der Entwicklung des Zusammenhanges von Wohlfahrt und Verwaltung; mit dieser Ausdifferenzierung sind die Bedingungen geschaffen, die das Verhältnis von Wohlfahrt und Verwaltung konstituieren.

d) Veit Ludwig v. Seckendorff (1626 - 1692)

Das Ende der älteren – vorwissenschaftlichen – Polizeiliteratur oder besser: der Anfang der älteren deutschen Staatsverwaltungslehre ist mit dem sächsisch-gothaischen Kanzler L. Veit von Seckendorff verbunden. Seine Lehre führt uns aus dem für die älteren Polizeischriftsteller und die Polizeiordnungen typischen Dilemma der Betrachtung von Wohlfahrt und Polizei heraus; er zeigt den Weg, der zum Schluß dann zur Polizei als umfassender Verwaltung führt und an dessen Ende der Gemeinwohlbegriff der „guthen Policey" in einem umfassenden Verwaltungsziel aufgeht.

Bei seiner Analyse des „Staates in seinem Zustand" hat Seckendorff den Territorialstaat nach 1648 vor sich; als „politicus practicus" betrachtet er die Bemühungen eines Territoriums, aus den Wirren des Dreißigjährigen Krieges heraus sich auf einer quasi höheren Stufe von Verwaltung und Ordnung neu zu konsolidieren und zu stabilisieren.

Seine Verwaltungskarriere beginnt er gerade zu Beginn der Friedenszeit nach 1648; als Kanzler in Gotha, kursächsischem Geheimrat, kurbrandenburgischem Geheimrat und schließlich als Kanzler der neugegründeten Universität von Halle haben wir in ihm einen Verwaltungsbeamten vor uns, der – versiert in Verwaltungs- und Regierungsgeschäften – über den Staat und seinen Zustand, besser: seine Verwaltung reflektiert. Nicht die Lehre von der Verfassung des Staates, auch nicht politische Ratschläge im Sinne der Staatsklugheit sind die „vortreffliche königliche und hohe Wissenschaft vom Staat" (Seckendorff), sondern die Lehre vom Zustand des Staates und von der Polizei als

Verwaltung. In der Tat nimmt im „Teutschen Fürsten-Staat" die Regierung und Verwaltung den größten Teil ein, die Verfassung indessen nur den kleineren. Als Kommentar landesfürstlichen Herrschens beschreibt dieses Werk die Beschaffenheit und Ziele der Landesregierung. Da diese nicht eingesetzt ist als „eigenwillige", sondern als „rechtliche und wohlbestellte Herrschaft", ist sie auch verpflichtet zur „erhaltung und behauptung des gemeinen nutzens und wohlwesens" und zur „ertheilung des rechtens".[24] „Erhaltung seines fürstlichen Standes Ehre, Macht und Hohheit",[25] Aufrechterhaltung und Schaffung der dazu notwendigen institutionellen und strukturellen Voraussetzungen dürfen als die Hauptanliegen Seckendorffs gewertet werden.[26]

Seine an der Grenze zur staatswirtschaftlichen Systematik befindliche Verwaltungslehre formuliert er als Lehre vom Zustand des Staates. Das hat Auswirkungen auf die mit dem Wohlfahrtsbegriff verbundenen Konnotationen. Wohlfahrt wird um so mehr ausdifferenzierter Staatszweck, je mehr die Verwaltung eigenständig kompetent für die Aufrechterhaltung des Zustandes des Gemeinwesens wird.

Was die Schriftsteller der älteren Polizeiliteratur und der Regimentstraktate insgesamt bereits spüren – ohne es zu formulieren, weil es nicht in ihr Ordnungsbild der älteren Ständegesellschaft paßte – artikuliert also systematisch Seckendorff: die Ausdifferenzierung des Wohlfahrtsgedankens aus dem Rechtszweck der „guthen Policey" und seine Integration in das Verwaltungshandeln des Territorialstaates. Damit trägt er der realen Entwicklung des Territorialstaates Rechnung, er systematisiert im Grunde die Tätigkeiten der Verwaltung und begründet damit die Loslösung des Wohlfahrtsverständnisses aus dem Rechtsverständnis der „guthen Policey". Zwar gründet Wohlfahrt noch immer in dem mittelalterlichen Verständnis von Friede- und Rechtsbewahrung[27], darüber hinaus geht es aber um andere konkrete sozial-, bevölkerungs- und wirtschaftspolitische Ziele und Maßnahmen, die nicht mehr zwingend aus den anderen Staatszwecken ableitbar sind. Damit war der Wohlfahrtszweck als selbständiges staatliches Ziel auch institutionell verankert.

Spätestens also mit Seckendorff haben wir somit die erste Verwaltungslehre in Deutschland, die den Wohlfahrtsbegriff nicht mehr aus der Ordnung selbst, sondern aus der Hütung der Ordnung, also der Zustandssicherung, ableitet. Zwar wird die selbständige Verwaltungslehre noch nicht gedacht, aber die dem Fürsten anheimgestellten Regeln sind weniger ethische Handlungsanweisungen im Sinne der Fürstenspiegel – wie z. B. bei Osse und Oldendorp – als vielmehr praktische Verwaltungsregeln, und sie sind mehr alltagsbezogene Klugheitspostulate als wirkliche christliche Staatsweisheit.

---

[24] *L. V. v. Seckendorff,* Fürsten-Staat, II. Teil, 38.

[25] Ebenda, 41, 43.

[26] Ebenda, 40f. und 78ff.

[27] Ebenda, 204.

Seckendorff kann also als der erste Verwaltungstheoretiker bezeichnet werden, der auch Wohlfahrtstheoretiker ist; mit seiner Lehre findet eine Zäsur in der Betrachtung des Verhältnisses von Verwaltung und Wohlfahrt statt, zumal er zum ersten Mal den Staatszweck des „Aufnehmens“ als „Wohlfahrt“ explizit formuliert, und zwar im Zusammenhang mit der Aufgabe der Verwaltung, für das Gemeinwohl zu sorgen.[28]

In seinem „Fürsten-Staat“ entfaltet Seckendorff einen Überblick über den Staat und dessen Aufgaben seit dem ausgehenden Mittelalter. In der Systematik der von ihm aufgeführten Staatszwecke – Friede, Recht und *Wohlfahrt* – geht er über die bisher erschienenen Polizeischriften hinaus.

Der Sinn der Gesetzgebung und der Schaffung von Ordnung liegt in den Staatszwecken selbst begründet, wobei er den Wohlfahrtszweck neben Gerechtigkeit und Friede als „Aufnehmen“ bezeichnet. Aufnehmen des Landes heißt begriffsgeschichtlich Wohlfahrt und Wachstum des Gemeinwohles in einem. „Aufnehmen“ bezieht sich auf den Zustand des Gemeinwesens, auf die wachsende Wohlfahrt, Bevölkerung, Wirtschaftskraft und auf die Verbesserung des Nahrungsstandes. Aufnehmen meint das Gegenteil von Abnehmen, von Verschlechterung des Zustandes. Der Begriff des Aufnehmens bezieht sich also nicht auf die Verfaßtheit des Gemeinwesens, auf die Verbesserung seiner Ordnung, sondern auf die seines Zustandes.[29]

Wie sehr alle drei Staatszwecke konstitutiv aufeinander verwiesen sind, der eine ohne die anderen zwar notwendig selbständig, aber doch nicht hinreichend beschrieben werden kann, macht Seckendorff deutlich, wenn er schreibt:

Gerechtigkeit besteht

> „auf diesen dreyen haupt-regeln, nehmlich, daß ein jedweder, der erbar und züchtig lebe, einem jeden dasjenige, was ihme gebühret, gebe und wiederfahren lasse und niemand beleidige“.

Friede

> „fliesset her aus der gerechtigkeit, und die wird hinwiederum durch friede und ruhe gefördert . . .“.

Wohlfahrt gründet

> „fürnehmlich in denen zwey vorhergehenden gaben Gottes“ und besteht vor allem in „guter Nahrung und vermehrung der leute und ihres Vermögens, handels und wandels“.[30]

Hier besteht ein Bruch zur mittelalterlichen Rechtstradition, in der Friede und Recht aufeinander bezogen sind und in dieser Bezogenheit Wohlfahrt

---

[28] Ebenda, 204.

[29] Vgl. dazu auch *J. J. Becher,* Politische Dicours. Wir würden heute von „Zunahme“, „Steigerung“ reden und den Begriff „Aufnehmen“ so übersetzen.

[30] *L. V. v. Seckendorff,* Fürsten-Staat, II, 204.

konstituieren. Nun sagt zwar Seckendorff in Anlehnung an die ältere Rechtstradition, daß Wohlfahrt aus den beiden anderen Staatszwecken unmittelbar erwachse, also das strukturell zwingende Ergebnis von Friede und Gerechtigkeit sei. Indem Wohlfahrt aber eigentlich mehr ist und in ihrer Zweckbestimmung nicht nur Resultat von sowieso bereits bestimmten Zwecken ist, sondern unmittelbar auf selbständigen Bemühungen beruht, ist sie auch nicht mehr als selbstverständliches Ergebnis fürstlicher Bemühungen um Friede und Recht interpretierbar. Wohlfahrt besteht vielmehr über diese Bemühungen hinaus in durchaus eigenständigen Maßnahmen, die die anderen Staatszwecke bestenfalls zu günstigen Rahmenbedingungen erklärt.

Das „Aufnehmen" und die Wohlfahrt des Landes, die Erhaltung und Vermehrung der Leute und ihres Vermögens diskutiert Seckendorff am ausführlichsten. Wichtig ist ihm dabei die psychische und physische Gesundheit als Voraussetzung auch für *viele* Menschen, bedeutet doch Wohlfahrt auch,

> „daß die leute und unterthanen viel und dieselben auch gesund, und also zu ihrer verrichtung tauglich und geschickt sein mögen".[31]

Für dieses Ziel liefert Seckendorff auch die Begründung, die uns bereits merkantilistisch anmuten mag: es ist nämlich

> „in einem regiment kein besserer schatz als die menge viler Leute".[32]

Um dieses Ziel zu erreichen, bedarf es einiger struktur- und ordnungspolitischer Voraussetzungen. Dazu zählt vor allem die Eheordnung. Als strukturpolitische Maßnahme empfiehlt Seckendorff vor allem eine gute Nahrungs- und Gesundheits„polizei" (-politik). Weiter empfiehlt er die Bestellung guter Ärzte und Hebammen, die Reinhaltung von Luft und Wasser, Maßnahmen gegen Seuchen, gegen den Verkauf gesundheitsschädlicher Lebensmittel. Er plädiert für die Einrichtung von Pflegehäusern und Hospitälern und für eine gute Armen- und Krankenpolizei (-politik).

Neben diesen strukturpolitischen Maßnahmen empfiehlt Seckendorff auch erzieherische Maßnahmen, vor allem bei der Jugend. Müßiggänger, Tagediebe u. ä. mögen zur rechten Ordnung erzogen werden.

Die „mittelmäßigen und armen Kinder" sollen in Waisen- und Armenhäuser eingewiesen werden, die arbeitsfähigen Bettler, Landstreicher und Vaganten soll man in Zucht- und Arbeitshäuser einweisen. Hier orientiert sich Seckendorff offensichtlich an England und Holland und knüpft mit seiner Verwaltungslehre und der Bestimmung seines Wohlfahrtsbegriffes an die Tradition der Armenfürsorge an, wie sie aus dem Mittelalter überkommen war. Der neben Friede und Recht entwickelte Wohlfahrtsbegriff korrespondiert nämlich mit einem armenpolizeilichen Ordnungsbegriff, und auch sein Verständ-

---

[31] Ebenda, 215.

[32] Ebenda.

nis von Armut und ihrer Bewältigung lehnt sich eng an das an, was zum Armutsverständnis der spätmittelalterlichen Armen- und Bettelordnungen, bzw. der Polizeiordnungen, bekannt ist.[33]

Die Armenfürsorge unterlag ja im späten Mittelalter einem Rationalisierungsprozeß, dessen Folge die Ausdifferenzierung der Armutsbewältigung aus dem mittelalterlichen Sozialverfassungsverständnis und aus der bis dahin gültigen Ordnung des im Almosen angelegten Gebens und Nehmens war. Die Rationalisierung der Armenfürsorge im Spätmittelalter und ihre Entwicklung im Territorialstaat waren deshalb eine entscheidende Denkvoraussetzung für die Entwicklung eines eigenständigen Wohlfahrtsgedankens, der dem Verwaltungsgedanken näher stand als dem Verfassungsprinzip der „guthen Policey". Seckendorffs Überlegungen zu einem ausdifferenzierten Wohlfahrtsbegriff konnten aber nur auf dem Hintergrund eines bereits entwickelten Verwaltungsverständnisses entfaltet werden. Dieses Verständnis basierte auf dem bereits ebenfalls rationalisierten Armenwesen in den Städten. Der territorial verfaßte Staat knüpfte also nicht nur an das aus der Armenfürsorge abgeleitete Armuts- und Fürsorgeverständnis an; vielmehr entwickelte er auch die Tradition der bereits rationalisierten, bürokratisierten und ökonomisierten Armenfürsorge weiter. Die Rationalisierung der Armenfürsorge in der frühen Neuzeit war in der Tat entwickelt genug, um aus ihr Verwaltungsgrundsätze einer Territorialverwaltung abzuleiten und sie zu verbinden mit staatswirtschaftlichen Interessen. Dies muß gesehen werden, wenn man der Frage nachgeht, warum sich der Wohlfahrtsbegriff zu einem Zeitpunkt aus dem Rechtsverständnis der „guthen Policey" ausdifferenzierte, zu dem auch der Verwaltungsgedanke sich anschickte, den Verfassungsgedanken zu verdrängen und wo sich die Verwaltung aus dem Verfassungsverständnis der „guthen Policey" löste.

Indem sich nun Seckendorffs Wohlfahrtsbegriff zum Katalog sozialpolitischer Maßnahmen entwickelt, nähert er sich der Praxis der Armenfürsorge; nachdem sich die Verwaltung dieser Wohlfahrtsförderung angenommen hat, wird die Art, wie die Armenfürsorge praktiziert wurde, zur allgemeinen Verwaltungspraxis und somit auch zur Begründung des neuen Wohlfahrtsbegriffes durch die Verwaltung.

So betrachtet, steht Seckendorffs Wohlfahrtsbegriff auf der Schwelle von der Staatslehre der „guthen Policey" zur neueren Verwaltungslehre. Sein Wandel spiegelt den Übergang zum Verwaltungsstaat wider. Seckendorff wollte dabei seinen Wohlfahrtsbegriff nicht in eine allgemeine Verfassungslehre von der „Politik im allgemeinen" eingebettet wissen; auch nicht die Einordnung in eine Lehre von der „Politik im besonderen" (Staatsklugheitslehre) war sein Ziel. Er wollte eine Lehre von der Polizei als Verwaltung schreiben

33 Vgl. dazu *Chr. Sachße / F. Tennstedt*, 23ff.

und dort auch den Wohlfahrtsbegriff integrieren. Die „pars administrativa" sollte vorangetrieben werden und nicht die „pars constitutiva" bzw. die „pars architectonica" der Politik.

Polizei als Verwaltung ist trotzdem mehr als nur Zustandssicherung. Den Staat aus dem Zustand heraus von innen her zu beschreiben und seine Verwaltung zu analysieren, bedeutet nicht nur die Konstitution eines Verwaltungsbegriffes, der Inbegriff aller innenpolitischen Maßnahmen zur Sicherung des Zustandes ist.

Polizei als Verwaltung ist vielmehr auch Ordnungsimplementation. Denn Seckendorff geht ja von einem Polizeibegriff aus, der aus dem Verständnis der „guthen Policey" herrührt und dementsprechend umfassend ist. Friede und Recht sind nach Seckendorff also noch relevante Staatszwecke, nur mit dem entscheidenden Unterschied, daß sie jetzt in der Verwaltung aufgehen und damit unter einen Wohlfahrtsbegriff subsumiert werden, der dem alten Rechtsverständnis nur mehr dem Umfang nach verhaftet ist. Der neue Polizeibegriff wird so zur Legitimation des alten. Der Wohlfahrtszweck begreift sich im Sinne der „guthen Policey" in der Tat als umfassend, aber der umfassenden Zustandssicherung verpflichtet und nicht einer umfassenden Ordnung zugetan, aus der schließlich Wohlfahrt dann erwächst.

Polizei als Verwaltung bedeutet also umfassende Verwaltung des Zustandes eines Gemeinwesens, dessen Ordnungsperspektive auf die gesicherte innere Ordnung als umfassend geordneter Zustand und nicht auf die Verwaltung gerichtet ist.

Sicherung des Zustandes nach innen im Sinne der „Conservierung der landesfürstlichen Hoheit"[34] schiebt sich somit als Staatszweck neben die anderen, und diese Sicherung ist durch den geordneten Zustand des Gemeinwesens durch Verwaltung weitestgehend hergestellt. Somit findet jede Verwaltungstätigkeit in der Gemeinwohlsicherung ihren letzten Geltungsgrund.

Der Wohlfahrtsbegriff wurde so dem Verwaltungsbegriff immanent. Aber so wenig wie mit dem Zustand noch die Ordnung selbst verbunden ist, so wenig ist der Wohlfahrtsbegriff dem „gemeinen Besten" verpflichtet. Jetzt darf in der Tat von einem ausdifferenzierten Wohlfahrtszweck gesprochen werden und von einer Loslösung der Verwaltung und ihrer Ziele von dem Rechtsverständnis der „guthen Policey".

[34] *L. V. v. Seckendorff,* Fürsten-Staat, II, 45ff.

TEIL IV

Die kameralistischen Staats- und Verwaltungslehren – Der Kameralismus als Verwaltungs- und Wohlfahrtstheorie des Aufgeklärten Absolutismus

1. Vorbemerkung

Der Kameralismus ist die Staatslehre des Aufgeklärten Absolutismus. In der Verbindung von Merkantilismus und Eudämonismus stellt er zugleich eine spezifisch deutsche Ausprägung des europäischen Merkantilismus dar.

Die Bindung aller wirtschaftlichen und politischen Aktivitäten an das eine Ziel, die Wohlfahrt zu fördern, wird zum eigentlichen Charakteristikum des deutschen, speziell preußischen Kameralismus.[1]

Ursprünglich meint der Begriff Kameralismus – abgeleitet von Camera = die fürstliche Schatzkammer – die Verwaltung der fürstlichen Finanzen. Kameralisten nannte man aber auch die Verwalter und Beamten am fürstlichen Hof. Nielsen führt dazu aus:

> „Wie nahe es auch liegt, das Wort Kameralismus von Rentkammer abzuleiten, war jedoch ein Kameralist um die Mitte des 17. Jahrhunderts dasselbe wie ein ‚Politikus' oder vielleicht richtiger ein praktischer Politikus . . . Ursprünglich bedeutete Kameralist also nicht einseitig einen Finanzmann, sondern mehr allgemein einen Staatsmann oder Verwaltungsbeamten; erst gegen Ende des 17. Jahrhunderts oder im Anfang des 18. Jahrhunderts entwickelt sich ein engerer Gebrauch des Wortes, indem mit Entwicklung der Staatsleitung eine besondere Rentenkammer entsteht, die gewöhnlich Kammer genannt wird; das schon vorhandene Wort Kameralist hiermit in Verbindung zu setzen, muß naheliegen."[2]

Das Denken der Kameralisten war im allgemeinen von der Vorstellung bestimmt, daß das Wohl eines Landes von der Größe seiner Bevölkerung und damit der Zahl der menschlichen Produktivkräfte abhing. Aufgabe des Staates war es folglich, über die Förderung der Bevölkerungsvermehrung hinaus für einen entsprechenden Zuwachs an Arbeitskräften zu sorgen. Hier stand der Kameralismus ganz in der Tradition des merkantilistischen Denkens, ohne daß beides schon als identisch begriffen werden konnte. Der Kameralismus war mehr als nur der Merkantilismus der Territorien. Als Lehre vom Staat und seinen Zielen bzw. Zwecken war er nicht nur Wirtschaftstheorie, sondern

---

[1] Vgl. *K. Zielenziger*, Kameralismus, 573f. Hier wird der Kameralismus als eine spezifisch deutsche Art des Merkantilismus geschildert.

[2] *A. Nielsen*, 92.

auch politische Theorie, beschränkten sich seine Vertreter nicht nur auf die Ökonomie, sondern dehnten die Theorie aus auf die Lehre von der Polizei als der Lehre von der inneren Ordnung des Gemeinwesens und auf die eigentlich typisch-kameralistische Finanzwissenschaft. In dieser Verbindung von merkantilistischer Politik und dem Wohlfahrtsdenken der aufgeklärten Absolutisten, in der Verbindung von Ökonomie und Polizeiwissenschaft wird der Kameralismus sozialpolitisch interessant. Denn genau aus der spezifisch deutschen Entwicklung des Kameralismus heraus, aus einer Verbindung von Landesökonomie und der aus dem mittelalterlichen Rechtsdenken abgeleiteten Sorge um die Untertanen entsteht der „sozialpolitische Ursprung" des deutschen Rechtsdenkens (Maier). Als eine umfassende Sozialwirtschaftslehre ist der Kameralismus die spezifische Verbindung von Staats- und Verwaltungslehre mit dem Staatszweck „Wohlfahrt" und den Zielen der Wirtschaftspolitik.[3]

So waren die Kameralisten mehr als nur Staats- und Verwaltungslehrer; als solche waren sie Wohlfahrtstheoretiker. Denn das ganze Streben des Staates fand im Begriff der Wohlfahrt seinen Ruhepunkt; gleichzeitig kam es den Kameralisten vor allem auf den Staat an, wenn sie Wohlfahrt als Staatszweck meinten. So spricht Nielsen[4] vom Kameralismus als einer Grundauffassung von Staat, und Small[5] kommt zu dem Ergebnis, der Kameralismus sei

„a technique and a theory of administering a peculiar type of state . . .".

Small meint damit nicht nur eine reine Theorie; vielmehr war der Kameralismus in Deutschland eine Lehre von der praktischen Politik, er war Verwaltungstechnik und -theorie in einem.[6] Gleichzeitig betont Small, daß die Kameralisten in erster Linie politische Theoretiker waren und nicht so sehr Wirtschaftstheoretiker.[7] Small gehört wohl zu denjenigen, die eine umfassende Analyse des deutschen Kameralismus geleistet haben und sich gleichzeitig wunderten, daß die deutsche Rezeption des Kameralismus noch nicht eingesetzt hatte.

Kurze Zeit später erschien die Arbeit von Nielsen über die Entstehung der deutschen Kameralwissenschaft im 17. Jahrhundert. Nielsen kommt zu dem Ergebnis, die älteren Kameralisten stünden in der Tradition der Aristoteles-Rezeption. Der ältere Kameralismus ist

„identisch mit der Auffassung vom Verhältnis des Staates zu den verschiedenen Erwerbszweigen".[8]

---

[3] Vgl. *A. Tautscher,* Kameralismus.

[4] Vgl. *A. Nielsen,* 42ff.

[5] Vgl. *A. W. Small,* 3.

[6] Vgl. ebenda.

[7] Vgl. ebenda, XII.

[8] *A. Nielsen,* 88: „Die Auffassung vom Verhältnis des Staates zu den verschiedenen Erwerbszweigen, welche der Zeit durch Aristoteles' Politik eingeflößt wurde, kommt zum Ausdruck in dem älteren Kameralismus, ja ist sogar identisch mit ihm".

Wie gliedert sich nun die Literatur der kameralistischen Staatslehren?

(1) Welcher Zusammenhang zwischen Verwaltung, Ökonomie und Wohlfahrt besteht, erfahren wir bei der Literaturgattung, die im 16. Jahrhundert bereits als Hausväterliteratur in Anlehnung an Aristoteles den Zusammenhang von Wohlfahrtsverwaltung und Ökonomie formuliert und im Grunde vorzeichnet, was an Konturen der heutigen Sozialpolitik noch anhaftet: die Ökonomisierung der Sozialpolitik unter dem Aspekt der Verbindung von Wirtschaft und Wohlfahrt, Wirtschaftslehre und wissenschaftlicher Sozialpolitik. In diesem Zusammenhang sind vor allem die frühen Kameralisten Rohr und Sincerus als Systematiker der Ökonomie von Bedeutung.

(2) Sie alle beeinflussen die preußische Kameralistik unter Gasser, Dithmar und die sächsische unter Zinke. Diese interessiert nicht nur wegen ihrer unmittelbaren historischen Nähe zur Sozialpolitik des späteren Kaiserreiches. Diese notwendige Komponente kommt hinzu und macht einen anderen wichtigen Gedankengang für unsere Untersuchung relevant: Diese preußischen Kameralisten formulieren alle in Anlehnung an ihre Vorläufer ebenso deutlich wie nachhaltig den Zusammenhang von Wohlfahrtsentwicklung und Ökonomie einerseits und Verwaltung und Ökonomie andererseits, so daß es vorläufig so scheint, als wäre die Verwaltung die vermittelnde Kategorie von Wohlfahrt und Ökonomie. In Verbindung mit der Verwaltung entwickelt sich in der Tat die Ökonomie zu einer Wirtschaftspädagogik und Haushaltslehre des Aufgeklärten Absolutismus; sie wird in dieser Funktion eine wesentliche Voraussetzung für die ökonomisch-militärische Disziplinierung im 18. Jahrhundert. In ihrer konkreten und pragmatischen Art führen die preußischen Kameralisten eine Reihe von Gründen auf, die es verständlich werden lassen, warum sich die wissenschaftliche Sozialpolitik als Teil der Ökonomie als Wissenschaft etablieren konnte und warum die praktische Wirtschaftspolitik eine derartige Verbindung mit der praktischen Sozialpolitik eingehen konnte. Letztlich machen diese Lehren deutlich, warum die heutige Sozialpolitik bereits in ihren Anfängen in der Verwaltungspraxis ihrer Institutionen stecken blieb.

(3) Was die Tradition der preußischen Kameralistik ausmacht, ist ihr konkreter Bezug zum preußischen Staat, zu seiner Verwaltung und Regierung. Ihre philosophisch-aufklärerischen Tendenzen sind nur rudimentär. Alle beziehen sich auf die Naturrechtslehre und die Konsequenzen für das Verhältnis von Individuum und Staat, von Gemeinwohl und Individualwohl, bonum commune und interesse privatum. In diesem Zusammenhang ist die Lehre von Christian Wolff relevant. Er schrieb nicht nur die Staatslehre für den Aufgeklärten Absolutismus, er prägte mit seiner zur Pflichtlehre umgebogenen Naturrechtslehre die Kameralistik bis hin zu ihren Vollendern Justi und Sonnenfels.

(4) Mit Justi und Sonnenfels als den Systematikern des Kameralismus wird uns plastisch vor Augen geführt, welche große Affinität diese Lehren zu dem

Zusammenhang von Bürokratisierung, Ökonomisierung und Verrechtlichung heute haben. Wohlfahrt und Verwaltung werden eins, die Verwaltung wird zur zentralen Instanz der Vermittlung von Gemeinwohl und Individualwohl, oder besser: zur zentralen Vermittlungsstelle von gemeinschaftlich möglichen Ressourcen und individuellen Ansprüchen und Bedürfnissen. In dieser Bedeutung und in Kombination mit dem Verwaltungshandeln avanciert die Verwaltung zur Herrschaft; Wohlfahrtsförderung wird zum Mittel und Zweck einer allgemeinen ökonomischen und politischen Disziplinierung der Untertanen und zu einer Form ordnungspolizeilicher Grenzkorrektur, wie sie uns eigentlich am stringentesten aus der Tradition der spätmittelalterlichen Armenfürsorge überliefert ist.

Damit ist der allgemeine Gang meiner Darstellung vorgezeichnet. Von der Hausväterliteratur und den frühen Ökonomisten und Kameralisten bis zur Entfaltung der Naturrechtslehre und ihrer konkreten Weiterentwicklung bei Justi und Sonnenfels spannt sich der Bogen, der uns den Zusammenhang von Ökonomie, Bürokratie und Wohlfahrt sichtbar machen soll, dessen Einfluß auch heute die Sozialpolitik noch prägt. Um den Gedankengang nicht auseinanderzureißen, will ich zunächst auf die philosophisch-naturrechtlichen Grundlagen der kameralistischen Staatslehren eingehen, um dann – in der Kontinuität des Argumentationsstranges Verwaltung – Ökonomie – Wohlfahrt – die kameralistischen Lehren und ihre Vorläufer zu diskutieren.

2. Der Kameralismus im Zeichen der Aufklärung: Naturrecht und Staatsräson – die philosophischen Grundlagen des Kameralismus

Nachdem das Verhältnis von Wohlfahrt und Verwaltung durch die Ausdifferenzierung beider Bereiche aus dem Rechts- und Ordnungsverständnis der „guthen Policey" konstituiert ist, stellt sich die Frage nach seiner Weiterentwicklung im Zeichen des Aufgeklärten Absolutismus. Denn mit der Aufklärung entstehen nicht nur neue Begründungen des Staates und neue Grundlagen seiner Legitimation, sondern auch – als Folge – ein neues Verständnis von Wohlfahrt unter den Bedingungen einer entfalteten Bürokratie, die sich anschickt, selbst Herrschaft zu konstituieren. Was sich bei Seckendorff bereits anbahnte und zu Beginn des Territorialstaates entwickelte, wird nun voll entfaltet. Das Verhältnis von Bürokratie und Wohlfahrt wird zur staatstragenden Beziehung; durch sie legitimiert der Staat sein Handeln. Der Wohlfahrtszweck wird als Verwaltungszweck primärer Staatszweck, er rangiert vor Friede und Recht; das Gemeinwohl wird zur allumfassenden Legitimation bürokratischen Handelns und Eingreifens in die Lebenslagen der Individuen; Wohlfahrt wird zum zentralen Bezugspunkt aller Bemühungen einer obrigkeitsstaatlich bevormundenden Bürokratie. Sie avanciert in dem Maße zur Herrschaftsinstitution, wie es ihr über den Gemeinwohlbegriff gelingt, allumfassend auf die Lebensverhältnisse einzuwirken und die gesellschaftlichen Bereiche mit ihrem Geist zu durchdringen. Neben der für die rationale Verwaltung charakteristischen technischen Rationalität der inneren Organisation und neben der Rationalität der Beziehungen zu ihrer Klientel konstituiert also eine weitere Komponente bürokratische Herrschaft: die Durchdringung der Lebensverhältnisse mit dem Geist der Bürokratie.

Die Aufklärung erweiterte damit sowohl das Selbstverständnis der Bürokratie als auch das Verständnis der Bürokratie von Wohlfahrt um den Gedanken der Erziehung. Ziel der Bürokratie war nun die Disziplinierung und Erziehung eines „verderbten Untertanenverstandes" im Sinne eines aufgeklärten Staatsgedankens und eines rationalen Wohlfahrtsverständnisses. Die im Zuge der Aufklärung sich entfaltende naturrechtliche Begründung des Individuums führte auch zur Reaktivierung der aristotelischen Tradition der „eudaimonia", des Glückes des einzelnen. Gleichzeitig lieferte die Aufklärung die Begründung für die Vermittlung von Gemeinwohl und Individualwohl. Dabei war es Aufgabe und Ziel der Bürokratie, die Untertanen so zu disziplinieren und zu erziehen, daß das bonum commune und das interesse privatum am vortrefflichsten in Einklang gebracht würden, ohne daß das bonum commune darunter zu leiden hätte. Indem es Aufgabe der Verwaltung war, die Untertanen ökonomisch und sozial so zu disziplinieren und zu erziehen, durchdrang sie die Lebensverhältnisse mit dem Geist der Bürokratie, also mit einer „strukturellen Rationalität", der sich alles zu beugen hatte – im übrigen auch der Regent. Die Staatsräson wurde für die Legitimation bürokratischen Handelns bemüht, und dieser Staatsräson war der Regent ebenso verpflichtet wie seine Untertanen. Vernünftig ist, was dem Gemeinwohl, dem Staat dient; dieses „Imperativ der Staatsnotwendigkeit" (Meinicke) verselbständigt sich im Sinne der Staatsräson, der auch der Fürst unterliegt. Vernunft wird zum Schlüsselbegriff der Aufgeklärten Absolutisten, „Aufklärung bedeutet (fürderhin) die Wahrheitsfindung durch voraussetzungslose Vernunftsurteile".[9] Vernunft wird zum Kriterium der Ordnung, Aufklärung kann nur mit der Erziehung zur Vernunft und vernünftiger Herrschaft in Verbindung gebracht werden. In diesem Prozeß begreift sich der Fürst selbst als der Vernünftigste. Was für das Volk vernünftig und wohlbringend ist, entzieht sich der Entscheidung und Beurteilung des Volkes; nur der Fürst ist in der Lage, das zu beurteilen.

Monarchische Selbstdisziplin und Disziplinierung durch den Monarchen waren konstitutiv aufeinander bezogen. Unterwerfung unter das Prinzip des Gemeinwohls galt für den Monarchen wie für die Untertanen; die Erziehung zu Zucht und Ordnung im Interesse des Gemeinwesens wird zu einem Hauptbestandteil absolutistischer Politik.[10]

G. Oestreich spricht in diesem Zusammenhang von „Sozialdisziplinierung". Er meint damit, daß gerade der Aufgeklärte Absolutismus durch seinen büro-

---

9 *A. Voigt,* 140.

10 Vgl. *G. Oestreich,* Strukturprobleme, 191ff.

kratischen und ökonomisch-merkantilen Geist und den damit verbundenen militärischen Geist die Untertanen umfassend in ihren Lebens-Verhältnissen beeinflußte und disziplinierte. In der Verschränkung von Bürokratie-, Militär- und Merkantilsystem konnte sich der Gedanke der „gemeinen Wohlfahrt" im Zusammenhang mit der „guthen Policey" entwickeln und dabei eng mit der Disziplin verbinden. Dieser Disziplinierungsprozeß war deshalb möglich, weil der absolutistische Staat sich nicht auf den Bereich des Politischen beschränkte, sondern in das Wirtschafts- und Bevölkerungssystem reglementierend eindrang und so auch der merkantile Geist die Untertanen disziplinierte.

> „In den staatlichen Ordnungen nahm auch gerade die Reglementierung des wirtschaftlichen Lebens einen breiten Raum ein . . . Die Erziehung zu Arbeitsamkeit und Fleiß weitet sich zur Erziehung zu sauber geordneter Arbeit . . . Die Bewegung des Merkantilismus und die wirtschaftliche Disziplin hängen auf das engste zusammen."[11]

Die Allianz von Vernunft und Disziplin gründet auf der dem Aufgeklärten Absolutismus eigenen Mischung von Naturrechtslehre und Staatsräson, von Aufklärung und dem Imperativ der Staatsnotwendigkeit, der sich im Begriff der Staatsräson programmatisch verdichtete. Die Verbindung konnte deshalb zustandekommen, weil die für den Aufgeklärten Absolutismus konstitutiven Gedanken geradezu die verbindenden Glieder dieser beiden geistesgeschichtlichen Traditionen sind. Was dabei die Naturrechtslehre vom Individuum her begründet, versucht die Staatsräsonlehre vom Staat her zu legitimieren.

Begründet die Staatsräsonlehre eher das Gemeinwohl als ein aus dem Staatsinteresse heraus erwachsendes, vernünftiges und objektives Ziel allen herrschaftlichen Handelns, dann steht die Naturrechtslehre zunächst für die Begründung des individuellen Wohles, wobei seine Formulierung im Rahmen des Kameralismus dann eine Umwandlung als Pflichtenlehre erfährt. Während die Staatsräsonlehre die Begründung der Verwaltungspraxis des Territorialstaates wurde und auch das Wohlfahrtsverständnis aus der Sicht des Verwaltungshandelns durch die Staatsräsonlehre begründet wurde, steht die Naturrechtslehre für die Begründung der eudaimonia als der individuellen Glückseligkeit des Individuums als zoon politikon.[12] So verschränken sich in der Begründung des Verhältnisses von Wohlfahrt und Verwaltung, von Gemeinwohl und eudaimonia die Naturrechtslehre und die Staatsräsonlehre und werden so in dieser Verschränkung die wichtigste Legitimationsgrundlage

---

[11] Ebenda, 344.

[12] Die Rezeption beider Lehren erfolgt nach langer Verzögerung eher radikal. Sie „führt im Falle des *Naturrechts* zu einer eigentümlichen Umbiegung der politischen Freiheitslehre des *Westens* in den Gedanken einer staatsfreien Sphäre des Individuums; im Falle der *Staatsräson* um die Wende vom 18. zum 19. Jahrhundert zu einer eruptiven Aufnahme der lange abgelehnten Lehre Machiavellis im deutschen Denken bei Herder, Hegel und Fichte". (*H. Maier,* Staats- und Verwaltungslehre, 288.)

des Aufgeklärten Absolutismus. In ihrer wechselseitigen Durchdringung begründen sie ein aufgeklärt-rationales und doch paternalistisch-religiös geprägtes Verhältnis von Regent und Untertan. Im Zusammenhang mit dem Wohlfahrtsgedanken stellt sich aufgeklärtes Regiment als die Herrschaft einer rationalen Verwaltung dar, die auf der Grundlage einer paternalistisch-christlichen Aufklärung und Disziplinierung des Untertanenverstandes das Individualwohl mit dem Staatsinteresse in Einklang zu bringen versucht.

Die rationale Verwaltungslehre verdankt ihre Entwicklung weitgehend den Einflüssen der *Staatsräsonlehre.* Hier hatte sie in der Tat ihren Entfaltungsspielraum. Ihr Einfluß auf die deutsche Staatslehre beantwortet die Frage, warum die ältere deutsche Staatslehre auch eher Staatsverwaltungslehre war, die an der empirischen Wirklichkeit des Staates haftete, ihn gleichsam von innen heraus beschrieb und ihn als Ordnungsfaktor unhinterfragt übernahm. Dies dürfte für den Aufgeklärten Absolutismus besonders zutreffen.

> „Da die Position jenseits des Staates, sei es in einer Kirche, sei es im Individuum, fehlt, kann sich keine dem Staat gegenüber souveräne Fragestellung entwickeln. Es wird der Staat rein nur von innen betrachtet.“[13]

Exkurs:

Die Lehre von der Staatsräson kann als Inbegriff der Legitimation der Existenz des Staates, als Ethik des Staates begriffen werden.

Wo die mittelalterliche Fürstenspiegelethik mit ihren theologisch fundierten Imperativen auch noch den Anspruch hatte, die Herrscher dementsprechend – in dieser Ethik – zu erziehen und sie zum rechten Herrschen anzuhalten, wird die Staatsräsonlehre zum Inbegriff aller Möglichkeiten, die auch außerhalb der ethischen Bindung des Herrschers an seine Herrscherpflichten liegen. Es geht um rationales Handeln im Sinne der Machtergreifung und nicht um die Realisierung ethischer Prinzipien. Die Effizienz eines Beherrschens durch Berechnen – das ist die Formel, die die Staatsräsonlehre dem Regenten anbietet, wenn er nach dem letzten Zweck seines Handelns fragt. Hier trifft sich das Interesse der Territorialherrn, möglichst rational und effizient zu herrschen, zu verwalten, mit der Formel der Staatsräsonlehre. Sie mußte nach dem Zerfall der Reichseinheit nach dem Dreißigjährigen Krieg auf viele der Landesherrn eine ähnliche Wirkung erzielen wie zu Zeiten ihrer Entstehung, in denen es ja auch um den Zerfall und die Suche nach Einheit des italienischen Kaiserreiches ging. Friedrich definiert den Begriff der Staatsräson als eine auf die innere Ordnung und Konsolidierung von Macht bezogene Form

> „der allgemeinen Feststellung, daß Mittel ihrem Zweck angemessen, d.h. daß sie rational im Hinblick auf diesen Zweck sein müssen und daß daher diejenigen Mittel die besten sind, die die größte Aussicht auf Erfolg haben“.[14]

Bei dieser Definition hat Friedrich sicherlich den Klassiker der Staatsräsonlehre zur Grundlage genommen; in der Tat zieht sich der Gedanke der Zweck-Mittel-Relation durch das gesamte Werk Machiavellis und wird so zum zentralen Kriterium der Staatsräson-Definition, das keiner weiteren Rechtfertigung bedarf.[15]

---

[13] *A. Müller-Armack,* 177.

[14] *C. J. Friedrich,* Staatsräson, 15.

Die Staatsräsonlehre markiert somit einen wichtigen Punkt im Wandel von der mittelalterlichen Wertrationalität zur neuzeitlichen Zweckrationalität – selbst der höchste Wert, die Aufrechterhaltung des Staates, wird bei dieser Definition zum Zweck, ein Gedankengang, der der Verfassung der „guthen Policey“ wesensfremd ist.

Die Lehre von der Staatsräson geht davon aus, daß der Staat nicht mehr Resultat und Bedingung einer prästabilisierten Harmonie von Ethik und Politik ist, wie sie in der griechischen Klassik bestand. Staatserhaltung und -sicherung bedürfen eher besonderer rationaler Anstrengungen, die im Begriff der Staatsräson zusammengefaßt, ja sogar programmatisch verdichtet sind. Gleichzeitig sehen die Vertreter der Staatsräsonlehre im Staat die Voraussetzung einer sittlichen Existenz des Menschen, nur im Staat und durch ihn gelangt das Individuum zur sittlichen Vollkommenheit, deren es bedarf, wenn es ein zoon politikon sein will.

Entscheidend für die Staatsräsonlehre war nun, daß das Wissen über den Staat zugänglich, brauchbar und umsetzbar in Herrschaft ist. Was die Sicherheit und Selbsterhaltung eines Staates ausmacht, so die älteren Theoretiker wie Machiavelli, ist empirische Realität, ist wißbar und erfahrbar und damit kalkulierbar. Alles, was den Staat aufrechterhält, hält auch das Gemeinwesen und das Gemeinwohl aufrecht. Staatsinteresse ist also Inbegriff von bonum commune und der Klugheit seiner Sicherung und Förderung. Wir finden hier Voraussetzungen wieder, wie sie der Kameralismus zur Zeit des Aufgeklärten Absolutismus verkörperte. Die in der kameralistischen Wirtschafts-, Finanz- und Sozialpolitik verwirklichten Strukturen und Ziele sind einer zweckrationalen Klugheitslehre ähnlicher als einer Staatsphilosophie. In der Tat orientiert sich die Staatsräsonlehre an der empirischen Wirklichkeit des Staates, und deshalb ist es nicht verwunderlich, daß sie gerade im Zuge der Etablierung des Territorialstaates zu einer der wichtigsten Legitimationsebenen wurde.

Indessen verband sich mit der *Naturrechtslehre* der Gedanke, daß sich der Mensch in der Gemeinschaft und durch sie vervollkommnen müsse, um so sein Glück zu erreichen, und es sei Aufgabe des Staates und Pflicht des Untertan, für die Entfaltung des Menschen und seiner Vollkommenheit zu sorgen.

In der Tat stehen die auf dem modernen Naturrecht beruhenden Staatslehren auf je unterschiedliche Art in der Tradition des Staates als Untertanenverband mit Zucht- und Korrigiercharakter. Gleichzeitig verschwand der traditionelle naturgegebene Bezug des Wohlfahrtsgedankens auf den Rechtszweck. Dem Ausdifferenzierungsprozeß entsprach eine Verengung des Rechtszwekkes; der Charakter doppelseitiger Bindung des Rechts degenerierte im einseitig gebotenen Recht;

> „die rechtliche Unbeschränktheit, ja die prinzipielle Unbeschränktheit des Polizeibegriffs war die natürliche Folge“.[16]

Die Einengung des Polizeibegriffes und die Beschränkung des Rechtsbegriffes auf das Gebotsrecht wird durch die von Grotius begründete Naturrechtslehre

[15] *Friedrichs* Einlassung ist hier bedeutsam, „daß für Machiavelli das Problem der Staatsräson in seiner (. . .) typischen Form gar nicht existiert, da die Notwendigkeit, den Erfordernissen des Staates entsprechend zu handeln, keiner Rechtfertigung bedarf“ (ebenda, 13). Vgl. hierzu auch *H. Münkler,* insbes. 282ff.

[16] *H. Maier,* Staats- und Verwaltungslehre, 160.

legitimiert. Diese reaktiviert den alten aristotelischen Gedanken, daß der Mensch an sich vernünftig ist, daß er richtig und gut zu handeln vermag, da sein Handeln auf die Vollendung seiner – der menschlichen – Natur ausgerichtet ist.

„Naturrecht ist so die Befugnis, das zu tun und das zu sein, was notwendig ist, damit die Natur des Menschen im Handeln und so in einem menschlichen Leben wirklich sein kann."[17]

Nun ist es dem Menschen nicht anheimgestellt, wie und in welchem Ausmaß er seine Natur verwirklichen will, er hat kein Recht auf Verweigerung der Ausbildung seiner Vernunft. Indem er tut, was seine Pflicht ist, handelt er nach seinem Recht. Recht und Pflicht sind aufeinander bezogen. Dies paßt in das Denkschema des Aufgeklärten Absolutismus, zu begründen, daß die Menschen für ihr Glück weder selbst sorgen können noch für es verantwortlich sind, wird doch gerade im Aufgeklärten Absolutismus die Erreichung des Glückes nicht nur zum Staatszweck, sondern auch zur Begründung für die Polizei, jeden Eingriff in das Leben der Bürger als Hilfe zum „guten Leben" zu charakterisieren. So wird das „gute Leben" zum einzigen Staatszweck überhaupt, die Erreichung des Glückes zum entscheidenden Zweck obrigkeitsstaatlichen Handelns.

Erst mit der naturrechtlichen Begründung des Individuums als eines mit Rechten und Pflichten ausgestatteten, aber dennoch unvollkommenen Mitgliedes des Gemeinwesens konnte auch das Gemeinwesen selbst „staatsräsonal" begründet werden und konnte vor allem das Gemeinwohl zu einem rationalen, vernünftig disziplinierten Individualwohl ins Verhältnis gesetzt werden.

Das auf das Staatsinteresse ausgerichtete Gemeinwohl wird so zum Inbegriff einer strukturellen Rationalität, die sich dem Individuum und seiner Beeinflussung letztlich entzieht, der es aber unterworfen ist. Was somit durch die Naturrechtslehre für das Individuum entfaltet wurde, erfährt in der Staatsräsonlehre seine Beschränkung.

Ich habe darauf hingewiesen, daß zwischen Naturrechtslehre und Staatsräson Verbindungen bestehen, die es erleichtern, im Staatsverständnis des Aufgeklärten Absolutismus auf beide Traditionen gleichermaßen zurückzugreifen. So darf das mit der Naturrechtslehre aufkommende Bild eines unvollkommenen, der Sünde grundsätzlich verfallenen Menschen durchaus in der Verbindung mit der Staatsräsonlehre gesehen werden. Auch diese geht davon aus, daß die Selbsterhaltung des Staates die wichtigste Voraussetzung ist, damit der unvollkommene Mensch sich im Staat vervollkommnen kann. Es gehört zum Staatsverständnis des Aufgeklärten Monarchen, daß der Mensch verpflichtet ist, sich erziehen und aufklären zu lassen, um so den Bestand des Staates zu sichern. Denn nur ein vollkommenes Individuum ist Voraussetzung des Staa-

---

[17] *J. Ritter*, „Naturrecht" bei Aristoteles, 8.

tes, gleichzeitig ist der Staat die beste Möglichkeit der Vervollkommnung des Menschen.

So vereinigen sich zunächst das für die Naturrechtslehre bestimmende pessimistische Menschenbild, der verderbte Untertanenverstand, mit der strukturellen Rationalität eines Staates zu einer glücklichen Koalition. Der Staat ist dazu da, als strukturelle Vernunft die Vernunft seiner Glieder einzudämmen, zu regulieren, den Menschen vollkommen, d. h. vernünftig, zu machen. In der Tat paßt das Staatsverständnis eines aufgeklärten Fürsten, der räsonierteste unter allen anderen zu sein, zu den Vorstellungen der neuen Naturrechtslehre vom Menschen in der Nähe des wilden Tieres. Deshalb konnte der Kameralismus das Individuum als dem Staat gegenüberstehendes Wesen trotz aller Aufklärung und naturrechtlicher Begründungen nicht richtig denken. Deshalb wurde die Vermittlung von Individualwohl und bonum commune durch die Verwaltung zu einer Unterordnung des individuellen Glückes unter das Staatsinteresse. Das Naturrecht hat in der Zeit des Aufgeklärten Absolutismus lediglich dafür gesorgt, daß der Fürst seinen Herrschaftsanspruch anders zu begründen hatte, ja dem Staat gegenüberstand und seiner Räson verpflichtet war.

Insofern ist die Verschränkung von Staatsräson und Naturrecht der Versuch, die Vernunft des Menschen an die strukturelle Vernunft des Staates zu binden, die der Fürst verkörpert. Der Fürst als „Inbegriff von Staatsräson“ verkörpert das Gemeinwohl als die Inkarnation der besten Verfassung des Gemeinwesens, und daher ist das Individuum mit seinem Streben nach individuellem Glück auf den Fürsten angewiesen, auf seine Rationalität und seine Ethik.

Auch die Verwaltung konnte sich keinen Staat vorstellen, der seinen letzten sittlichen Zweck nicht in der Gemeinwohlförderung sah. Konnte nicht mehr davon ausgegangen werden, daß das Gemeinwohl naturgegeben aus den alten Herrschaftszwecken Friede und Recht erwuchs, so mußte doch der Staat seinen letzten Grund in der Gemeinwohlförderung haben. Da ihre Vertreter aus dem Staat heraus dachten, stellten sie sich vor, daß in der Praxis der Wohlfahrtsförderung, in der Verwaltung des Zustandes von innen heraus, auch Wohlfahrt erwüchse.

Schließlich konnte sich die Bürokratie auf beide geistesgeschichtlichen Traditionen berufen, die ihre Entwicklung im Zusammenhang begünstigten. Der für die technische Rationalität erforderliche „vernünftige“ Ablauf im Inneren und die zur „Würde der Überpersönlichkeit“ (Maier) sich steigernde strukturelle Rationalität, die Räson, findet durchaus eine Entsprechung in der radikalen Individualisierung, die der Naturrechtsgedanke ausgelöst hat. Individuum und Rationalität waren wesentliche Voraussetzungen für die Beherrschung der Untertanen durch Berechnen; nur im Zusammenhang mit dem individualisierenden Naturrecht konnte sich das Prinzip technischer Rationalität durchsetzen. Auch für die heutige Sozialpolitik sind die Beziehungen von Individuen und Verwaltung zum konstitutiven Merkmal sowohl der Bürokratie als auch der sozialpolitischen Arbeit geworden. Die Entdeckung des Individuums war somit auch die geschichtliche Bedingung sowohl für die Ökonomisierung der Sozialpolitik als auch für ihre zunehmende Verrechtlichung.

Auf dieser Grundlage der Interdependenz von Naturrechts- und Staatsräsonlehre ist nun Christian Wolffs Staatslehre zu verstehen, die gleichzeitig das Grundverständnis kameralistischen Denkens von den preußischen Kameralisten bis zu Justi und Sonnenfels prägte.

3. Christian Wolff (1679 - 1754)

Wolffs naturrechtlich orientierte Staatslehre sollte die geistige Grundlage für die praktische Wohlfahrtspolitik des Aufgeklärten Absolutismus werden. Wie seine Vorgänger – Pufendorf und stärker noch Thomasius – hat auch Wolff kein teleologisch geprägtes, von Hoffnung durchdrungenes optimistisches Menschenbild. Damit korrespondiert eine Einengung des Polizeigedankens, indem Polizei nun die „vernünftige Pflicht" des Monarchen ist, den „verderbten" Untertanenverstand zur Vernunft zu bringen. Im Laufe des Wandels von der Polizei als „guter Ordnung" zu einer Engführung des Begriffes „Polizei" als „Hüter der Ordnung" hat Wolff den entscheidenden Schritt getan. Bei ihm ist Polizei nun ganz im Sinne des neueren Polizeigedankens Instrument der Herstellung, Durchsetzung und Sicherung guter Ordnung.

Wolff ging bei der Formulierung seines Naturrechts davon aus, daß der Mensch im wesentlichen vernünftig sei und daß er sich nur in der Gemeinschaft entfalten könne. Hier knüpft Wolff an die aristotelische Tradition des zoon politikon an; allerdings mit einer wesentlichen Einschränkung: Die Gemeinschaftsfähigkeit und -willigkeit des Menschen sind nicht konstitutiv auf die Gemeinschaft bezogen. Nicht weil Gemeinschaft bereits da ist, ist der Mensch gemeinschaftsfähig, sondern die Disposition zur Gemeinschaft entspringt aus der spezifischen Problematik des Menschen als Gattung, unvollkommen zu sein. Vollkommenheit ist nach Wolff dann auch jedes Ziel der Vergemeinschaftung bzw. der Vergesellschaftung; im Dienste seiner Vervollkommnung stehen die Pflichten des Menschen.

Die Realisierung der Vollkommenheit ist nicht nur an die Gemeinschaft gebunden;[18] sie allein ist überhaupt nur in der Lage, die Vollkommenheit zu definieren und die Komplementarität und das Aufeinanderbezogensein von Individual- und Allgemeinwohl zu erkennen. Eine Kollision von Individual- und Gemeinwohl ist undenkbar, denn die Gemeinschaft ist allein zum Zweck

---

[18] Zum allgemeinen Staatszweck *Wohlfahrt* und zum besonderen Staatszweck der Vollkommenheit vgl. *Stipperger,* insbes. 81ff.

der Förderung des Gemeinwohls als Inbegriff und Voraussetzung allen individuellen Glückes geschaffen worden.

Aus der Sicht der gesellschaftlichen Arbeitsteilung – so Wolff – muß der einzelne in der Partialität seines gesellschaftlichen Lebens zu einer zwangsläufig beschränkten Sichtweise des allgemeinen Wohls kommen. Niemand kann aufgrund der Komplexität der gesellschaftlichen Verhältnisse aus der Sicht seiner Lebenslage die Dinge umfassend begreifen; so auch der Untertan nicht, der sich um sein individuelles Glück sorgt. Von daher kann er auch den Bezug seines individuellen Glückes zum Gemeinwohl nicht mehr erkennen. Damit ist sein Beitrag zur Erreichung des Gemeinschaftszweckes auch nicht von ihm entscheidbar. Zwar legt die naturrechtliche Pflichtenlehre auf, alles zu tun, damit der Gemeinschaftszweck erreicht werden kann, auf der anderen Seite wird aber erheblich bezweifelt, ob „der gemeine Mann“

> „Verstand genug hat zu urteilen, was dienlich oder schädlich ist, weil er nicht weit genug hinaus siehet, noch auch in der Tugend und Liebe so fest gesetzet ist, daß er seinen vermeintlichen besonderen Nutzen in sich ereignenden Fällen dem gemeinen Besten nachsetzet“.[19]

Abgesehen von der mehr natürlichen Unfähigkeit zur Pflichterfüllung, die eher aus dem Unverstand herrührt, sieht Wolff eine weitere Gefahr im Unwillen, ja sogar in der bösen Absicht, die Pflicht nicht erfüllen zu wollen.

> „Denn das Laster ist entweder im Verstand oder im Willen.“[20]

Deshalb reichen natürliche Regeln und die mit ihnen verbundenen Sanktionen nicht mehr aus. Vielmehr bedarf es eines Sanktionsmechanismus, der sich nun aber nicht mehr aus dem Naturrecht und der ihm immanenten menschlichen Teleologie ableitet, sondern der im Telos des Staates als juristische Person begründet ist. Der Staat hat nicht nur die Möglichkeit eines eigenen Telos, er hat sogar die Fähigkeit, seine Vollkommenheit selbst zu schaffen, die sich manifestiert in der Vollkommenheit aller Individuen. Die Hypostasierung des Staates als vollkommenes Wesen muß bei gleichzeitiger Einsicht in die menschlichen Schwächen und Unvollkommenheiten zu einem eingeengten Polizeibegriff führen, der sich durch die Disziplinierung und Reglementierung des gesellschaftlichen Lebens auszeichnet;

> „das Eingeständnis, daß die meisten Menschen zur Erkenntnis des natürlichen Gesetzes unfähig oder unwillig sind, macht es möglich, die Realisierung der Vollkommenheit weiterhin an die freie menschliche Bereitschaft zum Guten zu binden“.[21]

Diese Fähigkeit zur Erkenntnis verlagert sich auf den Staat als das höchste sittliche Wesen, verkörpert im Monarchen. Die Verlagerung der Erkenntnisgewinnung macht es der Regierungsgewalt bei Durchsetzung ihrer eigenen Inter-

---

[19] *Chr. Wolff,* Vernünfftige Gedancken, § 253.

[20] *Chr. Wolff,* Gesammelte Schriften, § 4.

[21] *J. Brückner,* 219.

essen eher schwer als leicht, sich bei der Definition und Durchsetzung des Gemeinwohls auf das für den Gemeinschaftszweck Relevante zu beschränken.

Das Glück des einzelnen liegt in der sozialen Gruppe eingebettet; nur in Beziehung zum Nächsten kann das Individuum sein Glück realisieren. Wenngleich die Vollkommenheit des Staates die beste Voraussetzung zur Realisierung des Gemeinwohles und des interesse privatum ist, so ist doch das Staatswohl nicht identisch mit dem Gemeinwohl bzw. mit dem individuellen Glück. Da aber der Staat das Mittel der Verwirklichung individueller Glückseligkeit ist, muß er natürlich so eingerichtet sein, daß die Entfaltung des einzelnen nicht gefährdet und somit die vernünftige Entfaltung des Menschen durch Recht und Gesetz gesichert ist.[22]

Sorgfältig – und in diesem Punkt seinen Zeitgenossen weit voraus – unterscheidet Wolff zur Begründung seines Wohlfahrtsverständnisses sehr differenziert zwischen verschiedenen Erscheinungsformen der Wohlfahrt. Neben bonum publicum und bonum privatum unterscheidet er bonum commune, bonum communionis, bonum civitatis, bonum publicum, salus publica, salus populi, salus societatis, perfectio societatis.[23] Die Unterscheidung nach theologischen, philosophischen, sozialen und politischen Begründungen und Definitionen des Gemeinwohlbegriffes täuscht allerdings nicht darüber hinweg, daß das Phänomen Wohlfahrt in der Praxis so nicht unterscheidbar war und ist, so daß es im Zuge der Staatsphilosophie des Aufgeklärten Absolutismus doch zu einem Spannungsverhältnis von bonum commune und interesse privatum kam und das Staatswohl mit dem Individualwohl in Verhältnis gesetzt wurde, wobei die Unterscheidung zwischen Staatswohl und Gemeinwohl im Zuge der Ausdehnung staatswirtschaftlicher Interessen im Aufgeklärten Absolutismus hinfällig wurde bzw. die Verwaltung die Vermittlung von Gemein- und Staatswohl übernahm.

Der Staat – ursprünglich gedacht zur Vervollkommnung des Menschen – wird eingeführt, damit der Mensch „desto bequemer denen natürlichen Pflichten ein Genüge tun kann und darinnen nicht von anderen gehindert wird, die dawider handeln".[24]

Der Staat degeneriert in diesem Prozeß genauso zur Wohlfahrtsanstalt, wie seine Untertanen zum Spielball gouvernalen Handelns werden. Das Gemeinwohl wird zum Ausdruck infrastruktureller Entscheidungen, zum Inbegriff aller Maßnahmen zur Förderung eines guten, sicheren und bequemen Lebens ohne ordnungspolitische Einbindung. Das Gemeinwohl geht zwar über das Individualwohl hinaus, dieses geht aber nicht mehr umgekehrt im Allgemeinwohl auf. Im Notfall wird das interesse privatum im Sinne des bonum com-

---

[22] Vgl. *M. Thomann,* 248ff., 254ff.

[23] Vgl. *Chr. Wolff,* Jus Naturae, Bd. I, § 171, Bd. VII, §§ 11 - 13 und 24, Bd. VIII, §§ 9 - 23.

[24] *Chr. Wolff,* Vernünfftige Gedancken, § 227.

mune repressiv erzwungen, strukturell angepaßt. Das Gemeinwohl ist jetzt ganz auf den Staat bezogen und von seiner Zustimmung abhängig.

> „Tue, was die Wohlfahrt der Gesellschaft befördert; unterlass, was ihr hinderlich oder sonst nachteilig ist."[25]

Dieser Satz wird zur Legitimationsgrundlage eines umfassenden staatlichen Erziehungs-, Disziplinierungs- und Reglementierungsprozesses.

> „Die ‚Vollkommenheit' wird zum naturrechtlichen Blankoscheck, der jede Staatstätigkeit deckt."[26]

Damit hat das Individuum alle seine die eigene psychosoziale Entwicklung prägenden, identitätsstiftenden Merkmale und Eigenschaften als Voraussetzung von Individualität aufgegeben. Sie werden zu Voraussetzungen des allgemeinen Wohlergehens und des Gemeinwohles erklärt; die allgemeine Vollkommenheit führt zu repressiven und restriktiven Beschränkungen der eigenen Lebenssphäre.[27] Den Individuen wird keine Chance gegeben, sich neben oder gar außerhalb des staatlichen Zugriffes zu entfalten, sich diesem also zu entziehen, selbst dann nicht, wenn ihre Gemeinschaftspflichten erfüllt scheinen. Im Namen der Vollkommenheit ist der obrigkeitsherrscherliche Zugriff total geworden. Nicht nur, daß den Individuen die Chance zur Entscheidung in Freiheit genommen wurde. Sie haben auch keine materiellen oder quasimateriellen Mittel und Handlungsspielräume mehr, diese Entscheidungen zu realisieren.

Selbst die von Wolff zugestandenen unveräußerbaren, angeborenen Rechte müssen hinter der Erreichung des Staatszweckes „Gemeinwohl" zurückstehen.[28] Dies führt dazu, daß er selbst Sklaven Glückseligkeit bescheinigt, wenn das allgemeine Wohl gesichert ist. Gemeines Wohl ist damit nicht mehr Politik für die Untertanen, sondern für den Staat. Das individuelle Glück ist nicht mehr Ziel der Politik, sondern Mittel zum Zweck; die Verpflichtung der Individuen zur Realisierung und Förderung ihres eigenen Glückes wird damit zur Pflicht, das gemeine Wohl zu fördern, auch wenn es gegen das individuelle Glück gerichtet ist. Damit wird das Ziel individuellen Wohles zur Farce.

Konnte Thomasius die Pflichten der Untertanen noch unterteilen in solche, die er „höfliche" Pflichten nennt und solche, die auf positiven Sanktionen beruhen, findet man bei Wolff derartige Unterscheidungen nicht. Für ihn sind Pflichten natur- oder positiv-rechtliche Pflichten. Somit ist die Kontrolle der Erfüllung aller Pflichten dem polizeilichen Zugriff offen; alle Pflichterfüllung bzw. -verletzung ist mit Sanktionen verbunden.

---

[25] Vgl. ebenda, § 465 und §§ 216 - 218.

[26] *J. Brückner*, 221, vgl. *Chr. Wolff*, Vernünfftige Gedancken, § 241.

[27] Vgl. *Chr. Wolff*, Vernünfftige Gedancken, § 276: Dort wird wegen der allgemeinen Vollkommenheit z.B. die Auswanderung des Individuums verboten, wenn diese der Gemeinschaft schadet.

[28] Vgl. dazu *Chr. Wolff*, Grundzüge des Natur- und Völkerrechts, § 1065.

Wohlfahrt nimmt bei Wolff auch immer mehr den Charakter des ökonomischen Wohlstandes an. Ist die polizeiliche Aufgabe innerer und äußerer Sicherheit erst einmal erfüllt, so ist es Ziel der Polizei, eine Wohlfahrt anzustreben, die als ökonomischer Wohlstand identifizierbar ist.

Glückseligkeit ist also nicht mehr Inbegriff, Folge und Ursache eines ordentlichen „guten Lebens"; es ist eher eine äußerliche Bequemlichkeit der Lebensweise, die nun angestrebt wird. Kontinuierliche und bequeme Versorgung mit materiellen Gütern wird zur entscheidenden Voraussetzung von Wohlfahrt; in der Art der Versorgung unterscheiden sich schließlich große und kleine Gemeinschaften; an der Versorgung mit Gütern, die über die Grundbedürfnisse hinausgehen, kann man den Stand des Wirtschaftens von Gemeinschaften erkennen.[29]

Ganz im Sinne wachstumspolitischer Zielsetzungen glaubte Wolff an das Mittel des steigenden Konsums von hochwertigen Gütern zur Sicherung und Vermehrung von Arbeitsplätzen.

> „Wiederum wenn das Geld wohl routieren soll, so müssen auch reiche Leute mehr aufgehen lassen und sich in Essen und Trinken, Kleidung und Wohnung und allem, was dahin gehöret, besser aufführen als andere. Denn dadurch kommet das Geld unter andere, die sonst darben müssen."[30]

Hier verbindet sich die Wolffsche Wohlfahrtspolitik mit kameralistischen und merkantilistischen Elementen der Staatswirtschaft. Um dies näher zu erläutern, muß auf die Einordnung der Wirtschaftspolitik in die Wohlfahrtspolitik bzw. den Staatszweck Wohlfahrt näher eingegangen werden. Dies kann am besten erläutert werden, wenn wir uns den umfassenden Begriff der Wohlfahrt noch einmal vergegenwärtigen.

Wolff verstand unter Wohlfahrtspolitik im weitesten Sinne das, was wir heute Innenpolitik nennen und was ihr sicherlich im damaligen Verständnis von Politik nahekommt, zumal der Wohlfahrtszweck sich aus den damaligen Staatszwecken Friede und Recht herausgebildet hat. Mit Wohlfahrt war zu dieser Zeit all das gemeint, was auf die Rechtsbewahrung (Ruhe und Ordnung) im Inneren gerichtet war, dazu gehört allerdings nicht die in der Tradition der Friedebewahrung stehende äußere Sicherheit.

Ruhe und Ordnung waren für Wolff wichtige Vorbedingungen für die Vervollkommnung des Individuums; das Streben danach habe ich bereits als Ziel der Wohlfahrt charakterisiert. Mit der Ausdifferenzierung des Wohlfahrtszweckes aus den anderen Staatszwecken und der Loslösung vom Rechtszweck wird Wohlfahrt weitgehend Inbegriff aller Maßnahmen zur Förderung von materieller Glückseligkeit, von Gesundheit und Zufriedenheit. Wohlfahrt ist aber auch Inbegriff aller wirtschafts- und arbeitspolitischen Maßnahmen, und

---

[29] *Chr. Wolff,* Vernünfftige Gedancken, §§ 210 - 211.

[30] Ebenda, § 489.

sie ist zugleich auch Erziehungs- und Bildungspolitik. Einem solchen umfassenden Begriff von Wohlfahrt steht ein umfassender Begriff der Vollkommenheit gegenüber: Der Mensch ist vollkommen, wenn er glücklich, gesund, materiell gesichert und vernünftig (aufgeklärt, „gebildet") ist.

Da es um die menschliche Vollkommenheit als Basis des Gemeinwohles geht, nimmt die Gesundheitspolitik bei Wolff im Rahmen seiner Wohlfahrtspolitik einen entscheidenden Platz ein. In ihrem Rahmen geht es um eine ausreichende Versorgung mit Medikamenten und ärztlichen Dienstleistungen[31], mit Krankenhäusern und Apotheken, mit Armen- und Unfallärzten. Wolff entfaltet im Grunde die ganze Palette möglicher strukturpolitischer und infrastruktureller Maßnahmen der Gesundheitsfürsorge; die sozialpolitische Bedeutung liegt in den sozialen Dimensionen der Maßnahmen: die Armen sollen diese Dienste umsonst in Anspruch nehmen können. Gab es damals noch kein Verständnis für die Lage werdender Mütter, so forderte Wolff es nun:

> „Es dürften vielleicht einige meinen, man erfordere gar viel von denen, welche die Aufsicht für die gemeine Wohlfahrt haben; andere werden es gar verlachen, weil sie täglich erfahren, daß man hierauf nicht siehet. Allein ich scheue mich nicht zu behaupten, wozu ich guten Grund habe, es mag üblich sein oder nicht."[32]

Selbst um die Nahrungsvorsorge als Teil der Gesundheitsfürsorge macht sich Wolff Gedanken. Er fordert Vorratswirtschaft und empfiehlt Nahrungsmittel-, insbesondere Fleischkontrollen und Seuchenbekämpfung etc.

Die ersten Arbeitsschutzmaßnahmen dürfte wohl Wolff formuliert haben. Gute Lüftung am Arbeitsplatz vor allem in der Heizperiode, selbst die Straßenreinigung dient der Gesundheit.[33] Arbeitsbeschaffungsmaßnahmen und die Festsetzung der Höchstarbeitsdauer sind in diesem Zusammenhang ebenfalls erwähnenswert.[34]

Schließlich geht es doch um die Kinder und deren Gesundheit und Erziehung. Abhärten als Maßnahmen gegen Krankheit ist Wolffs Devise.[35] Sport zur Körperertüchtigung als Bedingung für die leibliche Vollkommenheit soll von staatlich bezahlten Sportlehrern durchgeführt werden.

> „Es ist aber leicht zu sehen, daß außer den gewöhnlichen Leibesübungen als Reiten, Fechten, Tanzen noch viel andere seyn können, die zum Teil mehr Nutzen als diese haben."[36]

---

[31] Ebenda, § 380.

[32] Vgl. ebenda, § 379; daß ein solches Verständnis nicht vorhanden war, bezeugt seine Auslassung.

[33] Vgl. ebenda.

[34] Vgl. ebenda, § 377.

[35] Vgl. ebenda, § 379; hier geht Wolff nicht so weit wie J. Locke, der im Rahmen seines Vorschlages der Kindererziehung empfahl, Löcher in die Schuhsohlen zu schneiden, um die Kinder gegen durchdringendes Wasser unempfindlich zu machen. (Vgl. *F. A. Brown,* 157.)

Ich habe bereits darauf hingewiesen, daß Wolffs Position der Wohlfahrt ökonomistisch war. Als Sicherung des materiellen Wohlstandes war Wohlfahrt nur auf der Grundlage einer guten Wirtschaft denkbar oder, um die moderne Formulierung abzuwandeln, die die Sozialpolitik der Nachkriegszeit lange beeinflußt hat: Eine gute Wirtschaftspolitik ist die beste Wohlfahrtspolitik. Ganz der merkantilistischen, speziell kameralistischen Position verhaftet, kam es Wolff darauf an, Wohlfahrt an die Geldmenge zu binden und an deren Beschaffung. Geld war Macht, diese These prägt die Wolffsche Konzeption der Wirtschaftspolitik. Wer mehr Geld hatte, hatte als Staat mehr Macht und als einzelner mehr Wohlstand.

Neben dem Edelmetallbergbau sah der merkantilistisch orientierte Staat vor allem in der Populierungspolitik – speziell der Bevölkerungsvermehrung – die geeigneten Maßnahmen der Mittelbeschaffung, und nur unter diesem Aspekt sind auch die anderen wohlfahrtspolitischen, besonders die gesundheitspolitischen Maßnahmen bei Wolff zu verstehen.

Nun hat Wolff diese extrem merkantilistische Position nicht vertreten. Er hatte immerhin das Ziel der Vollkommenheit des Menschen vor Augen, wenn er von solchen Maßnahmen sprach. Schon Hofmann gibt zu bedenken, daß es sich bei Wolff eher um einen sozial orientierten als um einen ökonomistischen Merkantilisten handelte.[37] Auch Frauendienst bestätigt in seinen Überlegungen durchaus, daß das Wirtschaftsleben zunächst nach der Intention Wolffs nicht im Brennpunkt staatlicher Interventionen stehen sollte.[38]

In diesem Zusammenhang ist die Position Röds durchaus bedenkenswert, daß die Naturrechtslehre Wolffs nicht eindeutig in Richtung eines „starken Staates" interpretiert werden kann, dem nur ein unbedingter Untertanengehorsam gegenübersteht. Vielmehr dient die Wolff'sche Argumentation „der Rechtfertigung einer gewissen individuellen Freiheit durch Beschränkung der obrigkeitsstaatlichen Gewalt auf die Verwirklichung des Staatszwecks".[39]

Stipperger[40] hat neuerdings noch einmal auf diesen Sachverhalt hingewiesen und mit Bezug auf Röd dargelegt. Zugleich bedauert er, daß dieser Doppelaspekt der Wolff'schen Naturrechtslehre in der Rezeption Wolffs so wenig herausgearbeitet wurde. Diese Argumentation liegt auf der bereits erwähnten Linie, daß Wolff eben nicht als rein ökonomistisch denkender Merkantilist zu begreifen ist, sondern durchaus in dessen sozialer Variante. Wirtschaft ist noch nicht Instrument und Ausdruck staatspolitischer Macht, wie es für den entfalteten Merkantilismus dann typisch wird. Eher wird die soziale Kompo-

---

36 *Chr. Wolff,* Vernünfftige Gedancken, § 382.

37 Vgl. dazu *R. Hofmann,* 94ff.

38 Vgl. dazu *W. Frauendienst,* 130; ähnlich auch: *Toepel,* 91.

39 *Röd,* 149.

40 Vgl. *Stipperger,* 22f.

nente der Beeinflussung des Wirtschaftsbereiches durch den Staat deutlich, wenn etwa bei Wolff eher der verteilungs- als wachstumspolitische Aspekt zutage kommt: Einschränkung von Preissteigerungen. Unterstützung der Armen und Elenden ist bei Wolff wichtiger als staatlicher Reichtum, vor allem wenn es um die Vollkommenheit des Gemeinwesens geht.[41] Wolff überläßt also gerade im Wirtschaftsbereich nichts den Marktgesetzen. Der Staat hat nicht passiv für eine angemessene Versorgung der Armen zu sorgen, indem er auf die Preise einwirkt, damit die Güter von allen angemessen erworben werden können;[42] er muß auch aktiv zur Gestaltung des Arbeitsprozesses beitragen, so daß die Untertanen durch Arbeit auch wirklich in die Lage versetzt werden, ihren Lebensunterhalt zu verdienen.

Bei Wolff hat diese Forderung noch eine andere zur Folge: Der arbeitsunwillige Bettler (nicht der aus strukturellen Gründen arbeitslose Arme) hat im Wolffschen Staat keinen Platz.[43] Wer nicht arbeiten kann – die Gebrechlichen und Kranken oder die sonstwie Arbeitsunfähigen – soll unterstützt werden. Zu diesem Zweck sind staatliche Stellen einzurichten, die den Armen bestimmte Beträge auszahlen sollen; diese Beträge sollten den Armen garantiert werden können.[44] Arbeit ist bei Wolff das entscheidende gesellschaftliche Integrationsprinzip; von Rente oder Zinsen zu leben, ohne zu arbeiten, ist unerwünscht. Hier steht er ganz in der Tradition des protestantischen Arbeitsethos. Der Staat hat auch für die Kinder armer Leute zu sorgen;[45] er hat nicht nur Waisenhäuser für die echten Waisen zu bauen, sondern diese auch für arme Kinder zu öffnen.

Zur Verhinderung von Armut und Not sind auch präventive Maßnahmen geplant. Getreidespeicher sind zu füllen[46], und um eine ausreichende Holzversorgung hat sich der Staat zu kümmern.[47]

Sogar um die ästhetischen Gesichtspunkte des Bauens soll sich der Staat kümmern, und man gewinnt den Eindruck, daß er um so mehr in die Lebenssphäre seiner Bürger eingreifen soll, je detaillierter seine Aufgaben werden. Ähnlich ist die Erziehungs- und Bildungspolitik als Teil der Wohlfahrtspolitik zu betrachten.

Gerade in der Begründung der Erziehungs- und Bildungsbemühungen der Obrigkeit wird Ziel und Absicht des Aufgeklärten Absolutismus am deutlichsten; gerade hier zeigt die Staatslehre Wolffs ihre ausgeprägtesten Wesenszüge als Staatslehre des Aufgeklärten Absolutismus.

---

[41] Vgl. dazu *Chr. Wolff,* Vernünfftige Gedancken, § 503.

[42] Vgl. dazu *Chr. Wolff,* Jus naturae, Bd. VIII, § 424.

[43] Vgl. ebenda, § 422.

[44] Vgl. *Chr. Wolff,* Vernünfftige Gedancken, § 385.

[45] Vgl. *Chr. Wolff,* Grundsätze des Natur- und Völkerrechts.

[46] Vgl. *Chr. Wolff,* Vernünfftige Gedancken, § 481.

[47] Vgl. *Chr. Wolff,* Jus naturae, Bd. VIII, § 728.

Ging es bei der Gesundheitspolitik um die physisch-mentale Vollkommenheit des Menschen und bei der Wirtschaftspolitik um die ausreichende materielle individuelle und kollektive Sicherheit und um Wohlstand als Teil der Vollkommenheit, so handelt es sich bei der Erziehungs- und Bildungspolitik um die geistig-sittliche Vervollkommnung des Menschen. Erziehung zur Tugend vermittels der Religion – das ist die Formel, auf die sich die erzieherische Staatstätigkeit bringen läßt.

Wolff war wohl der erste Theoretiker, der dem Menschen von Natur aus ein Recht auf Erziehung zugestanden hat.[48] Dem gegenüber steht die Pflicht der Eltern, die im Staat nicht aufgehoben ist; der Staat muß aber im Sinne des Vollkommenheitsprinzips in jeder nur denkbaren Weise bildungsfördernd wirksam werden. Wolff gehört auch zu denen, die die Befürchtung nicht teilen, die Erziehung diene der Einordnung und Anpassung an das Wirtschafts- und Sozialgefüge. Im Gegensatz zu den Frühaufklärern, die gerade in Bildungsfeindlichkeit verharrten, sah Wolff in der Bildung durchaus nicht nur die Vermittlung nützlichen Wissens und notwendiger Grundfertigkeiten, -werte und -techniken, um im gesellschaftlichen Leben bestehen zu können. Bildung ist auch dann sinnvoll, wenn sie nicht gerade zu etwas nützt. Wolff hat auch die Bildung für alle gefordert, eine Forderung, die angesichts der bis dahin nur Oberschichten zugänglichen Bildungseinrichtungen als eine entscheidende Pionierleistung gewertet werden muß. Um dies durchzusetzen, soll der Schulbesuch Pflicht werden, notfalls auch kostenlos sein, damit jeder die Chance der Bildung hat.[49]

Der Staat verhält sich in allen diesen Maßnahmen wie der Vater zu seinen Kindern; dahinter steht die Vorstellung des aus der alteuropäischen Ökonomik abgeleiteten Organisations- und Sozialprinzips des Oikos, der geschlossenen Hauswirtschaft des „Ganzen Hauses“ (Brunner). Der „Hausvätervertrag“ bestätigt diesen Zusammenhang: Das Haus als kleinste Sozialform ist der Bezugspunkt aller Politik, die die Individuen erreicht. Der Hausvater ist Vermittler, Definitor und Garant dieser Politik im Haus, er ist Vertreter des Hauses und des Staates in einem.

Wolff sieht den Staat deshalb als die Summe der Hausgemeinschaften, und darüber hinaus ist er selbst als ein Oikos organisiert. Hier treffen sich die Wolffschen Vorstellungen mit dem kameralistischen Gedankengut. Auch der Kameralismus ging davon aus, daß die Landeswirtschaft sich aus der Summe der Hauswirtschaften ergibt. Dies ist der Ansatz, der bei Wolff zu einer Verbindung von Naturrecht und Ökonomie führt. Nur über die Annahme, daß die Hauswirtschaften insgesamt die Staatswirtschaft ausmachen, kann Wolff behaupten, es sei die naturrechtliche Pflicht des Hauses, im Inneren für das

---

[48] Ebenda, Bd. VII, §§ 430ff. und Bd. VIII, § 253ff. und *Chr. Wolff,* Vernünfftige Gedancken, §§ 81f. *Welzel* hat auf diesen Sachverhalt hingewiesen (vgl. *H. Welzel*).

[49] Vgl. dazu *Chr. Wolff,* Jus naturae, Bd. VII, § 430.

Menschenglück zu sorgen, um so die Voraussetzungen der allgemeinen Vollkommenheit zu schaffen. Damit wird jede Handlung im Haus zu einer Handlung für den Staat, und der Staat leitet seinen Anspruch der Intervention aus diesem Zusammenhang ab.

4. Die Anfänge kameralistischen Denkens – Die Hausväterliteratur

Ich knüpfe mit meinen Überlegungen noch einmal an die Argumentation der älteren Polizeiliteratur an, weil sich daran eine andere Literaturgattung anschließt, die gleichsam ein Bindeglied zwischen der älteren Polizeiliteratur und der kameralistischen Lehre ist. Es geht im folgenden um die Hausväterliteratur[50], die uns ein sich wandelndes Verständnis von Wohlfahrt, Verwaltung und Ökonomie eröffnet, genauer: in der sich der Wohlfahrtsgedanke immer mehr dem Verwaltungsgedanken anzunähern versucht. Wir haben für die ältere Polizeiliteratur festgestellt, daß sie sich im wesentlichen durch die Begründung und Kommentierung einer real sich vollziehenden Ausdifferenzierung des Wohlfahrtsgedankens aus dem Rechtsverständnis „guther Policey“ auszeichnet, und im gleichen Zuge wird diese Literatur bedeutsam im Zusammenhang der literarischen Begleitung des Wandels der „guthen Policey“ von einer Verfaßtheit des Gemeinwesens zur Verwaltung seines Zustandes. Die damit verbundene Hinwendung zur praktisch-organisatorischen Lösung sozialer Probleme und politischer Schwierigkeiten einerseits und die mit der Naturrechtslehre sich entfaltende Rationalität der Herrschaftspraxis führte andererseits zu dieser Literaturgattung, deren besonderer Charakter in die Verfassungs- und Verwaltungsgeschichte, aber auch in die Geschichte der Ökonomie eingegangen ist.

Im Zuge der Lösung realer Probleme wird die Ökonomie zur Lehre von der Agrar- und Hauswirtschaft, wobei sie sich aus der aristotelischen Trias von Ökonomie, Politik und Ethik löst und als Sammelbecken aller praktischen Lehrsätze gilt. So überwiegen am Ende des 17. Jahrhunderts agrartechnologische und -ökonomische, also technische Themen; der Bereich der Ethik und Sittenlehre wird nun an den Rand gedrängt; Fragen der Beziehungen innerhalb des Hauses spielen nur noch eine untergeordnete Rolle. Die Ökonomie im aristotelischen Sinne macht einer praktisch-technischen Agrarlehre Platz, ohne daß der umfassende aristotelische Charakter der Haushaltung (oikos) aus dem Blickfeld geriete. Aber aus der umfassenden Lehre vom Haus wird eine genauso umfassende praktische Agrarlehre; mit ihrer Hilfe legitimiert der Hausvater seine Herrschaft und deren ethische und sittliche Grundlagen.

---

[50] Vgl. *O. Brunner*, „Hausväterliteratur“, 92: „Hausväterliteratur ist die Bezeichnung einer vorwiegend auf deutschem Boden entstandenen und verbreiteten Gruppe von Werken des 16. bis 18. Jahrhunderts, die die Lehre vom Haus mit einer eingehenden Darstellung der Landwirtschaft verbinden“. Vgl. auch *J. Hofmann; S. Frauendorfer; J. Brückner*, 51ff.; *R. Koselleck*, Die Auflösung; *E. Egner; H. Begemann.*

Die aristotelische Tradition begründete ja die Ökonomie als Teil der praktischen Philosophie[51], und als solche hatte sie an der Universität die Lehre vom Oikos vertreten. Nun waren aber die Probleme – vor allem die Folgeprobleme nach dem Dreißigjährigen Krieg – mit derart philosophischen Überlegungen nicht mehr zu lösen. Daher ist die Hinwendung zur praktischen Lösung konkreter – vor allem wirtschaftlicher – Probleme verständlich, und es läßt sich nun begründen, warum diese Agrar- und Hauslehre an der aristotelischen Tradition der Lehre vom Oikos festhält und sie – bei Vernachlässigung ihrer Implikationen – verkürzt als praktische Ökonomie formuliert.

Worin bestand die Verkürzung? Die Ökonomik als die Wirtschaft des Hauses (oikos) meint bei Aristoteles die Herstellung der für die autarke Versorgung notwendigen Produkte; sie bedeutet höchstens noch den Erwerb von Naturprodukten zum Ver- und Gebrauch im Haus. Die eigentliche Erwerbskunst (Chrematistik) zählte für Aristoteles nicht zur Ökonomik, sondern zur Politik. Die Ökonomik als die Lehre vom Haus war aber nicht nur die Lehre von der Hauswirtschaft im engeren Sinn; sie umfaßte auch eine Art Sittenlehre vom richtigen Zusammenleben der Menschen im Haus. So bemerkte Schreber in seiner Geschichte der Kameralwissenschaften:

> „... allein es ist eben bekannt, daß man unter der Oeconomic nur, nach dem Aristoteles, eine Hausdisciplin oder Sittenlehre für Hausväter und Hausmütter, Kinder und Gesinde verstand“.[52]

Sprach also die Ökonomik bei Aristoteles in ihrer Praxis zunächst von einer Sittenlehre und einigen Prinzipien und Regeln der Haushaltsführung, ohne direkte praktische Handlungsanweisungen und Handreichungen zu vermitteln, entstand im Zuge der Bewältigung der Kriegsfolgen nach 1648 auch ein neues Theorie- und Praxisverständnis. Während vor 1648 die aristotelische Tradition der Ökonomik die Technik des „Wie“ negierte und dies als „Sklavenwissen“ (Aristoteles) abtat, ging es jetzt um die nackte Sicherung der ökonomischen Reproduktionsbasis, die in der Tat eine Fülle von neuen Techniken und Ratschläge hervorbrachte und auch benötigte. Vor allem ging es um die Förderung des Agrarsektors, und so entstand eine Fülle von Ratschlägen und von Vermittlungen neuer Methoden der Bodenbearbeitung und -nutzung und der Haushaltsführung allgemein. Ausgerichtet war diese Literatur auf adlige Grundbesitzer und Großbauern, die entsprechende Möglichkeiten der Umsetzung solcher neuen Techniken und des neuen Wissens hatten.

---

[51] Bei Aristoteles ist die Ökonomie Teil der praktischen Philosophie. Als solche war sie als Praxis und Kommunikation im Haus angelegt, nicht jedoch auf Produktion und Verteilung von Gütern. Von daher war sie Herrschafts-, Wirtschafts- und Moral- und Sittenlehre in einem.

[52] *D. G. Schreber,* 10, Anm. b.

Deutlich wurde dies bei J. M. Coler, dem ersten Vertreter dieser Literaturgattung. Dessen Buch[53] wurde zum Standardwerk für fast ein ganzes Jahrhundert, es war der Leitfaden, an dem sich andere Hauslehren orientierten.

Was in ihm enthalten ist, kann als das klassische Panorama der in der gesamten Hausväterliteratur angesprochenen Themen und Problemfelder bezeichnet werden. Danach verhandelten diese Werke

„Überlegungen, die bei Kauf oder Pacht eines Landgutes anzustellen sind, den Hausbau, die religiösen Aufgaben des Hausvaters, das Verhältnis zwischen Hausvater und Hausmutter, ihr Verhältnis zu den Kindern und Dienstboten, ihre häuslichen Tugenden und Laster, ihre Beziehungen zu Freunden, Nachbarn und Armen, Wirtschaftsregeln, Wetterregeln, bringen einen Arbeitskalender, stimmen ein Loblied auf das Landleben an, behandeln die Techniken der verschiedenen Wirtschaftszweige, die häusliche Gesundheits- und Krankenpflege, Schwangerschaft, Entbindung und Wochenbett, die Säuglings- und Kleinkindpflege. Daneben findet sich, in den einzelnen Werken in unterschiedlichem Umfang, eine Fülle von weiterem wissenswertem Material für den Hausvater wie die Lehre von den gewerblichen Techniken, die im Rahmen des Hauses ausgeübt werden (Ziegel- und Kalkbrennen, der Betrieb von Steinbrüchen), Traumdeutung und Astrologie, Empfehlungen für die Aufstellung von Haushaltsrechnungen, ein Briefsteller, Juristisches und Hinweise auf die ‚Raritäten‘ und ‚Curiositäten‘."[54]

Diese Fülle von Informationen, Empfehlungen und Ratschlägen läßt auf die umfassende und auf Autarkie hin strebende Hauswirtschaft schließen; kein Bereich kann mehr gedacht werden, der von außen noch notwendig wäre zur Aufrechterhaltung der Hauswirtschaft; kein Bereich auch, der bei der Beschreibung des allgemeinen gesellschaftlichen Lebens im Haus vergessen worden wäre.

Wichtig sind diese Überlegungen zur Bedeutung der Hausväterliteratur aber vor allem deshalb, weil die Kameralisten das Haus als den Kern und das Leitbild für den Staatsoikos gesehen haben. Als eine vom Haus auf die Staatswirtschaft übertragene Lehre wird sie nicht nur zum herrschaftssichernden Bindeglied von Hausvater und Regent. Vielmehr wird durch die Hausväterliteratur deutlich, daß sich das gute hausväterliche Regiment auch für den Staat nur über die Ökonomie – speziell über die Agrarökonomie – begründen ließ.[55]

---

[53] Oeconomia oder Hausbuch *J. M. Coleri.*

[54] *J. Brückner,* 53.

[55] Wie die Landes- und Staatswirtschaft als eine erweiterte Hauswirtschaft begriffen wird, beschreibt einer der frühen österreichischen Kameralisten, W. v. Schröder, so: „Ein Fürst ist gleich einem Hausvater. . . . Nun muß ein Hausvater seinen Acker düngen und pflügen, will er etwas davon ernten. Die Teiche muß er mit guter Brut besetzen, will er zu seiner Zeit fischen. Das Vieh muß er mästen, will er es schlachten, und die Kühe muß er wohl füttern, wann er will, daß sie sollen viel Milch geben. Also muß der Fürst seinen Unterthanen erst zu einer guten Nahrung helffen, wann er etwas von ihnen nehmen will." (*W. v. Schröder,* Fürstliche Schatz- und Rentkammer, zit. nach W. Roscher, 295.)

Damit konstituiert sich das für die Hausväterliteratur so typische und wichtige Verhältnis von guter Ökonomie und guter Verwaltung, von gutem Regiment (Herrschaft), guter Ökonomie (Haushaltung) und Wohlfahrt. Entscheidend ist dabei, daß sich das gute hausväterliche Regiment – die Herrschaft – nur über die gute Ökonomie und deren Verwaltung konstituieren und legitimieren konnte.

Der für die heutige Sozialpolitik konstitutive Zusammenhang von Ökonomie und Bürokratie und Ökonomie und Wohlfahrtsvermittlung kann also in der Hausväterliteratur als strukturell angelegt betrachtet werden. Es geht um die Verbindung von ökonomischer und bürokratischer Rationalität, um das Prinzip des Beherrschens durch Berechnen, das in der Praxis des hausväterlichen Regimentes ebenso wie in der Literatur vorweggenommen wird.

Entscheidender Unterschied zur älteren Polizeilehre ist dabei die Betonung der Ökonomie für die Wohlfahrt. Nicht die Realisierung einer „guthen Policey“ als guter Verfaßtheit des Gemeinwesens, sondern eine „gute Ökonomie“ ist die wesentliche Voraussetzung für Wohlfahrt. Gerade die Bedeutung der Ökonomie und das Bemühen der Kameralisten, diese aus dem Oikos heraus zu begründen, führt zu einem Ökonomismus der Behandlung und Lösung sozialer und politischer Probleme, die über die preußische Kameralistik hinausführte und das Denken und Handeln heutiger Sozialpolitik bestimmt. Dabei wird die Ökonomie zur vermittelnden Kategorie zwischen Verwaltung und Wohlfahrt und zwischen bonum commune und interesse privatum.

Indem die Verwaltung sich der Wohlfahrtsförderung annimmt und in Erfüllung dieser Aufgabe das individuelle Glück im Sinne eines Gemeinwohles ökonomisch diszipliniert, wird sie zum Vermittler von Individualwohl und bonum commune, aber auch zum „Handlanger“ ökonomischer Ziele und Interessen.

5. Die Systematiker der Ökonomie – Anastasius Sincerus (um 1700) und Julius B. v. Rohr (1688 - 1742)

Die Systematiker der Ökonomie verstehen sich noch in der Tradition der Hausväterliteratur, die als der unwissenschaftliche Vorläufer der kameralistischen Lehren bezeichnet werden kann. Die Hausväterliteratur konstituiert mit ihren Prämissen die kameralistische Theorie, ist aber keine Theorie. Die Konzentration auf den Oikos bedingt, daß sie sich als praktische Lehre durchsetzt und sich auch bei der Übertragung auf die Staatswirtschaft als solche versteht, daß aber mit der zunehmenden Ausdehnung der Wirtschaft, Verwaltung und der Aufgaben im Rahmen der Herstellung „guther Policey“ ein Systematisierungsbedürfnis entstand, das diese Lehren dann zu wissenschaftlichen machte.

Die Systematisierung bezog sich zunächst auf die Ökonomie, wirkte sich aber aus auf die Verbindung von Ökonomie und Verwaltung. Zentraler

Gedanke ist die verwaltende Wirtschaft, die Verbindung von Wirtschaft und Herrschaft über den Weg der Ökonomie in Verbindung mit der Verwaltung. Verwaltung ist mit Herrschaft verbunden, „weil durchgehends fast mit Dirigierung des Policey-Wesens zu tun hat".[56] Nun wird bei Sincerus ein Gedanke aus der Ökonomie abgeleitet, der für die Entwicklung der Ökonomisierung der Sozialpolitik zentrale Bedeutung hat: Er unterscheidet eine Staatsökonomie von einer (mehr privaten) Herrscherökonomie, und er weist der Staatsökonomie (als dem Policeywesen) die Rolle der Wohlfahrtsförderung zu. In einer Phase, wo sich die preußische Verwaltung zu einem der effizientesten Behördenapparate ihrer Zeit entwickelte, mußte dieser Gedankengang auf fruchtbaren Boden fallen. In der Tat paßte es in das Verwaltungsdenken hinein, daß die oeconomia publica die Sorge eines Gemeinwesens für seine Wirtschaft ist, weil damit jene bereits angesprochene ökonomische Disziplinierung des Untertanen im Sinne des Gemeinwohles durch die Verwaltung möglich wurde. Denn bei der Trennung von oeconomia publica und fürstlichem Wohl wurde auch das Gemeinwohl einem Rationalisierungsprozeß unterzogen, in dessen Verlauf es sich dem Zugriff des Fürsten wie dem Verfassungsgedanken der „guthen Policey" gleichermaßen entzog.

Die Systematiker der Ökonomie stehen nicht nur an der Schwelle von der Hausväterliteratur zum Kameralismus. Sie prägen auch die preußische Kameralistik. Neben Sincerus ist Rohr[57] als ihr namhaftester Vertreter zu nennen. Beide sind an der stärkeren Beachtung der Ökonomie an den deutschen Universitäten des beginnenden 18. Jahrhunderts maßgeblich beteiligt gewesen.

Der Begriff der Ökonomie wird bei beiden in umfassender Weise verstanden. Einmal geht es bei der Ökonomie um die Technik des Erwerbes und um den Erwerb selbst, zum anderen verstehen sie unter der Ökonomie in erster Linie ihre Verwaltung, also die vom Haus über die Stadt bis zum Staat reichende „Haushaltskunst". Die Bedeutung des Ökonomiebegriffes lag also ursprünglich in der Linie, die einerseits von der Hauslehre über die Agrarlehre führte, die die landwirtschaftliche Produktion, den Handel und die Polytechnik umfaßte, also im Sinne der Erwerbslehre begriffen werden mußte. Auf der anderen Seite führte sie von der Hauslehre zur Haus*haltungs*lehre, die dann zum „Haus" im umfassenden Sinne des „Oikos" und der Haushaltungskunst bzw. zur Kammer- und Landwirtschaft des fürstlichen Hofes führte.[58]

---

[56] *A. Sincerus,* 7; Das Werk „Project der Oeconomie" entstand unter diesem Pseudonym; die Lebensdaten und der wirkliche Name sind nicht bekannt (vgl. *Zedler,* Band XXXVIII, Sp. 1598).

[57] *J. B. v. Rohr,* Vollständiges Hauswirtschaftsbuch; *ders.,* Einleitung zur Staatsklugheit.

[58] J. Brückner hat auf die Bedeutungsgeschichte aufmerksam gemacht und zu Recht dargestellt, daß die Ökonomie nicht den Wandel von der Hauslehre über die Wirtschaftslehre zur Wirtschaftslehre überhaupt durchgemacht hat, sondern den beschriebenen Wandel über die Hauslehre als landwirtschaftliche Lehre. Sie bezieht sich dabei auf *Stoltenbergs* Arbeit „Soziologie als Gruppwissenschaft", Stoltenberg, 102,

Der Staat als ein großer Haushalt – dieser Gedanke erinnert uns an die Probleme der Hausväterliteratur, mit der Übertragung der Hauswirtschaft auf die Staatswirtschaft fertig zu werden. Allerdings macht sich der Unterschied sofort bemerkbar. Die Autoren begreifen den zum Staat ausgedehnten Fürstenhaushalt nicht so sehr als konstitutiven Kern des Staatshaushaltes. Vielmehr sehen sie die Staatswirtschaft eher von der „Gemein" her. Dieser Ansatz steht in der naturrechtlichen Tradition und erinnert an Aristoteles: Das Haus ist Schlüsseleinheit und Teil des Ganzen zugleich; nur aus dem Haus heraus ist – in der Zusammenfassung aller Hausgemeinschaften – das Gemeinwohl zu definieren. Von wem und wie auch immer das Gemeinwohl sonst definiert wird: in Blick auf die Ökonomie – als ökonomischer Wohlstand – entzieht es sich der Definitionsmacht des Fürsten und gehorcht den ökonomischen Gesetzen des Reichtums an Ressourcen, d.h. an zeitlichen Gütern.

Polizei als Verwaltung verstehen die Systematiker der Ökonomie zwar im Sinne umfassender Sorge um die Glückseligkeit der Bürger, aber letztlich wird diese Sorge auf die wirtschaftlichen Belange reduziert. Gleichzeitig wird die Ökonomie zur zentralen Begründung für jedwede und umfassende Disziplinierung der Untertanen, indem sie auf alle Lebensbereiche übergreift. Die Durchdringung der Lebensverhältnisse mit dem Geist der Bürokratie wird synonym mit der Durchdringung der Lebensverhältnisse mit dem ökonomischen Geist und verdichtet sich zum Prinzip des Beherrschens durch Berechnen.

Die materielle Glückseligkeit, die sich hier im übrigen gut einordnen läßt in das, was in der praktischen Philosophie Aristoteles als „gutes Leben" bezeichnet wird, wird so zum Fokus allen Verwaltungshandelns; die Polizei degeneriert in diesem Prozeß zur Verwaltung des Glückes der Untertanen, bzw. der ökonomischen Rahmenbedingungen, unter denen sie ihr Glück zu realisieren haben. Alles, was die Polizei (Verwaltung) des Territorialstaates bereits aus dem Begriff der „guthen Policey" und darüber hinaus an Aktivitäten und Zielen ableitete, wurde nun zum Ausgangspunkt der materiellen Sorge um das Glück der Untertanen. Glück wurde zum Inbegriff aller Maßnahmen der Wirtschafts- und Innenpolitik.

Der entscheidende Punkt ist dabei, daß sich nun die Verwaltung mittels eines derartigen Aufgabenkatalogs des Wohlfahrtsgedankens bemächtigen konnte, um ihn auf der Ebene der Ökonomie zu rationalisieren. Hier ist erklärbar, warum gerade die Verbindung von Ökonomie und Verwaltung für die Sozialpolitik so bedeutsam ist. Denn nur über die ökonomische Rationalisierung des Wohlfahrtsgedankens konnten sich die Verwaltung und die Ökonomie in ihrem Handeln und Denken annähern. Dabei verliert der Wohlfahrtsgedanke freilich seine natürliche Bezogenheit auf den Verfassungszweck

---

Anm. 14. Vgl. auch: *Ders.,* Zur Geschichte des Wortes Wirtschaft, 556ff.; vgl. *J. Brückner,* 55f.

der „guthen Policey“ und wird Verwaltungszweck. Allgemeine Glückseligkeit reduziert sich auf das ökonomische Glück, auf das Vermögen über zeitliche Güter. Ganz in der aristotelischen Tradition des „guthen Lebens“, verstehen die frühen Kameralisten bereits das Glück als die zeitliche Wohlfahrt und reduzieren es auf die Rahmenbedingungen von Wohlfahrt: auf die Herstellung von Ruhe und Ordnung, auf die Sicherung des Zustandes des Gemeinwesens. Im Fächerkanon von Ethik und Politik übernimmt die Ökonomie den Bereich der zeitlichen Wohlfahrt, des individuellen, konkreten Wohlstandes, und sie wird zur Voraussetzung eines allgemeinen Wohlstandes. Hier deutet sich bereits an, was bei den Vollendern der kameralistischen Lehren als Vermittlung von Individualwohl und bonum commune verstanden wird.

6. Der preußische Kameralismus zwischen Ökonomie, Verwaltung und Wohlfahrt

Auf dem Wege zur Intensivierung des Verhältnisses von Ökonomie und Verwaltung einerseits und Ökonomie und Wohlfahrt andererseits spielte die praktische Kameralwissenschaft Preußens und Sachsens eine wichtige Rolle, zumal beide mit der Geschichte der sozialpolitischen Institutionen des Kaiserreiches und der späteren Phasen der Sozialpolitik verbunden sind. Es geht aber auch um die Bedeutung, die die preußischen Kameralisten im Zeichen des Aufgeklärten Absolutismus in ihrer Beziehung zu Justi und Sonnenfels haben. Dabei stehen die preußischen Kameralisten eher für die praktische Kameralistik, während der Sachse Zincke eher die Theorie vertritt.

Die preußische Kameralwissenschaft steht ganz im Zeichen der Aufklärung und des Naturrechts. Ihr Aufstieg zur Staatslehre des Aufgeklärten Absolutismus hat unterschiedliche Gründe, und die Tatsache, daß der aufgeklärte Staatsgedanke vom Naturrecht beeinflußt und getragen wird, ist ein wichtiger, wenngleich kein hinreichender Grund für die Bedeutung der kameralistischen Lehren Preußens zu Beginn des 18. Jahrhunderts und später.

Christian Wolff hat zwar die philosophischen Grundlagen für die Staatslehre des Aufgeklärten Absolutismus formuliert, aber Gasser, Dithmar und Zincke – alle Inhaber der neugegründeten kameralistischen Lehrstühle an deutschen Universitäten – waren die Begründer einer praktischen Kameralistik; Gasser und Dithmar in Preußen, Zincke in Sachsen. Gasser und Dithmar waren es, die Preußen zu einem Zentrum kameralistischen Denkens machten und den preußischen Kameralismus als Musterbeispiel wissenschaftlicher und praktischer Staatswirtschaftslehre hinstellten.

Unter Friedrich-Wilhelm I. entstehen 1724 in Halle und Frankfurt/Oder die ersten kameralistischen Lehrstühle.[59] Daß sie gerade unter diesem wirtschafts-

---

[59] Sie wurden besetzt von Gasser und Dithmar, später in Rinteln durch Fürstenau. In Sachsen bildete sich unter Zincke das Zentrum kameralistischer Vorlesungen, ohne daß

pragmatischen preußischen König eingerichtet wurden, leuchtet ein, aber es sind auch noch andere Gründe dafür ausschlaggebend, daß sich ausgerechnet in Preußen solche Lehren etablieren konnten.

1. Ein vordergründiger Erklärungsversuch wäre zunächst, daß kameralistische Lehren in der Zeit bis 1740 selten sind; Preußen kann zwar auf einige Vertreter der Hausväterliteratur zurückschauen; auch an Polizeilehren gibt es einige, aber Seckendorff und Osse, um Beispiele zu nennen, waren keine Preußen. Diese Lehrstühle entstehen im Zusammenhang mit der Entwickung einer straffen Behördenorganisation in Preußen, die an Effizienz seinerzeit ihresgleichen suchte. Der „Fehlbedarf" an notwendigen Theoretikern für diese Entwicklung sollte damit gedeckt werden.
2. Ich habe auf die Tradition der kameralistischen Lehren aus der Hausväterliteratur aufmerksam gemacht; insbesondere habe ich darauf hingewiesen, daß es gerade die praktische Agrarlehre in Verbindung mit der Haushaltskunst war, die die Hausväterliteratur dafür prädestinierte, den Zusammenhang von Ökonomie und Verwaltung weiter zu entfalten. Die besondere Wirtschaftsstruktur Preußens als Agrarland war für die Entwicklung dieser Lehre in Richtung auf den Kameralismus also eine gute Voraussetzung.

Hervorstechendstes Merkmal der Agrarverfassung Preußens war der Domänenbesitz des Staates. Auf ihn stützte der preußische Staat nicht nur seine Fiskalpolitik, sondern auch seine gesamte Sozialfassung. Da der Staat an einer möglichst effektiven, wirtschaftlich ertragreichen und dem Gesamtinteresse dienenden Domänenwirtschaft interessiert war, bezog sich sein Einfluß auch auf die gesamte Verfassung und Verwaltung der Domäne im einzelnen und aller Domänen.

Die Bedeutung der Domäne lag also in zwei Bereichen. Der eine Bereich war der der wirtschaftlichen Verwaltung, die ohne Zweifel agrarökonomische wie agrartechnische Kenntnisse und Fähigkeiten erforderte. Die zweite – abgeleitete – Bedeutung ist ebenfalls wichtig: Eben weil diese Domänen wirtschaftlich wichtig für den Erhalt des Staates waren, weil sie gut verwaltet werden mußten, wurden sie zur entscheidenden Wirtschafts-, Sozial- und Verwaltungseinheit, und als solche wurden sie zum Paradigma der Verbindung von ökonomischer und bürokratischer Rationalität. Sie wurden zum Vorbild für den Staat und dessen Organisation und Struktur per se. Ganz im Sinne der Hausväterliteratur kam es darauf an, ein gutes Regiment zu führen, also eine gute Wirtschaft mit einem guten Haus zu verbinden, und nur so ist auch ein Staat zu regieren. Wie es der „Hausvätervertrag" zwischen Hausvater und Regent wollte, verstand sich der Hausvater/Domänenverwalter als Beamter des Königs, und in der Tat waren diese Verwaltungsstellen wie Ämter ausge-

---

bereits ein entsprechender Lehrstuhl eingerichtet wurde. Zusammenfassend berichtet davon *D. G. Schreber* (vgl. *H. Maier,* Staats- und Verwaltungslehre, 177f.).

stattet: Der Domänenverwalter besaß nicht nur wirtschaftliche Kompetenz, sondern auch alle politischen Hoheitsrechte. Die Verbindung von Wirtschaft und Verwaltung wird so zu einer Verbindung von Herrschaft und Wirtschaft, von bürokratischer und ökonomischer Rationalität.

> „Die Domäne war in ihrer Verquickung von ökonomischen, kameralistischen und polizeilichen Befugnissen das Modell der preußischen Verwaltung, denn allein hier drang diese Verwaltung, die sonst in der Stadt beim Steuerkommissar und auf dem Land beim Landrat aufhörte, bis zur untersten Stufe durch. Die Ausstattung gesellschaftlicher Zwischeninstanzen, die in den übrigen Landesteilen keineswegs geglückt war, war hier verwirklicht, damit aber auch das unmittelbare Befehls- und Gehorsamsverhältnis, auf das eine effiziente Verwaltung angewiesen war."[60]

So stützt sich also die ältere Staatsverwaltungslehre in Preußen auf den Agrarstaat, und so ist es zu verstehen, daß auch der Kameralismus in Preußen seine Erfahrungen mit der Domäne zu Schlüsselerfahrungen von Verwaltung schlechthin machte. Unter dieser Prämisse müssen die Arbeiten insbesondere von Gasser, dann auch von Dithmar und Zinke gesehen werden.

Ich habe bereits darauf hingewiesen, daß die Universitäten einen Politikunterricht boten, der zwar an die aristotelische Tradition anknüpfte, mit dem aber die konkreten politischen und sozialen, vor allem die wirtschaftlichen und finanzpolitischen Fragen nicht zu lösen waren. Zwar konnte sich die aristotelische Tradition bis ins 19. Jahrhundert halten, und auch die auf Aristoteles zurückgehende zweifache Begründung des Staates auf Selbsterhaltung und Wohlfahrtsförderung blieb lange für die ältere Staatsverwaltungslehre ein zentraler Gedanke. Für die preußische Verwaltung war diese doppelte Begründung des Staates wesentlich, und sie spiegelte sich ja auch letztlich wider in Beziehungen von Verwaltung und Wohlfahrt, von Staatsräson und Eudämonie, die für die zentralen kameralistischen Lehren in Preußen konstitutiv waren. Seit Seckendorffs „Fürstenstaat" galt diese Aufteilung für alle Staatsverwaltungslehren, die nach ihm den Zusammenhang von Wohlfahrt und Verwaltung formulierten.

Dieser Gedankengang ist für die folgenden Ausführungen relevant. Die Hinwendung der Kameralisten zur Praxis der Verwaltung, also der Verwaltung des Zustandes, der die Selbsterhaltung des Staates sicherte, hatte auch Auswirkungen auf den anderen Bereich, die Wohlfahrtsförderung. Wo also das aristotelische Erbe in den kameralistischen Lehren durch die Dominanz der Praxis nicht mehr zur Sprache kommt, sei an Seckendorffs Zusammenhang von ars administrativa und ars constitutiva erinnert, mit der er nach der „richtigen Staatsverwaltungslehre" fragt und sich für die ars administrativa entscheidet.

---

[60] *J. Brückner*, 66.

7. Die preußischen Kameralisten – S. P. Gasser und J. Chr. Dithmar

a) Simon Peter Gasser (1676 - 1745)

Die Staatslehre Gassers steht ganz in der Tradition der Domänenwirtschaft. Der Titel seiner Hauptschrift verrät bereits seine Intention: es geht um die „Oeconomischen, Politischen und Cameralwissenschaften . . . von der Domänen oder Cammer – auch anderen Gütern, deren Administration und Anschlägen".[61]

Die Kameralisten – vor allem Gasser – verhandeln nicht sehr viel andere Inhalte als die Hausväterliteratur. Es geht um eine insgesamt gute ökonomische Grundausbildung in Agrartechnologien, Bergbau, Forsten, außerdem um die richtige Anwendung dieser Kenntnisse in der Praxis im Sinne guter Bewirtschaftung des Bodens und der Haus- und Hofwirtschaft, und dies kann man in unterschiedlicher Detailliertheit bei den einzelnen Autoren immer wieder finden. Dabei wird immer wieder vermittelt, daß eine gute Verwaltung eine *ökonomisch* gute Verwaltung ist; ökonomische und verwaltungstechnische Fragen gehen ineinander über, andererseits lassen sich aber auch verwaltungstechnische und verfassungsmäßig zu behandelnde Fragen nicht voneinander trennen, so daß Verwaltung als Zustandsverwaltung, Herrschaft und Ökonomie als gute Bewirtschaftung ineinander übergehen.

Gasser kann diesen Zusammenhang nur deshalb so problemlos formulieren, weil er von der Hauswirtschaft ausgeht. In der Tat ist diese Verbindung nur am Modell der Haushaltung im aristotelischen Sinne nachzubilden, wie es auch die Hausväterliteratur formuliert. Zwar hat die alte Ökonomie des Oikos nicht mehr diese leitende Funktion, aber das Verhältnis von Herrschaft und Verwaltung und von „Haushaltungskunst" und Wirtschaft beginnt sich neu zu ordnen, ohne daß der entscheidende Punkt – die Beziehung von Herrschaft, Ökonomie und Verwaltung – aufgegeben worden wäre. Vielmehr formiert sich für das Territorium diese alte Verbindung zu einer neuen Trias von Ökonomik (Technologie), Polizei (Volkswirtschaftslehre, Verwaltung) und Kameralistik (Finanzwissenschaft) und firmiert unter dem Begriff des Kameralismus. Dabei ist für diesen Sachverhalt interessant, daß innerhalb dieser Trias nun die Polizeiwissenschaft die Lehre davon ist,

> „wie das innerliche und äußerliche Wesen eines Staates zur allgemeinen Glückseligkeit in guter Verfassung und Ordnung zu halten sei".[62]

b) Justus Christoph Dithmar (1677 - 1737)

Gassers Zeitgenosse und Kollege J. Ch. Dithmar[63] hebt den Zusammenhang von Policey-Wissenschaft und Ökonomie sehr viel deutlicher hervor.

---

[61] *S. P. Gasser,* Einleitung.

[62] Ebenda, 5.

[63] *J. Ch. Dithmar,* Entwurf; *ders.,* Einleitung.

Haushaltskunst, Agrarlehre und Technologie, in der Ökonomie vereinigt, sind in dieser Kombination eine wesentliche Bedingung für die Glückseligkeit des einzelnen und für die in der Polizei vereinigten Aktivitäten zu Erhaltung und Schaffung des Allgemeinwohles.[64] So wird die Ökonomie zum Zentrum der um die Glückseligkeit bemühten Wissenschaften und Aktivitäten des Staates. Die Verbindung von Ökonomie und Polizei und die Verdichtung des Prinzips „Beherrschen durch Berechnen" manifestieren sich am deutlichsten in der um die Wirtschaftspolizei erweiterten Verwaltung (Polizei). Damit vermischen sich ökonomische Inhalte und Ziele mit der Polizei (Verwaltung); ebenso sind polizeiliche Aspekte in die Ökonomie übernommen worden. Die Ökonomie beschäftigt sich nun bei Dithmar mit den großen Sozialformen Stadt und Land, und damit kümmert sie sich über die Technologie um die Ordnung der Sozialverbände. Indem die Glückseligkeit nun von einer guten Ökonomie abhängt, eine gute Ökonomie die beste Polizei (= Verwaltung und Verfassung) ausmacht, vermischen sich diese beiden Disziplinen immer mehr; beide finden im Begriff der Glückseligkeit ihren gemeinsamen Bezugspunkt.

> „Die polizeilichen Regeln sind nichts anderes als die mit Zwangscharakter ausgestatteten ökonomischen".[65]

Die Förderung der Wohlfahrt wird zu einer Förderung des Glückes durch wirtschaftspolizeiliche Maßnahmen der Erzwingung guter Einzelwirtschaften. Dithmar beschreibt hier lediglich die Realität unter Friedrich Wilhelm I. In der Tat sind es an den Polizeiordnungen und der praktischen Ökonomie orientierte Maßnahmen, die hier vorgeschlagen bzw. deskriptiv verhandelt werden. Die Wirtschaft wird so auch in der Realität zur Vermittlerin von individuellem Glück und Allgemeinwohl. Über diese Vermittlungsfunktion übt die Wirtschaft Herrschaft aus, so muß sie also hier zur Verwaltung werden, die sich als reinste Form von Herrschaft darstellt; weiterhin muß die Ökonomie zur Verwaltungslehre werden, die rationale Herrschaft legitimiert. Es geht Dithmar nicht so sehr um die Erhaltung „guther Policey" im Sinne des alten Verständnisses von der ungeschiedenen Verfaßtheit des Gemeinwesens. Es geht auch nicht um den Erhalt der Landeshoheit, wie sie bei Seckendorff und vor ihm noch eine zentrale Rolle spielte. Dithmars Verwaltung dagegen ist eine reine Wirtschaftsverwaltung, allerdings mit dem Anspruch auf umfassende Disziplinierung der Untertanen, also mit dem Anspruch, der üblicherweise der Polizei (= Verwaltung) inhärent ist. Denn wenn es der Ökonomie gelingt, über ihren der Polizei immanenten Anspruch umfassender Sorge für das Allgemeinwohl die Untertanen ökonomisch zu disziplinieren, dann muß sie Herrschaft und Technik in sich vereinigen, dann muß sie sich weiter spalten in eine Ökonomie als Inbegriff aller technischen Regeln kleiner Handlungs- und Sozialsysteme einerseits und in eine Ökonomie, die in der Bürokratie aufgeht und über ihre

---

[64] *J. Ch. Dithmar,* Einleitung, 7.

[65] *J. Brückner,* 70.

Institutionen Herrschaft ökonomisch legitimiert und ausübt. So wichtig die Verbindung von Ökonomie und Verwaltung für beide Bereiche in der Zukunft ist, so schwierig und widerspruchsreich ist die Beziehung innerhalb der Kameralistik. Der für die Polizei konstitutive Gedanke, daß die allgemeine Glückseligkeit Inbegriff aller Maßnahmen der Sorge um die Wohlfahrt der Untertanen in allen Bereichen ist, verträgt sich nicht mit den fiskalischen Aspekten der Sicherung und Verwaltung der Einnahmen und Ausgaben, wie sie für die Kameralistik im engeren Sinne wichtig sind. Wohlfahrtsförderung in der Verbindung von Polizei und Ökonomie, individuelle und allgemeine Glückseligkeit als Ziel einer Wirtschaftsverwaltung müssen mit anderen Zielen kollidieren, die ebenfalls der Ökonomie immanent sind: die Förderung der Landeswirtschaft unter fiskalischen und allgemeinen polizeilichen Gesichtspunkten der Schaffung eines guten Zustandes des Gemeinwesens.

Fassen wir zusammen. In der Verbindung von Ökonomie und Polizei, von Haushaltungskunst und Wirtschaft wird bei Gasser und Dithmar nicht nur die Realität und Praxis der preußischen Domänenbewirtschaftung beschrieben, vielmehr wird hier die Möglichkeit eröffnet, über Gebot und Dekret, über Verwaltungseingriffe Untertanen anzuhalten zu arbeiten, sie zu disziplinieren, ihnen konkrete Regeln zu vermitteln und diese an Wertvorstellungen und Normen zu koppeln. So ist es verständlich, daß nur in der Verbindung von Polizei und Ökonomie die Vermittlung einer Wirtschaftsverfassung erzieherisch zu vermitteln war, die seinerzeit für das Land konstitutiv und für die Untertanen existenznotwendig war.

Notgedrungen wird so die Verbindung von Ökonomie und Polizei zur Allianz für die umfassende Fundamentaldisziplinierung, wie sie Oestreich für den Aufgeklärten Absolutismus beschrieben hat. Wo der preußische Staat in seinen Anfängen insgesamt auf eine gute Verwaltungsorganisation angewiesen war – bei den Domänen –, wird sie in Verbindung mit der Vermittlung agrarökonomischer Kenntnisse zur entscheidenden Voraussetzung für den Erhalt des Staates und seiner Menschen.

Die Vermittlung von Ökonomie und Polizei (= Verwaltung), von Wirtschaft und Verwaltung hat Folgen für die weitere Entwicklung der Polizeiwissenschaft, aber auch für das heutige Verhältnis von Sozialpolitik, Ökonomie und Bürokratie. Sowohl in der praktischen als auch in der theoretischen Ökonomie vermischen sich bürokratische und ökonomische Elemente und werden in dieser Verschränkung zum Fundament einer Sozialpolitik, die gleichzeitig als Teil der Ökonomie begriffen wird. So wird im historischen Prozeß die Ökonomie zur Schlüsseldisziplin für die Verwaltung einerseits und die Sozialpolitik andererseits. Ihre Verfahrensweisen, ihre Grenzen und ihre Strategien sind es, die die Sozialpolitik weitgehend bestimmen und die auch ermöglichen, daß das Verwaltungshandeln sich sozialpolitischer Ziele bedienen kann.

8. Georg Heinrich Zincke (1692 - 1768) und die sächsische Kameralwissenschaft

Nicht weniger als die preußische Kameralistik mit Gasser und Dithmar hat die sächsische Tradition der Kameralwissenschaften auf das sozialpolitische Denken eingewirkt. *G. H. Zincke*[66] als der Vertreter der sächsischen „Kameralistik als Ökonomie" unterscheidet sich von seinen preußischen Kollegen durch einen höheren Grad an Systematisierung der Ökonomie, was auch heißt, daß der Zusammenhang von Ökonomie und Polizei (= Verwaltung) und von Ökonomie und Wohlfahrt als zentrale Zusammenhänge der Zinckeschen Lehre systematischer formuliert werden. In der Tat wird die Beziehung von Ökonomie und Verwaltung noch deutlicher, wo die Kameralistik insgesamt nicht Staats-, sondern – wie bei Zincke – ökonomische Wissenschaft wird.

Im Geist der Hausväterliteratur und auf der Basis der Naturrechtslehre Christian Wolffs definiert Zincke seine Grundbegriffe wie Mittel, Zweck, Glückseligkeit, zeitliche Glückseligkeit.[67] Typisch für ihn ist, daß sein Begriff von zeitlicher Glückseligkeit aus der Verbindung der Polizei als Verwaltung mit der Ökonomie hervorgeht. Da Zincke – auf Wolffs Gedanken basierend – voraussetzt, daß es das Streben jedes Menschen ist, die Glückseligkeit zu erreichen[68], muß der Glücksbegriff zum Inbegriff aller Güter werden, deren Erreichung zeitliche Wohlfahrt garantiert. Dies hat zur Folge, daß weder die praktische Verwaltung noch die Polizeiwissenschaft ohne die Kenntnisse und Erkenntnisse der Ökonomie auskommen kann. Das Wohl der Untertanen hängt nämlich auch bei Zincke vom materiellen Reichtum ab. Indem der Fürst für das Gemeinwohl sorgt, sorgt er auch für seine „Hoheit", für die Ausschöpfung seiner fiskalischen Quellen. Das gemeine Beste realisiert sich „in einem sicheren und bequemen Leben sowohl seiner selbst (des Fürsten, D. B.) als der Untertanen".[69] Aufgabe des Fürsten ist es folglich, durch „gute Polizei-Gesetze und -Anstalten ein Land in guten Nahrungs-Zustand und schönes Aufnehmen (zu)setzen".[70]

So wird die Ökonomie zum beherrschenden Grundprinzip „guther Policey", was deren immer stärker werdenden Wandel zu einer reinen Verwaltung des Zustandes nur unterstützt.

„Die Grundprinzipien der Ökonomie: zeitliches Vermögen zu erlangen, das Erlangte zu bewahren und in Acht zu nehmen und es wohl anzuwenden, sind auch die Grund-

---

[66] Die wichtigsten Werke sind: Anfangsgründe der Cameralwissenschaft, 4 Bde.; Grundriß einer Einleitung zu denen Cameralwissenschaften; Allgemeines Ökonomisches Lexikon, Leipzig 1744; Cameralisten-Bibliothek Leipzig 1751.

[67] Vgl. *J. Brückner*, 81.

[68] Vgl. *G. H. Zincke*, Cameralisten-Bibliothek, 19.

[69] Ebenda, 23.

[70] Vgl. ebenda.

prinzipien von Polizeiwissenschaft und Kammerwissenschaft. Sie fungieren gleichzeitig als sachliche Beschreibung der ökonomischen Ziele wie als Gliederungsprinzipien der ganzen Kameralwissenschaft. Kameralwissenschaft und Ökonomie im Sinne von Wirtschaftskunde sind eines."[71]

Die Folge ist, daß sich die Polizei auf ihre Dimension der Wirtschaftsverwaltung beschränkt. Die Wirtschaftspolizei verliert ihre Bezogenheit auf ihre umfassende Funktion als Sitten- und Erziehungspolizei, wie sie bei Gasser und Dithmar zu finden ist. Die Wohlfahrt beschränkt sich auf die materiellen Dimensionen des leiblichen Wohls. Der Glückseligkeitsgedanke erfährt darin eine Reduzierung auf das Individuum.

Wir haben im Zusammenhang mit der Naturrechtslehre festgestellt, daß die durch das Naturrecht entdeckte Individualität logisch zur Folge hat, daß auch der Wohlfahrtsgedanke durch die Dimension des individuellen Glückes erweitert wird. Mit diesem individuellen Glücksgedanken verbindet sich nicht nur, daß dieser im Allgemeinwohl aufgeht, sondern als interesse privatum dem bonum commune gegenübersteht. Das Allgemeinwohl muß sich nicht mehr nur gegen fürstliche Ansprüche durchsetzen, sondern fürderhin auch gegenüber den Einzelinteressen und Glücksvorstellungen der Untertanen. Zincke hofft zu Recht,

„... daß alle Arten von Nahrungsgeschäften auf den gemeinschaftlichen Zweck ... eingerichtet, damit sie florieren, einander aber nicht ruinieren".[72]

Um dies zu erreichen, muß das interesse privatum mit dem bonum commune in Einklang gebracht werden – eine Aufgabe, die der Polizei zukommt, die nun das interesse privatum völlig aus dem Argumentationszusammenhang herauslöst.

„Denn Polizeigesetze sind solche Gesetze, wodurch die höchste Gewalt im Staat unmittelbar gute Polizei zuwege zu bringen trachtet und also gesetzlich bestimmet, was die Untertanen eines Staates zu dem Ende nach ihren besonderen Umständen der Natur und Beschaffenheit ihrer Nahrungsgeschäfte tun und lassen sollen."[73]

In der Dialektik von Gemeinwohl und Individualwohl wird zwar – auf der Tradition Wolffs aufbauend – der immer sich bewegende Fortgang zur Vollkommenheit des Menschen abgeleitet, aber letztlich versagt die Dialektik, weil ihr das Bewegungsgesetz entzogen ist: Die Glückseligkeit des Staates und der Untertanen ist nicht mehr die teleologisch begründete Möglichkeit der Bedingung für ein vollkommenes Sein, vielmehr reduziert sich die Zielsetzung auf die ökonomisch erreichbaren Ziele, wobei die ökonomische Dimension des interesse privatum genauso negiert wird wie die aus ihm ableitbare Möglichkeit der autarken Einzelwirtschaft. Beide gehen im Gemeinwohl auf, ohne daß es ein Verhältnis zwischen ihnen gäbe.

---

[71] *J. Brückner,* 84f.

[72] *G. H. Zincke,* Anfangsgründe der Cameralwissenschaft, 137.

[73] Ebenda, 49.

Die Polizei als Verwaltung wird also bei Zincke bereits zu dem, was bei Justi dann deutlich ausgeführt wird: Die Verwaltung übernimmt die Rolle des Vermittlers von Individual- und Gemeinwohl im Sinne des Staatsinteresses. Das bedeutet auch, daß sich das zeitliche Wohl des Individuums der Ordnung des Gemeinwesens unterwirft, ohne sich in ihm wiederzufinden. Dem Begriff der ökonomischen Wohlfahrt substituiert sich der umfassendere der guten Ordnung in der Wolffschen Definition der Glückseligkeit. Das zeitliche Wohl besteht nicht mehr lediglich in einer guten Nahrung, sondern meint die geordnete Wirtschaft. Damit wird deutlich, daß der Geist der Ökonomie in Verbindung mit dem Geist der Bürokratie alle Lebensverhältnisse durchdringt, der ökonomischen Disziplinierung liegt das Muster der bürokratischen Disziplinierung zugrunde, durch beide verdichtet sich das Prinzip des Beherrschens durch Berechnen zu einem Herrschaftsprinzip bürokratisch-rationaler Herrschaft.

9. Die Systematiker des Kameralismus – J. H. G. v. Justi und J. v. Sonnenfels

a) Vorbemerkung

Mit Justi und Sonnenfels wird die Entwicklung des Kameralismus zu einem Höhepunkt und Abschluß geführt. Die Hinwendung zur Polizei, die Beschäftigung mit ihr als einer von der kameralistischen Trias zu trennende „Polizeiwissenschaft" (= Verwaltungswissenschaft) unterscheidet diese beiden Vollender des Kameralismus zunächst von der Tradition der preußischen, mehr der Ökonomie zugewandten Kameralistik. Vielmehr wird die Tradition der älteren Polizeilehre wieder aufgenommen; Justi knüpft mit seinem Polizeibegriff an den Begriff des alten, auf Friede, Recht und Wohlfahrt aufbauenden Rechtsbewahrstaates an, ohne freilich auf dessen Verfassungsprinzip der „guthen Policey", deren Prämissen und Implikationen einzugehen. Lediglich die Erweiterung der polizeilichen Aufgaben erinnert an den alten Polizeibegriff, der nun aber ganz in der Verwaltung aufgeht.

Die Bedeutung dieser beiden Autoren liegt – freilich bei allen Unterschieden – in der Rolle, die sie für die spätere Staatslehre gespielt haben. Ihr Einfluß aus Österreich heraus auf die deutsche Verwaltungslehre – insbesondere auf L. v. Stein – ist unverkennbar. Noch v. Stein konnte auf dem österreichischen polizeiwissenschaftlichen Unterricht, insbesondere auf Sonnenfels, aufbauen.[74]

Justi hat vor allem in späteren Jahren – nach seiner Tätigkeit am Theresianum in Wien – die preußische Kameralwissenschaft beeinflußt und sich in seinen theoretischen Überlegungen an die Praxis und Realität des preußischen Staates angelehnt.[75]

---

[74] Vgl. dazu *K. v. Inama-Sternegg,* 57ff.

Die Systematisierungsleistung der beiden Kameralisten liegt in ihrem Beitrag zur Differenzierung von Politik und Policey, von Politik als Staatskunst (Policey) und Politik als Verwaltung (Politik). Diese Systematisierungsleistung greift über die bis dahin relevanten Systematisierungsversuche hinaus, sie wird für die gesamte Polizeiwissenschaft in Deutschland prägend und ist für die heutige Zeit, ungeachtet ihrer historischen und geographischen Provenienz, von weitreichender Bedeutung. Sie führt im Falle der Verwaltung im 19. Jahrhundert zu einer unpolitischen Bürokratie, im Falle des Wohlfahrtsbegriffes zur Eliminierung des Wohlfahrtszweckes aus der Polizeigesetzgebung, innerhalb der sich immer mehr der Sicherheitsbegriff durchsetzt und Vorrang vor der Wohlfahrt erlangt.

Aufgabe der Polizei ist es nun nicht mehr, Glücksvorstellungen zu schaffen, sondern dafür zu sorgen, die Wohlfahrt der einzelnen Familien mit dem gemeinschaftlichen Besten in „das genaueste Verhältnis und Zusammenhang zu bringen".[76] Die Polizei hatte im Kameralismus keine politische Funktion mehr[77]; mit der Aufgabe der „zeitlichen Wohlfahrt und Glückseligkeit"[78] wird somit der Endzweck des Staates im Kameralismus eigentlich ein entpolitisierter Staatszweck. Die Beschränkung der polizeilichen Aufgabe auf die Vermittlung von Gemein- und Einzelwohl macht die Polizei endgültig zu einem Verwaltungsinstrument; Wohlfahrt ist nun reiner Verwaltungszweck; sie bedeutet jetzt nicht mehr nur Beförderung des Glückes, sondern Förderung des wirtschaftlichen und bevölkerungspolitischen Wachstums als Voraussetzung und Grundelement der allgemeinen Wohlfahrt oder gemeinschaftlichen Glückseligkeit.

Es wird zum Abschluß dieser Arbeit auf das Schicksal dieser beiden Begriffe – Wohlfahrt und Verwaltung – und ihres Verhältnisses zueinander unmittelbar nach dem Ausklang der kameralistischen Lehren eingegangen werden müssen. Denn es ist gerade die in den Lehren von Justi und Sonnenfels angelegte Entwicklung, die mit den Grundstein für die sozialpolitischen Aktivitäten im Kaiserreich unter Bismarck legte.

b) J. H. G. v. Justi (1720 - 1771)

Justi[79] gilt als der eigentliche Systematiker der Polizeiwissenschaften. Die zentrale Leistung sowohl in den „Grundsätzen" wie in den „Grundfesten" ist

---

[75] Vgl. zu Justis Lehrtätigkeiten und Schriften: *F. Frensdorff, G. Marchet,* 271ff.; weiteres auch im Überblick: *U. Engelhardt, E. Klein, A. Tautscher, M. Stürmer, E. Dittrich.*

[76] Vgl. *J. H. G. v. Justi,* Die Grundfeste, I., § 8.

[77] „Die Wissenschaft, die innere Sicherheit des Staates zu gründen und zu handhaben: das ist die Policeywissenschaft". (*J. v. Sonnenfels,* Grundsätze Bd. I, 43.)

[78] *J. H. G. v. Justi,* Grundsätze der Policeywissenschaft, § 9.

[79] *J. H. G. v. Justi,* Grundsätze der Policey-Wissenschaft; *ders.,* Die Grundfeste; *ders.,* Die Natur und das Wesen der Staaten; *ders.,* Staatswirtschaft, 2 Bde.

die gründliche Unterscheidung von Polizei und Politik. In Kritik an den älteren Polizeischriftstellern stellt Justi fest, daß sie sich durch fehlende Kriterien der Unterscheidung und folglich durch eine unzureichende Differenzierung von Polizei und Politik auszeichneten. Die Politik war nach Justis Meinung

> „zu allen Zeiten nicht als ein allgemeiner Nahme vieler und fast aller Wissenschaften, sondern als eine besondere, vor sich bestehende Wissenschaft gehalten worden. Sie muß also von der Policey, von der Finanz- und Commercien-Wissenschaft unterschieden seyn; und jede dieser Wissenschaften muß durch richtige und versicherte Gränzen von einander abgesondert werden können“[80].

Allerdings war diese Unterscheidung bei Justi nicht immer vorhanden. Die „Grundsätze“ sprechen noch von einer kammerorientierten Polizei als Lehre von der Erhaltung und Vermehrung des Staatsvermögens, also Verbesserung des Zustandes des Gemeinwesens im Sinne und zugunsten einer „gemeinschaftlichen Glückseligkeit“. So heißt es in den „Grundsätzen“ noch:

> „Die Policeywissenschaft besteht demnach in einer Erkenntniß, wie aus dem gegenwärtigen Zustande des gemeinen Wesens klügliche Massregeln zu ergreifen sind, um das allgemeine Vermögen des Staats in seiner innerlichen Verfassung zu erhalten und zu vermehren und dasselbe, sowohl nach seinem Zusammenhange, als in allen seinen Theilen zu Beförderung der Gemeinschaftlichen Glückseligkeit immer dienlicher und brauchbarer zu machen.“[81]

Atmen die Grundsätze noch den streng absolutistischen Geist des österreichischen Kameralismus – sie sind aus den Vorlesungen am Wiener Theresianum hervorgegangen –, sind für meinen Begründungszusammenhang die späteren „Grundfeste“ bedeutsamer, sind sie doch eher getragen von den Ideen der Aufklärung des preußischen Absolutismus in der Phase seiner Reformer. Aber die „Grundsätze“ bleiben nicht unbedeutend für das Thema, knüpfen sie doch an die Tradition der älteren Polizeilehren und der frühen Kameralisten mit ihrer Beziehung von Wohlfahrt, Ökonomie und Verwaltung an. In der Tat bleibt Justi in seinen älteren „Grundsätzen“ eher der Tradition dieser Literaturgattung verhaftet, die die weiter oben genannte Verbindung zur Wirtschaftspolizei erweiterte bzw. die Polizei ganz den Prinzipien der Ökonomie unterwarf.

Als Wirtschaftspolizei knüpft sie an die aristotelische Tradition der Polizei an, die Ökonomik wieder mit der Politik und Ethik zu verbinden und so der staatlichen Durchdringung des Wirtschaftsablaufes die theoretische Begründung und Legitimation zu geben. Hier wird das Wirtschaftsleben wieder in die Ordnung des Gemeinwesens und dessen soziale und politische Verfassung eingebunden; die Anstrengungen der Politik haben darin zu gipfeln, notfalls die wirtschaftlichen Aktivitäten der Erwerbs- und Verkehrsgesellschaft an die übergeordneten Ziele guter Ordnung zu binden und sie ordnungspolitisch zu

---

80 *J. H. G. v. Justi,* Die Grundfeste, Vorrede.

81 *J. H. G. v. Justi,* Grundsätze der Policey-Wissenschaft, § 7.

disziplinieren. So wird die Staatswissenschaft als die Lehre von der rechten Wirtschaftspolitik des Staates aus dem allgemeinen Fächerkanon ausdifferenziert und systematisiert. Sie bleibt aber weiterhin der kameralistischen Lehre verpflichtet, denn alle (Wirtschafts-)Polizei hat sich auf die Förderung der Wohlfahrt als Voraussetzung und Folge eines starken und „nahrhafften" Staates zu beziehen. In dieser Funktion bleibt die Polizei doch letztlich die Lehre von der inneren Ordnung eines Gemeinwesens und als solche dem kameralistischen Fächerkanon verpflichtet.

Auch im Blick auf andere Punkte hat Justi in seinen aus den Vorlesungen am Wiener Theresianum 1756 hervorgegangenen „Grundsätzen" (1759) noch eher im Sinne der älteren Kameralisten argumentiert, denn die Lehre von der Erhaltung und Vermehrung des allgemeinen Staatsvermögens zugunsten einer „gemeinschaftlichen Glückseeligkeit" steht in der Tradition der Fürstenspiegelethik, der auch die älteren Polizeischriftsteller verpflichtet waren: Justi geht von der Sorgepflicht des Monarchen aus, betont aber, daß damit nicht das Recht des Untertanen auf Wohlfahrt verbunden ist, wie es stillschweigend dem mittelalterlichen Rechtsprinzip von Treue und Gnade, Schutz und Huld unterstellt wurde. Es ist der an sich selbst gebundene, relativ autarke Fürst, der hier einseitig sorgt, kontrolliert und reglementiert.

Steht also hier noch das Interesse einer fürstlichen Kammer und das fürstlich bestimmte Glück der Untertanen im Vordergrund, kann man in den fünf Jahren später (1760) erschienenen „Grundfesten" bereits eine andere Bedeutung des Glücksbegriffes erkennen.

Der Grund liegt im Wandel des Verständnisses von Polizei und Wohlfahrt. Jetzt erscheint die Polizei als eine

> „Wissenschaft, die innerliche Verfassung des Staates solchergestalt einzurichten, daß die Wohlfahrt der einzelnen Familien mit dem allgemeinen Besten beständig in einer genauen Verbindung und Zusammenhang sich befindet".[82]

> „Hier kann man leicht beurtheilen, was man vor einen allgemeinen Grundsatz vor die gesammte Policeywissenschaft annehmen muß. Es kann dieser kein anderer seyn, als: Man muß in allen inneren Landesangelegenheiten die Wohlfahrt der einzelnen Familien mit dem gemeinschaftlichen Besten, oder der Glückseeligkeit des gesammten Staats in die genaueste Verbindung und Zusammenhang zu setzen suchen."[83]

Das leitende Prinzip ist dabei, zwischen dem interesse privatum und dem bonum commune des „gesamten Staates" zu vermitteln, die nun nicht mehr deckungsgleich sind. Der Schwerpunkt liegt dabei auf dem interesse privatum des Hauses, der einzelnen Familien – nicht des Individuums – und deshalb heißt es auch in den „Grundfesten", das Vermögen des Staates bestehe bzw. ruhe in den „Kräften und Vermögen der einzelnen Familien".[84]

---

[82] *J. H. G. v. Justi,* Die Grundfeste I., § 8.

[83] Ebenda.

[84] *J. H. G. v. Justi,* Die Grundfeste, § 3.

„Dies ist das einzige große Augenmerk in allen Policeyverfaßungen und gleichsam der Mittelpunkt, wohin alle Policeyanstalten, Einrichtungen und Gesetze sich vereinigen müssen . . .“[85]

Zur Abgrenzung der Polizei von den anderen Kameralwissenschaften sagt Justi:

„Die Policey bemüht sich, das gesamte Vermögen des Staats nach seiner innerlichen Verfassung zu erhalten und zu vermehren: Der Cameralist aber beschäftigt sich, aus diesem gesamten Vermögen des Staats das bereiteste Vermögen ohne Nachteil des ersteren zur Bestreitung des großen, zur Regierung erforderlichen Aufwandes herauszuziehen.“[86]

So besteht einerseits eine Finanz- und Kameralwissenschaft, die sich die Haushaltsführung zu eigen macht, während die Polizeiwissenschaft eher die struktur- und ordnungspolitischen Entscheidungen innerhalb der Wirtschaftspolitik fällt. Da es nun aber oberstes Ziel der Polizeiwissenschaft ist, die „allgemeine Glückseeligkeit“ zu fördern, wird auch die Finanz- und Kameralwissenschaft wieder ein Teil der Polizeiwissenschaft.[87] Wenngleich alle drei Elemente der Sozialwirtschaftslehre für die Glückseligkeit sorgen und die Wohlfahrt fördern, ist es doch die Polizeiwissenschaft, die nun die Federführung übernimmt, wobei sie auf Prämissen und Prinzipien der Ökonomie zurückgreift. Dieser Rückgriff auf die Ökonomie führt wiederum zu einer Verankerung des Polizeiverständnisses in der aristotelischen Tradition, wobei nun Wohlfahrt nicht mehr auf dem fürstlichen Interesse gründet, sondern – in Anlehnung an Aristoteles – im „guten Leben“ der Bürger ihren zentralen Bezugspunkt findet; denn es geht um die zeitlich-materielle Wohlfahrt des einzelnen als Voraussetzung des „guthen Lebens“. Der Wohlfahrtszweck wird über diesen Prozeß zum Inbegriff von zeitlich-materiellen Werten und ihrer Realisation; insofern entfernt er sich von dem ihm inhärenten Verfassungsprinzip, auf dem er ruhte und dessen Folge er ist. Diese Ausdifferenzierung des Wohlfahrtszwekkes aus dem Verfassungsprinzip der „guthen Policey“ führt auch zu einer Unterscheidung von Polizei und Politik.

Während die Politik zuständig ist für die umfassende Herstellung von Gerechtigkeit und Frieden durch Recht und Sicherheit, ist es also Aufgabe der Polizei, die Glückseligkeit der Bürger mit dem Gemeinwohl ins rechte Verhältnis zu setzen.[88] Aus dieser spezifischen Aufgabenstellung der Vermittlung zwischen dem interesse privatum und dem Allgemeinwohl entsteht aber für die Polizei als Wohlfahrtsverwaltung kein Konflikt. Das Gesamtinteresse steht immer noch über dem Einzelinteresse, und so ist doch das Glück des einzelnen auf die Zustimmung des aufgeklärten Monarchen angewiesen, präziser noch:

---

[85] Ebenda, § 8.

[86] *J. H. G. v. Justi,* Systematischer Grundriß, Vorrede.

[87] Vgl. dazu: *A. Tautscher,* Kameralismus, 411.

[88] Vgl. dazu *J. H. G. v. Justi,* Die Grundfeste I, Einleitung und § 8.

auf die sich aufgeklärt gebende, bevormundende und von Hochmut keineswegs freie Bürokratie.

Mit dem Entstehen der Wohlfahrtsverwaltung als dem entpolitisierten Teil der Polizei wird ein anderer Prozeß eingeleitet, der zu einer Trennung von Staat und Herrschaft führt. Der Begriff des Staatsvermögens macht dies deutlich. Justi führt diesen Begriff ein und meint damit das Herrscher- *und* Untertanenvermögen. Zwar hat der Regent „haushaltsrechtlich" uneingeschränkte Rechte bei der Erfüllung der notwendigen Pflichten, allerdings entzieht sich die Wohlfahrtsverwaltung immer mehr dem fürstlichen Zugriff und einer subjektiven Deutung des Wohlfahrtsbegriffes durch den Fürsten. Objektiv-rationale Momente der Fachverwaltung werden deutlich, gleichzeitig bleibt die Verwaltung aber patriarchalisch-bevormundend.

Nun erscheint das Staatsvermögen als objektive Größe, die der Staat als Institution zur Verfügung hat und mit der er nun Wohlfahrt fördert. Das Entscheidende ist nun aber, daß das Staatsvermögen als Inbegriff aller Privatvermögen nach dem juristischen Vermögensverständnis auch alle Menschen umfaßt, die zum Staat gehören, insofern sie wirtschaftlich verwendbare Anlagen und Fähigkeiten mitbringen. Damit ist auch wirtschaftspolitisch der Zugriff auf die Lebenslage der Individuen gerechtfertigt.

Deshalb ist auch die auf die Individuen angewiesene Ökonomie von der moralischen Beschaffenheit ihrer Untertanen abhängig. Die merkantil verfaßte societas civilis wird hier als das wechselseitige Verhältnis von Wirtschaft und Gesellschaft mit einbezogen. Der individualistische Ansatz der Ökonomie der Hauswirtschaft findet im Endzweck der Glückseligkeit sein allgemein leitendes Prinzip. Alle wirtschaftlichen Tätigkeiten haben sich auf die Wohlfahrt aller zu beziehen. Wirtschaftlicher Wohlstand ist ohne die „moralische Beschaffenheit" der Individuen nicht realisierbar. Hier kommt die naturrechtliche Staatslehre zum Tragen, in der die Glückseligkeit des Menschen „nicht nur auf den Gütern sondern auch auf ihrer moralischen Beschaffenheit beruht".[89]

Die Scheidung von Politik und Polizei begründet dann auch die Scheidung von Politik und Verwaltung. Indem die Polizei aller politischen Aufgaben enthoben ist, entwickelt sie sich von der Strukturgestaltung zur Strukturverwaltung, vom Inbegriff der Ordnung zum Verwalter der Ordnung. Damit ist auch die Trennung des Wohlfahrtszweckes von den beiden anderen Staatszwecken – Friede und Recht – endgültig vollzogen. Jetzt ist augenscheinlich, daß sich Wohlfahrt nicht mehr naturwüchsig und selbstverständlich aus Friede- und Rechtsbewahrung ergibt, sondern die Sicherung der Wohlfahrt wird zum obersten Ziel und Inbegriff aller Maßnahmen, einschließlich der Aufrechterhaltung von innerem Frieden, Recht, Ordnung und Sicherheit.

---

[89] *J. H. G. v. Justi,* Die Natur und das Wesen der Staaten, 469.

Justi unterscheidet die Aufgaben der Polizei als Verwaltung nach drei Gütern, Zwecken bzw. Zielen. Er scheidet die unbeweglichen von den beweglichen Gütern, die er wiederum insgesamt von der moralischen Beschaffenheit der Untertanen unterscheidet.[90]

In der Sorge um die unbeweglichen Güter würden wir heute infra- und allgemeinstrukturelle Aufgaben der kollektiven Daseinsvorsorge erkennen. Es geht Justi um die Förderung der Kultur des Landes, um das Wachstum seiner Städte und Dörfer, um Einrichtungen und Anstalten der „Bequemlichkeit der Einwohner" und um die „Zierde des Landes".[91]

Ähnlich wie die frühen Kameralisten und Merkantilisten geht Justi von der Überlegung aus, daß Glück, Macht und Reichtum eines Landes an der Zahl einer „nahrhafften" Bevölkerung gemessen werden können und daß diese „nahrhaffte" Bevölkerung durch Güter aus dem eigenen Land ernährt werden kann. Justi überwindet aber diese Autarkiebestrebung, die für Merkantilisten typisch ist. Es geht ihm nicht um autarke Staaten im Wettstreit miteinander. Vielmehr ist es für ihn eine unabdingbare Voraussetzung, daß neben einer umfassenden Bevölkerungs- bzw. Besiedlungspolitik die Staaten untereinander auch wirtschaftlich verkehren, ihre Commerzien fördern und ihre Produkte austauschen.[92] Dem liegt die Einsicht in die Interdependenz der wirtschaftlichen und gesellschaftlichen Bereiche und Räume, der Städte, Dörfer und Güter, der Staaten zugrunde. Selbst da, wo Städte nach den Grundsätzen der Nahrungsbilanz Güter austauschen mit Dörfern und Gütern (Landgüter), handelt es sich um diese Einsicht.

Die beweglichen Güter und ihr Verhältnis zum Gemeinwohl sind der zweite Gegenstand der Polizei. Es geht um den Nahrungsstand, den eigentlichen Kern von Handel und Gewerbe. Diese sollen nicht eingeschränkt werden, zumindest nicht dann, wenn es um steuerliche Vorteile für den Staat geht, denn ein „blühender Nahrungsstand" ist nicht das Ergebnis staatlicher Politik, sondern entsteht durch das „Genie und die Arbeitsamkeit des Volkes".[93]

Zuletzt geht es Justi um die moralische Beschaffenheit der Untertanen. In seiner „Staatswirtschaft" hat Justi noch formuliert, der Gehorsam gegenüber dem Herrscher müsse

> „vollkommen und uneingeschränkt sein, auch wenn die Befehle der obersten Gewalt unbillig und ungerecht waren".[94]

Aber bereits in seiner fünf Jahre später erschienenen Schrift „Die Natur und das Wesen des Staates" hieß es:

---

90 *J. H. G. v. Justi,* Die Grundfeste.

91 Vgl. ebenda, §§ 24 - 477.

92 Vgl. ebenda, § 5.

93 Ebenda, § 784.

94 Vgl. *J. H. G. v. Justi,* Staatswirtschaft.

„Es ist nicht ausreichend, daß die Gesetze gut sind; die Untertanen müssen auch von ihrer Güte überzeugt sein, weil verständige Wesen nur dann den Gesetzen eines anderen gehorchen, wenn sie von deren Güte überzeugt sind."[95]

Nun heißt dies noch nicht, daß die Gesetze einer größeren Öffentlichkeit genehm sein müßten oder daß der Gesetzgeber unter einen größeren Legitimationsdruck geriete. Nicht die Gesetze kommen zu den Untertanen, sondern die Untertanen zu den Gesetzen. So mündet der Weg in die moralische Beschaffenheit der Untertanen – als Vorbedingung für die Einsicht, daß die Gesetze gut sind – in einen umfassenden Erziehungsprozeß ein. Es entsteht eine „Erziehungspolizei", die sogar auf Maßnahmen zurückgreift, die wir aus den älteren Polizeiordnungen kennen.[96]

Auch sonst stehen die Überlegungen Justis in ihrer Detailliertheit und der Reglementierung durchaus in der Tradition der älteren Polizeiordnungen; selbst Kleider- und Luxusordnungen fehlen nicht.[97]

Dahinter steht der Gedanke, daß nur im Staat und durch ihn der Mensch Glückseligkeit erreicht; als zoon politikon ist der Mensch ganz im aristotelischen Sinne auf die Gemeinschaft hin angelegt, und die beste Gemeinschaft verkörpert der Staat, dessen Endzweck das Wohl aller ist.

Hier werden ein bestimmtes Menschenbild und auch ein spezifischer Begriff von Glückseligkeit unterstellt.

Die Idee, daß der Mensch von Trieben geleitet wird und nur schwerlich zur Vernunft gelangt, erinnert an Thomasius; und in der Tat übernimmt Justi von ihm auch die Überlegung der Identifikation von Naturrecht und Vernunftsrecht. Gleichzeitig versucht Justi auch in der Wolffschen Argumentationslinie zu bleiben, indem er Trieb und Vernunft bereits in einem „vorstaatlichen" natürlichen Rahmen der Vergesellschaftung trennt. Bereits vor dem Staat gab es menschliche Assoziationen aus Vernunftsgründen, die Gesellschaft konstituiert sich als societas civilis bereits in einem natürlichen Zustand wegen des notwendigen Beistandes.

---

[95] *J. H. G. v. Justi,* Die Natur und das Wesen der Staaten, 292.

[96] Gleichwohl lassen sich bereits individualistische, bürgerlich-liberale Elemente feststellen, die vom Geist der Aufklärung geprägt sind, deutlich z. B. bei der Erziehung der Kinder. (Vgl. *J. H. G. v. Justi,* Die Grundfeste II, §§ 116 - 124; das sind die Abschnitte, wo die Kinderzucht diskutiert wird.) Gegen eine formale Ausbildung gewandt, fordert er, daß man den Kindern in den Schulen nicht so sehr das Auswendiglernen beibringt. Vielmehr müßte man „vor allen Dingen Tugend und Gerechtigkeit in einfachen Grundsätzen beybringen und begreiflich machen, die sie einmal als Bürger des Staats, als Haußväter und Vorsteher ihrer Familie auszuüben haben". (Ebenda, § 121.)

[97] Einschränkend ist zu bemerken, daß Justis Motiv der Kleiderordnung durchaus nicht reglementierend ist. Er lehnt Standestrennung eigentlich ab, insofern ist er liberal. (Vgl. ebenda, § 290: „Wollte man die Kleider-Ordnungen solchergestalt einrichten, daß sich die geringeren Stände gewisser Moden und Facons von Kleidungen nicht bedienen dürften, so müßte der Staat alle drey Jahre eine neue Kleider-Ordnung herausgeben; und wahrhaftig! die Regierung hat wohl wichtigere Dinge zu besorgen.")

Obwohl aus vernünftigen Gründen Ziel aller vorstaatlichen Assoziationen der gemeinsame Beistand ist, führt Justi in Anlehnung an Wolff den Staatszweck des „gemeinen Beistandes“ ein, der bei ihm „gemeinschaftliche Glückseligkeit“ heißt und erster Staatszweck ist. Damit ist das allgemeine Beste, die Wohlfahrt aller Familien und die gemeinschaftliche Glückseligkeit des gesamten Staates gemeint.[98]

Justi verlagert damit den Erziehungsprozeß auf die Familien, in ihnen ist zu allererst die Möglichkeit gegeben, Glückseligkeit zu erlangen.

> „Der Zustand des Staates beruhet auf den Zuständen der einzelnen Familien, woraus er bestehet, und das häusliche Regiment und alle Beschaffenheit der Familien haben einen gar großen Einfluß auf die Glückseligkeit des Staates.“[99]

Als Teil der Glückseligkeit wird die moralische Beschaffenheit der Untertanen nicht vom Staat erzeugt, sondern in den Familien erzogen.[100] Damit wird der Hausvater zum Garanten des Regimes; der Aufgeklärte Absolutismus dringt mit seinem umfassenden Erziehungseinfluß über die Schwelle des Hauses. Es gibt für Justi also auch keinen Grund, die hausväterliche Disziplinargewalt zu schwächen und die Gewalt über Familienangehörige und Gesinde zu beschränken.[101] Trotz des aufgeklärten, in seiner Allmacht beschränkten Fürsten bleibt der Untertan das unmündige, lenkbare und zu lenkende Objekt obrigkeitsstaatlichen Handelns; trotz aller Aufgeklärtheit bleiben die eudämonistischen Ziele des aufgeklärten Staates philosophisch-theoretische Ideale, weil die Methoden der Vermittlung von Gemein- und Einzelwohl letztlich doch absolutistische waren. Zwar ist nun das Glück des einzelnen in dessen Belieben gestellt, und insofern akzeptiert der Aufgeklärte Absolutismus die Privatsphäre eines aufsteigenden Bürgertums. Aber das Verhältnis von Gemeinwohl und Einzelwohl bleibt ungleichgewichtig zugunsten des Gemeinwohles. Aus dem Herrschaftsvertrag erwachsen den Untertanen keine Rechte; den Herrschaftspflichten entsprechen nicht etwa Rechte der Untertanen, sondern bestenfalls passive Untertanenpflicht: Treue und Gehorsam. Justi hat für diese seine Ansicht auch Gründe:

> „Weil sie den gesamten Zusammenhang der Staatskörper und die Gründe des Regenten nicht einsehen“, deshalb sind sie „weder berechtigt noch im Stande, davon ein begründetes Urteil zu fällen . . .“[102]

Eine Einsicht in die Regierungsgeschäfte wird auch gar nicht erst erwogen.

Die Glückseligkeit des Staates ist folglich nicht allein dem Glücksstreben der Bürger zu überlassen. Sie liegt auch nicht allein in dem blühenden Nah-

---

[98] Vgl. *J. H. G. v. Justi,* Die Natur und das Wesen der Staaten, 45.
[99] Ebenda, 332.
[100] Vgl. ebenda, 469.
[101] Vgl. ebenda.
[102] Vgl. ebenda, § 345.

rungsstand und dessen Voraussetzung. Sie liegt einzig und allein in der Erziehung zu tugendhaften Bürgern und in einem vernünftigen und vollkommenen Fürsten. Wohlfahrt zu fördern mit vollkommenem Verstand ist Aufgabe des Fürsten; die Pflicht, durch Treue und Gehorsam zur Wohlfahrt beizutragen, ist Aufgabe des Untertan. Pflicht einer guten Regierung ist dabei, die „Handlung anderer Menschen nach bestimmten Zwecken (zu) lenken".[103] Hier manifestiert sich eher der Wolffsche Polizeistaat als eine der naturrechtlich begründeten Ethik gehorchende Pflichtlehre des Fürsten.

Wie sehr Justis Glückseligkeitsbegriff zeitlich/weltlich orientiert ist, zeigt eine andere Verschränkung von Individual- und Gemeinwohl. Wie alle Kameralisten war Justi auch der Ansicht, daß zu einem glücklichen Leben „Bequemlichkeiten" unverzichtbar seien und bloße Erhaltung der Existenz nicht ausreiche.[104] Bezogen auf das Gemeinwohl und eine materialistisch orientierte Glückseligkeit heißt dies, daß derjenige Staat „allemal am glückseligsten" sei, der „am wenigsten gänzlich verarmte Einwohner hat".[105] Dementsprechend fordert er vom Staat konkrete sozialpolitische Interventionen zur Verhinderung von Arbeitslosigkeit und Unterbeschäftigung, Agrar- und Gewerbeförderung, Abbau von Zunftschranken und adligen Vorrechten etc.[106]

Während das individuelle Glück entweder ein philosophisches Ideal bleibt oder aber – materialistisch verkürzt – sich auf eine im Weltlichen erreichbare Glückseligkeit bezieht, bleibt die Glückseligkeit des Staates bei Justi ein amorpher Begriff, der sowohl inner- als auch zwischenstaatliche Beziehungen anspricht. Innerstaatlich ist er polizeilich geplant und verwaltet, als Endzweck jeden Staates auch eudämonistisch verbrämt.

Justi hat sich bemüht, den Glückseligkeitsbegriff von einer rein fiskalischen zu einer sozialwirtschaftlichen Bedeutung voranzutreiben. Indem er auf die sittliche und moralische Beschaffenheit der Bürger Wert legte, versuchte er diesen Prozeß zu vollenden. Aber der polizeikundige Justi mußte erkennen, daß die allgemeine Wohlfahrt auch abhängig ist von der fürstlichen Kammer und daß das dort definierte allgemeine Glück des Staates dem Privatwohl übergeordnet bleiben muß. So höhlten die konkret-politischen Maßnahmen einer Polizei als Verwaltung das Individualwohl aus, beließen es schließlich bei einem idealen Begriff, und das Gemeinwohl wird zur Legitimationsgrundlage obrigkeitsstaatlich begründeter Ordnung. Oder:

---

[103] Ebenda, § 304.

[104] Vgl. ebenda, 3, 26; Justi führt eine in diesem Zusammenhang interessante Unterscheidung zwischen glücklich und glückselig ein. „Diejenigen, welche glauben, daß Zufriedenheit auch bei der bloßen Notdurft des Lebens glücklich machen könne, verwechseln diesen Begriff mit glückselig. Man kann alsdenn glückselig, aber nicht glücklich sein." (Ebenda, 27f.)

[105] Ebenda, 252f.

[106] Vgl. ebenda, 26f.

„Wir sind über unseren Leib, Gliedmaßen und Leben nur insoweit Herr, als es mit dem Nutzen des Staates bestehen kann.“[107]

Der Begriff der Glückseligkeit wird so zum Schlüsselbegriff in Justis System. In ihm finden alle Bemühungen des Staates ihren Bezugspunkt, alle gegenstrebenden und divergierenden Prozesse in Staat und Gesellschaft ihren Ruhepunkt. Alle treibenden Elemente von Staat und Obrigkeit dienen einer gemeinschaftlichen und einer zeitlichen Glückseligkeit, einer Glückseligkeit des „menschlichen Geschlechtes“.[108] Glückseligkeit ist Trieb jeder Vergemeinschaftung und Endzweck jeder Staatstätigkeit. Wenngleich sein Menschenbild letztlich recht pessimistisch ist, geht Justi doch in einer aufklärungsoptimistischen Weise an den Glücksbegriff heran. In Anlehnung an Aristoteles geht er – wie alle Kameralisten – von einer Identität von Individual- und Gemeinwohl aus. Wo diese Identität nicht gegeben und damit das Verhältnis von Regent und Untertanen gestört ist, ist die gemeinschaftliche Glückseligkeit durch „weise Gesetzgebung“ wiederherzustellen, zu erleichtern oder abzusichern.[109]

Hier, wie an vielen anderen Stellen, stoßen naturrechtliche Gedanken der vernunftsmäßigen Assoziation von Menschen mit der kameralistischen Eudämonologie zusammen, was immer wieder zu Widersprüchen in Justis Argumentation führt. Wo auf der einen Seite der Endzweck der Glückseligkeit an die sittlichen Tugenden der Bürger gebunden wird[110], tritt auf der anderen Seite der Staat als „moralischer Körper“ auf mit all seiner Macht, Weisheit und Vollkommenheit. Denn die

„wahre Macht und Stärke eines Staates beruht hauptsächlich auf der Weisheit und Vollkommenheit der Regierung. Weitläufige Länder, Bevölkerung, Reichtum des Landes und der Regenten, große Kriegsheere und Festungen tragen sehr wenig dazu bei, wenn die Regierung schwach, unvollkommen und übel geführt ist.“[111]

c) Josef v. Sonnenfels (1733 - 1817)

Obwohl Sonnenfels gemeinsam mit Justi tief in der Tradition des Kameralismus verwurzelt ist, unterscheiden sich beide in ihren Ansätzen z. T. diametral. Sonnenfels – auch ein Österreicher – steht unter dem Eindruck des Theresianismus, jener Reformbestrebung in Österreich, die dort den Aufgeklärten Absolutismus begründete.

Sonnenfels war für den kameralistischen Unterricht an Österreichs Universitäten wegweisend; als Systematiker der Polizeiwissenschaften gehörte er mit Justi zu den prägenden Staats- und Verwaltungslehrern des Aufgeklärten Absolutismus.

---

107 *J. H. G. v. Justi,* Staatswirtschaft, I, 412.

108 Vgl. *J. H. G. v. Justi,* Gesammelte politische und Finanzschriften.

109 Vgl. *J. H. G. v. Justi,* Die Grundfeste, II, 215.

110 *J. H. G. v. Justi,* Der Grundriß einer guten Regierung.

111 Ebenda, 93.

Der Theresianismus und auch das Regiment Joseph II. ist bekannt geworden durch seine stark absolutistische Prägung; trotz der aufgeklärten Momente und Tendenzen haftet dem österreichischen Aufgeklärten Absolutismus mehr das fürstlich-patriarchalische Verhalten seiner Monarchen an. Sonnenfels steht dieser Haltung näher als Justi. Er ist in der Einordnung der Polizei und der Einschätzung der Wohlfahrt „absolutistischer" als dieser.

Sonnenfels Hauptwerk sind die „Grundsätze der Policey, Handlung und Finanzwissenschaft".[112] Im Titel ist die Einteilung der kameralistischen Fächer bereits angedeutet. Gegenüber einer früheren Trennung von Polizei- und Kameralwissenschaften, die auf eine Ausdifferenzierung der Polizei aus den Kameralwissenschaften schließen läßt, wird nun diese Dreiteilung vollzogen, die die Polizei nicht ausdifferenziert. Dies hat Folgen für die Staatszweckdiskussion. Sonnenfels stellt sich keinen eigenen Endzweck der Polizei vor, wie er bei Justi als Wohlfahrtszweck begegnet. Vielmehr wird der Polizei- und damit der Wohlfahrtsgedanke als Verwaltungsgedanke wieder mehr an den Rechts- und Sicherheitszweck zurückgebunden. Dieser prägte als Endzweck die spätere Polizeiwissenschaft in charakteristischer Weise.

Gegenstand der Polizei ist die innere Sicherheit: die Verwaltung und Rechtspflege.

> „Die Wissenschaft, die innere Sicherheit des Staates zu gründen und zu handhaben: das ist die Policeywissenschaft."[113]

Die Handlungswissenschaft hat wirtschaftspolitische Zielsetzungen des Staates zum Inhalt mit all der „Vielfältigkeit der Nahrungswege". Die Finanzwissenschaft schließlich handelt von der Vermehrung und Verwaltung der Staatseinkünfte. All diese Wissenschaften haben den obersten Staatszweck, dem „allgemeinen Besten" zu dienen.[114]

So ist Sonnenfels Polizei in erster Linie Sicherheitspolizei, Inbegriff aller Maßnahmen zur Herstellung und Aufrechterhaltung von innerer Ordnung und Sicherheit. All diese Maßnahmen gipfeln schließlich im Wohlfahrtszweck.

Diese Sicherheitspolizei unterscheidet zwischen freiwilligen und erzwingbaren Loyalitätsleistungen gegenüber dem Staat. Dort, wo es um die rechte sittliche Ordnung geht und um die rechte Achtung vor den Gesetzen, beschränkt sich die Polizei auf Hinweise und Ermahnungen und hofft dabei auf die Unterstützung der Religion als des „sanftesten Bandes der Gesellschaft" und auf die Erziehung und Wissenschaft.[115]

---

[112] *J. v. Sonnenfels,* Grundsätze. Teil I: Polizeiwissenschaft (1765); Teil II: Handlungswissenschaft und Teil III: Finanzwissenschaft (1776).

[113] *J. v. Sonnenfels,* Grundsätze, Bd. 1, 49.

[114] Vgl. dazu auch: *L. Sommer,* Bd. 1, 320.

[115] Vgl. *J. v. Sonnenfels,* Grundsätze, 69.

Die Polizei muß bestrebt sein,

> „alles dasjenige abzuschaffen, was diese Mittel entkräften und dem Fortgang guter Sitten entgegenstehen kann“.[116]

Wo es hingegen darum geht, „die Privatkräfte gegen die Kräfte des Staates in einem untergeordneten Verhältnis zu erhalten“, also bei der Sicherung der Handlungen und Personen[117], der Ehre und der Güter[118], da ist Zwang geboten.[119]

Hier wird die veränderte Position deutlich, die Sonnenfels gegenüber Justi und auch Wolff vertritt. Der Mensch strebt zur Gemeinschaft, weil er sich von ihr die Befriedigung seiner Bedürfnisse erhofft. Die Summe dieses im Grunde individualistisch-utilitaristischen Strebens macht dann die Gesellschaft aus, die zur Staatsgründung voranschreitet. Aus diesem Streben legitimiert der Staat seinen Wohlfahrtszweck. Indem der einzelne beim Eintritt in den Staatsverband die Verbesserung seiner Lebenslage erhofft, leitet der Staat den Wohlfahrtszweck aus den einzelnen Interessen ab. So wird

> „das Allgemeine Beste in Beziehung auf die einzelnen Mitglieder . . . die Summe aller einzelnen Besten“.[120]

> „Ein Widerspruch zwischen Gemeinwohl und Einzelwohl wäre ein Widerspruch des Eigenwohls mit sich selbst.“[121]

Hier wird ein Strukturprinzip der Staatslehre deutlich. Auf der einen Seite kann das Wohl des einzelnen nicht ohne das gemeine Wohl bestehen, auf der anderen Seite hat aber das Gemeinwohl im Falle des Konfliktes Vorrang vor dem Einzelwohl.[122]

Damit ist dem Verhältnis von Gemeinwohl und individuellem Glück jede Spannung genommen. Privatinteresse und Gemeinwohl sind bei Sonnenfels nicht mehr dialektisch aufeinander bezogen wie bei Justi. Das Allgemeinwohl konstituiert nicht mehr eindeutig das Privatwohl. Vielmehr ist für Sonnenfels das Allgemeinwohl

> „die Summe aller einzelnen Besten, die Sicherheit und Bequemlichkeit des Lebens, welche vereinbaret die öffentliche Wohlfahrt ausmachen“.[123]

Als Summe aller Einzelglücke bestimmt das Gemeinwohl zwar das Individualinteresse, das Individualinteresse geht aber nicht mehr konstitutiv aus

---

116 Ebenda.

117 Vgl. ebenda, 199ff. und 229ff.

118 Vgl. ebenda, 370ff.

119 Vgl. ebenda, 383ff.

120 *J. v. Sonnenfels,* zit. nach *K. H. Osterloh,* 40.

121 Ebenda.

122 Vgl. ebenda: „in dem Falle, in welchem der Privatnutzen mit dem gemeinen Besten nicht zu vereinbaren wäre . . . (muß) der erste dem zweyten notwendig nachgesetzt werden“.

123 *J. v. Sonnenfels,* zit. nach *F. Spitzer,* 30.

dem Gemeinwohl hervor. Die dem älteren Naturrecht bedeutsame sittliche Bindung des Menschen an die Gemeinschaft und seine Entgegensetzung, die sittliche Pflicht des Fürsten, Wohlfahrt zu fördern, verschwindet bei Sonnenfels zugunsten einer reinen Nützlichkeitserwägung, warum die Menschen aus dem Zustand der societas heraustreten und zum Staat voranschreiten:

„es ist das Recht . . . von dem Staate, den besten, möglichsten Wohlstand zu fordern“.[124]

Es ist also nicht die der Fürstenspiegelethik entspringende Tradition einer Rechts- und Friedebewahrpflicht, die den Fürsten auch zur Wohlfahrt verpflichtet; vielmehr ist es der dem eigenständigen Wohlfahrtszweck immanente Gedanke der Sorge um das individuelle Wohlergehen, der sich hier Bahn bricht.

„Die Wohlfahrt des Volkes bekommt nicht mehr vom Herrscher her ihren Sinn, sondern umgekehrt, die Stellung des Herrschers wird von der eigenen Dynamik der salus publica bestimmt.“[125]

Damit treten Staat und Herrscher auseinander, dem Herrscher steht der Staat als Institution gegenüber, er ist nicht mehr „Eigentümer“, sondern der erste Diener des Staates und hat die Pflicht, das ihm anvertraute Amt zum Besten der Gemeinschaft zu verwalten.[126]

Indem die allgemeine Glückseligkeit nun zur „Summe aller einzelnen Besten“ wird und dadurch Einzelwohl und Gemeinwohl in eine lineare Beziehung zueinander gesetzt werden, verschwindet auch der für den Ansatz Justis noch typische Dualismus von allgemeiner Glückseligkeit und Wohlfahrt der Familien.[127] So ist das allgemeine Wohl vertreten durch das Wohl aller, nicht aber durch das fürstliche Wohl repräsentiert, das sowohl für das Einzelwohl konstitutiv ist als auch diesem gegenübersteht. Damit löst sich auch die Verschränkung von Wirtschaft und Herrschaft. Weil nämlich das individuelle Wohl als Inbegriff aller Bedürfnisse begriffen wird, die sich das Individuum aufgrund seiner wirtschaftlichen Möglichkeiten befriedigen kann, ist es nicht mehr abhängig von der herrschaftlichen Interpretation des Glückes. Hier macht sich das aufstrebende Bürgertum des frühliberalen Gesellschaftssystems bereits bemerkbar. Jetzt steht eher das Privatinteresse einem öffentlichen Interesse gegenüber, das aber nicht mehr durch die Interessen des Monarchen konstituiert wird.

---

[124] Vgl. *J. v. Sonnenfels,* Politische Abhandlungen, 91 und *J. v. Sonnenfels,* zit. nach *K. H. Osterloh,* 41, Anm. 25: „Immer ist . . . jeder Bürger berechtigt, von der Gesellschaft sein einzelnes Wohl zu erwarten, zu fordern.“

[125] Ebenda, 43.

[126] Vgl. *F. Hartung,* Verfassungsgeschichte, 129.

[127] Vgl. dazu: *J. v. Sonnenfels,* zit. nach *F. Spitzer,* 30: Glückseligkeit ist die „Summe aller einzelnen Besten, die Sicherheit und die Bequemlichkeit des Lebens, welche vereinbaret die öffentliche Wohlfahrt ausmachen“.

Die Förderung der Glückseligkeit ist für Sonnenfels niemals ein empirisch operationalisierbarer, überprüfbarer Satz gewesen.[128] Der Wohlfahrtszweck ist für sich genommen zwar Endzweck des Staates, aber für die Verwaltung ist er kein geeignetes, instrumentell zu bearbeitendes Ziel. Wir haben dies bereits in der Unterscheidung zu Justi festgestellt. Den Versuch, diesen Satz anzureichern und damit überprüfbar bzw. operationalisierbar zu machen, stellt nun Sonnenfels folgendermaßen an: Die individualistisch-pragmatische Orientierung des einzelnen ist der Anlaß für die Staatenbildung. Auch hieraus erklärt Sonnenfels den Zweck der Vergesellschaftung: die Vermehrung individuellen Nutzens. Die Erwartung des Individuums, der Staat möge seinen individuellen Nutzen mehren, wird nun zum Strukturprinzip jeder Wohlfahrtspolitik. Aus dieser Tatsache leitet nun Sonnenfels seinen Populationssatz ab, der Wohlfahrtspolitik zur Bevölkerungspolitik macht.

> „Die Vergrößerung der Gesellschaft enthält also alle untergeordneten, einzelnen Mittel in sich, welche gesammelt, die allgemeine Wohlfahrt befördern."[129]

So geht Sonnenfels von dem Postulat aus, die Bevölkerungspolitik sei die beste Wirtschafts- und damit auch Wohlfahrtspolitik.

> „Wenn die Volksmenge eines Staates bei dem Zusammenfluß von verschiedenen Zweigen der Beschäftigungen zureicht, hat der Gesetzgeber nichts weiteres zu tun als sich leidend zu verhalten und die Waagschale des Vorteils und Nachteils nach keiner Seite hin steigen zu lassen."[130]

Wohlfahrtspolitik wird hier zur Wirtschaftspolitik, deren wichtigste Elemente die Bevölkerungs- und Beschäftigungspolitik sind. Mit diesem Schwerpunkt der Wirtschaftspolitik auf der Bevölkerungs- bzw. Beschäftigungspolitik wird das bonum commune seines eigentlichen Sinngehaltes entleert.

Das Wirtschaftssystem als ein System der Bedürfnisse ist um so besser im Gleichgewicht zu halten, je größer die Zahl der Beschäftigten ist und je ertragreicher die einzelnen Nahrungsgeschäfte sind. Dementsprechend kommt es bei der Förderung der Wirtschaft auf die Förderung des privaten Vermögens an und nicht auf die Steigerung des Staatshaushaltes. Eine Wirtschaft kann nach Ansicht Sonnenfels' nur florieren, wenn von einer möglichst geringen Steuerbelastung des einzelnen ausgegangen wird. Die Wohlfahrt ist seiner Ansicht nach um so größer, je geringer die Steuerbelastungen sind. Justi ging noch von einem Zusammenhang von steigendem Steueraufkommen und Wohlfahrt des Staates aus. Dieses fiskalisch orientierte Argument war bei

---

[128] Vgl. *J. v. Sonnenfels,* Grundsätze, Bd. 1, 23; danach wendet Sonnenfels gegen Justi ein, daß dessen Begriff der Glückseligkeit ein „zwar wahrer aber nicht überweisender Satz" ist.

[129] *J. v. Sonnenfels,* Grundsätze, Bd. 1, 23.

[130] *J. v. Sonnenfels,* zit. nach *F. Spitzer,* 35; vgl. auch ebenda, 192; bei Bevölkerungspolitik geht es vorwiegend um Wanderungsbewegungen, Verhinderung von Ballungszentren, Geburtenpolitik und Ein- bzw. Auswanderung.

Justi auch vorhanden[131], und es konnte in der Tat nicht überwunden werden, solange über das Steueraufkommen die Wirtschaftsförderung legitimiert war und solange die fiskalische Mittelverfügung eine notwendige Bedingung individueller Wirtschaftsförderung war. Indem Sonnenfels nicht auf die Steuereinnahmen, sondern auf die Zahl der beschäftigten und wirtschaftenden Individuen setzt, durchbricht er den Zusammenhang von Wirtschaftsförderung und wachsenden Steuereinnahmen als Voraussetzung für Wohlfahrt. Bei Annahme eines statischen Finanzbedarfs des Staates plädiert Sonnenfels für eine Reduzierung der individuellen Steuerbelastung. Diese ist am ehesten zu erreichen durch eine Vergrößerung der Zahl der Beschäftigten.

Der Staat schafft bei Sonnenfels die strukturellen Rahmenbedingungen für die Entfaltung der wirtschaftlichen und privaten Interessen der Bürger, ohne in die Wirtschaft einzugreifen. Staatsinterventionismus wird von Sonnenfels strikt abgelehnt[132], ebenso Eingriffe in das Marktgeschehen.[133]

Dennoch kann Sonnenfels nicht als Liberaler bezeichnet werden. Die liberalen Elemente werden überdeckt von einem obrigkeitsstaatlichen Denken, wie es für den Aufgeklärten Absolutismus typisch ist. Dabei ist es nicht mehr der äußere Zwang, sondern die innere Disziplinierung durch Erziehung und „Aufklärung", auf die Sonnenfels seine Hoffnungen setzt. Einschärfen von bürgerlichen Tugenden durch ein umfassendes Erziehungswesen, Eindringen in die Lebenswelt der Untertanen durch eine umfassende staatsbürgerliche Unterweisung – dies sind die Methoden, mit denen Sonnenfels die Loyalität mit dem Staat herzustellen versucht. Die Herrschaft einer rationalen, sich des Wohlfahrtsbegriffes bedienenden, im Grunde patriarchalisch-obrigkeitsstaatlich gebietenden Bürokratie macht sich breit und durchdringt Wirtschaft, Staat und Gesellschaft.

10. Fazit

An Justi und Sonnenfels wird deutlich, daß trotz der Hinwendung der Kameralwissenschaften zur Polizei als Verwaltung der Zusammenhang von Verwaltung, Wohlfahrt und Ökonomie nicht aus den Augen verloren wird. Wenngleich es zunächst scheint, als wollten die beiden Autoren den Begriff der „guthen Policey" noch einmal an die alte Verfassungs- und Rechtstradition anbinden, ist ihre Polizeiwissenschaft eben in der Abgrenzung zur „guthen Policey" eher Verwaltungswissenschaft als Wissenschaft vom Gemeinwesen in seiner umfassend verstandenen Verfaßtheit der „guthen Policey". Wo dabei – bei Rückbezug auf den umfassenderen Begriff der Polizei – Justi sich eher von wohlfahrtspolizeilichen Überlegungen leiten läßt, steht

---

131 Zu diesem und zu anderen Unterschieden vgl. F. Spitzer, insb. 18.

132 Vgl. *J. v. Sonnenfels,* Grundsätze, 215.

133 Vgl. ebenda, 192.

Sonnenfels eher in der Tradition des absolutistischen Staates: Seine Polizei orientiert sich an den Staatszwecken Recht und Sicherheit.

Hier unterscheiden sich diese beiden Autoren voneinander. Justi bindet seinen Wohlfahrtsbegriff an einen erweiterten Polizeibegriff, wie er aus den älteren Polizeilehren überkommen ist, und gleichzeitig beschränkt er das Polizeiverständnis auf die *ökonomische Dimension der Wirtschaftspolizei,* ohne allerdings den umfassenden Charakter des alten Polizeiverständnisses dabei preiszugeben. So wird die Wirtschaftspolizei zur umfassenden Polizei, die wirtschaftliche Verwaltung zur umfassenden und fundamentalen Verwaltung des gesellschaftlichen Lebens im Sinne des Gemeinwohles.

Sonnenfels indes beschränkt seinen Polizeibegriff – freilich in Rückbezug auf den aristotelischen Begriff der politeia und auf den umfassenderen Begriff der „guthen Policey" – *auf den Ordnungs- und Sicherheitsaspekt der Polizei als Verwaltung,* wobei die Beziehung von Ökonomie und Verwaltung nicht aufgegeben wird; auch sie bleibt unter sicherheits- und ordnungspolitischen Gesichtspunkten relevant, aber dem Ordnungs- und Sicherheitsaspekt untergeordnet.

Gerade diese Einbettung der Polizei in die Wirtschaft einerseits und die Beziehung zwischen Polizei als Garant von Ordnung, Sicherheit und Wohlfahrt bzw. als Garant der Voraussetzungen für Wohlfahrt andererseits macht deutlich, welche Rolle diese beiden Kameralisten für die weitere Entwicklung zur heutigen Sozialpolitik spielen. Was die Wohlfahrt betrifft, führt diese Entwicklung zu ihrer Einordnung in die Wirtschaftswissenschaften und in die Wirtschaftspolitik; im Falle des Verhältnisses von *Polizei* als Ordnungsgarant und *Wohlfahrt* zu einer Allianz von ordnungspolitischen Eingriffen und Wohlfahrtsförderung bzw. von bürokratisch-ordnungspolizeilicher Disziplinierung und Wohlfahrtsleistungen.

Wie auch immer: die Einbindung des Wohlfahrtszweckes in das Verhältnis von Ökonomie und Verwaltung mußte diesen zu einer „Restgröße" werden lassen, und zwar mit der Folge, daß auch das Glück des Untertanen aus der Verbindung von ökonomischen Strategien und Verwaltungshandeln resultiert. So unterschiedlich Justi und Sonnenfels in ihrer Grundposition waren, das System Sonnenfels unterschied sich von dem Justis gerade in diesem Punkt letztlich nicht. Bei Sonnenfels überrascht dies nicht. Seine Einbindung in die österreichische Variante des Aufgeklärten Absolutismus trägt sehr dazu bei, daß sich sein Verständnis des Wohlfahrtsbegriffs von der Dimension ordnungspolizeilicher Grenzkorrekturen einer auf die Erhaltung des Zustands bedachten Verwaltung nicht lösen konnte. Bei Justi finden wir zwar Anlehnungen an den englischen Konstitutionalismus – und im Grund naht der Frühkonstitutionalismus seinerzeit ja auch in Deutschland. Aber der wohlfahrtspolizeiliche Endzweck des bonum commune, das das Staatsinteresse und das interesse privatum vereinigte, war nicht frei von obrigkeitsstaatlicher Bevormundung einer aufgeklärten Bürokratie, die sich als den „Stand der Vermittlung“ von bonum commune und Privatinteresse verstand. Die Verwaltung hat über diese Aufgabe der „Wohlfahrtsorganisation“ (Justi) hinaus keine weiteren politischen Aufgaben mehr. Sie wird zur entpolitisierten Vermittlerin von gemeiner Wohlfahrt und Glück des einzelnen und zur Vermittlerin von Ökonomie und Herrschaft. So ist zu verstehen, daß sie über diesen Prozeß zunächst zum Fokus ökonomischer, sozialpolitischer und bürokratischer Herrschaftsinteressen geworden ist. Indem sie diese vereinigte, konnte sie die Basis für das Verhältnis von Bürokratie, Sozialpolitik und Ökonomie sein, aus der sich die bürokratische Herrschaft der sozialpolitischen Institutionen in Verbindung mit dem Herrschaftsaspekt der Sozialpolitik ableiten läßt.

11. Die Perspektive nach Justi und Sonnenfels – Wohlfahrt und Verwaltung in der Polizeiwissenschaft des 19. Jhds.

Ich beende die dogmengeschichtliche Analyse des Verhältnisses von Wohlfahrt und Verwaltung im Spiegel der älteren Staatsverwaltungslehre mit den beiden Vollendern der kameralistischen Theorie, nicht ohne auf das Schicksal der zentralen Kategorien dieser Arbeit – Wohlfahrt und Verwaltung – in der Polizeiwissenschaft des 19. Jahrhunderts einzugehen und die weitere Entwicklung zu skizzieren.

Was die *Verwaltung* betrifft, so degeneriert die „Policey“ zur unpolitischen Bürokratie; durch die Trennung von Polizei und Politik verbindet sich eher die Ökonomie mit der Polizei, was zu einer ökonomischen Rationalisierung des Verwaltungshandelns führt, wie es sich im Prinzip des Beherrschens durch Berechnen verdichtet wiederfindet. (a)

Im Falle der *Wohlfahrt* kommt es zur Eliminierung des Wohlfahrtszweckes aus dem Rechtsinhalt der Polizei; diese wird zum Garanten von Sicherheit und Ordnung, wobei die Beförderung der Wohlfahrt den Staatszwecken Sicherheit und Ordnung immanent ist. (b)

a) Von der Hausväterliteratur über die preußischen Kameralisten bis zu Justi und Sonnenfels wurde der Zusammenhang von Wirtschaft und Herrschaft, bzw. von Ökonomie und Verwaltung, für konstitutiv für den Kameralismus gehalten. Die Verbindung von Ökonomie und Verwaltung macht sich darin bemerkbar, daß die zentralen Kategorien der Verwaltung eigentlich mit ökonomischen Begriffen besetzt sind. Die zentralen Herrschaftsmodi, wie sie die „guthe Policey“ noch im Sinne des Verhältnisses von Treue und Gnade, Gehorsam und Schutz formulierte, rationalisieren sich im Zuge dieser Ökonomisierung der „guthen Policey“. Jene ökonomische Rationalität, die als strukturelle Rationalität den Fürsten als „Ersten Diener“ des Staates[134] genauso in

[134] Zum Staatsbegriff des Aufgeklärten Absolutismus, in dem diese Formel eine zentrale Rolle spielt, vgl. *E. Walder*, Aufgeklärter Absolutismus und Staat, 123ff.

die Pflicht nahm wie die Untertanen, verhalf so der Bürokratie zum Durchbruch, da sie ja mit den gleichen Rationalitätskriterien ihre innere Organisation gestaltete und nach außen ihre Beziehung zu ihrer Klientel aufnahm.

Die Trennung von Polizei und Politik war die Folge. Im Geiste des aufkommenden Liberalismus führte sie zur Reduzierung der Polizei auf die Verwaltung, der Polizeiwissenschaft auf die Verwaltungslehre. Die Trennung von Verwaltung und Politik sollte auch zu einer Trennung von Staat und (Wirtschafts-)gesellschaft führen: die liberale Absicht war nicht zu verkennen, daß das politische Element aus der Ökonomie und der Verwaltung verschwinden sollte, und so wird deutlich, warum sich gerade eine unpolitische Verwaltung mit einer unpolitischen Ökonomie verbinden konnte und die Ökonomie mit ihren zentralen Begriffen wie Effizienz, Straffheit, Rationalität bürokratische Herrschaft konstituieren konnte.

b) Die Eliminierung des Wohlfahrtsgedankens als eines ursprünglich zentralen und herrschaftskonstituierenden Gedankens macht sich in der ersten der großen Kodifikationen, dem preußischen Allgemeinen Landrecht (ALR), bemerkbar. Deutlich wird diese Eliminierung durch die Tatsache, daß bereits das ALR von einer Nachrangigkeit des Wohlfahrtszweckes nach den Staatszwecken Sicherheit und Ordnung spricht. Auch wenn der Wohlfahrtszweck den beiden anderen immanent wird, so bedeutet dies doch zumindest, daß die Wohlfahrtsförderung keinen eigenständigen Charakter hat, wenn sie überhaupt noch zum Zuge kommt.

> „Denn es ist kein Zweifel, daß der Wohlfahrtszweck in der allgemeinen Definition des Landrechts und in den Materialien des Rechts- und Sicherheitszweckes nachgesetzt wird: bei aller Kollision von Interessen hat die ‚Erhaltung des vorhandenen Güterbestandes den Vorrang vor der bloßen Erzielung eines Vorteils'."[135]

Auch macht sich bereits die Entwicklung zum liberalen Staat bemerkbar. Nach Möglichkeit soll der staatliche Eingriff zum Zweck der Wohlfahrtsförderung ausgeschlossen werden, vor allem der Zwang zum staatlichen Eingriff sollte vermieden werden. Dennoch blieb der Staat – dies zeigen die Fabrikgesetze Preußens und die Sozialgesetzgebung Bismarcks – formbestimmend für die „Erhaltung und Beförderung des allgemeinen Wohls", wie es in vielen Polizeigesetzen heißt, die im ALR erwähnt werden.

Ich hatte festgestellt, daß die durch das Naturrecht begründete Individualisierung von einer formalen Rationalisierung des Rechts begleitet war. Dieser Gedanke verband sich mit den aufkommenden Liberalisierungsbestrebungen

[135] *H. Maier,* Staats- und Verwaltungslehre, 204; Maier bezieht sich in der dazugehörigen Anmerkung 47 auf Rosin, Der Begriff der Polizei und der Umfang des polizeilichen Verfügungs- und Verordnungsrechts in Preußen, Berlin 1885, 266ff. Dieser beruft sich auf § 96 Einl. ARL: „In Ermangelung besonderer gesetzlicher Vorschriften muß der, welcher durch Ausübung seines Rechts einen Vortheil sucht dem nachstreben, der einen Schaden abzuwenden gedacht ist."

zu einer Allianz, die auch zu einer Formalisierung des Rechtsstaatsbegriffes führte. Viele der Staatsdenker nach Justi und Sonnenfels konnten sich dem Humboldtschen Gedanken nicht verschließen, der Staat

> „enthalte sich aller Sorgfalt für den positiven Wohlstand der Bürger und gehe keinen Schritt weiter, als zu ihrer Sicherstellung gegen sich selbst und gegen auswärtige Feinde nothwendig ist; zu keinem anderen Endzweck beschränke er ihre Freiheit".[136]

Es war R. v. Mohl, der – gegen einen solchen formalisierten Rechtsstaatsbegriff – auf den älteren, material verfaßten Begriff der „guthen Policey" rekurrierte und so den alten Rechtsgedanken noch einmal mobilisieren wollte und die Polizeiwissenschaft zu ihrem Höhepunkt führte. Daß seinem Vorhaben nicht der gewünschte Erfolg beschieden war, macht auch schon den Niedergang der Polizeiwissenschaft auf ihrem Höhepunkt deutlich. Aber sein Rechtsstaat, soviel steht fest, ist im letzten Drittel des 19. Jahrhunderts[137] sicher nicht mehr der alte Rechtsbewahrstaat, der mit seinen Zwecken Friede und Recht die materiale Bedingung von Wohlfahrt schuf. Vielmehr ist Polizei die Möglichkeit der Bedingung für die Schaffung von Wohlfahrt, allerdings mit Mitteln und Zielen, die dem Begriff der „guthen Policey" nicht mehr gerecht werden. Seine Bestimmung des Polizeibegriffes geht von einer Polizei aus, die längst zur Verwaltung wurde. Die Definition des Staatszweckes Wohlfahrt als Beseitigung von Hindernissen, welche

> „der allseitigen Entwicklung der sinnlichen Kräfte des Bürgers im Wege stehen"[138],

lehnt sich weitgehend an das Polizeiverständnis an, zu dem Justi und Sonnenfels die Grundlage geschaffen haben: Polizei ist die unpolitische Verwaltung, die allerdings eine Komponente enthält, die darüber hinausweist: sie soll die Aufgabe struktur- und ordnungspolitischer, präventiver Maßnahmen zur Verhinderung „schädlicher Kräfte" erfüllen.

Deshalb steht v. Mohl auch nicht eindeutig auf der Seite des liberalen und formalen Rechtsstaates, aber auch nicht mehr auf der Seite des älteren Rechtsbewahrstaates. Seine Polizei reaktiviert noch einmal den älteren Polizeibegriff, und dennoch verhindert die Realität eine materiale Einbindung des Wohlfahrtsbegriffes in eine derartige Polizei als Verwaltung.

Ich breche hier den Ausblick auf die Entwicklung des liberalen Rechtsstaates im 19. Jahrhundert ab. Das Schicksal der beiden Begriffe über die Entwicklung des Kameralismus hinaus zeigt den Weg, den nun die Geschichte der Sozialpolitik gegangen ist: Sie ist eine Geschichte ihrer Institutionen; die Gesetze sozialpolitischen Handelns sind von nun ab eng verbunden mit den

---

[136] *W. v. Humboldt,* Ideen zu einem Versuch, die Gränzen der Wirksamkeit des Staates zu bestimmen, 90.

[137] *R. v. Mohls* Polizeiwissenschaften ist zum dritten und letzten Mal im Jan. 1866 aufgelegt worden.

[138] *R. v. Mohl,* Polizeiwissenschaft I, 8; die 2. Auflage (1844) weist nur noch auf die „Entwicklung der Kräfte der Bürger" hin.

Gesetzen des Verwaltungshandelns und der Ökonomie. Die Reduzierung des Verwaltungshandelns auf die unpolitische Organisierung des bürokratischen Apparates und die Eliminierung des Wohlfahrtsbegriffes aus der Polizei als Verwaltung, seine Reduzierung auf das Ergebnis von Sicherheit und Ordnung und Beseitigung von Beschränkungen, die den Bürger an seiner Entfaltung hindern: dies alles ist eine Entwicklung, die im Kameralismus angelegt ist und die nun im Zeichen des Liberalismus voll zur Entfaltung kommt.

Die formale Individualisierung der Beziehung von Sozialbürokratie und Klientel ist die Folge. Das Individuum wird in diesem Prozeß zum formalen Rechtssubjekt; als solches wird es eingebunden in das Prinzip von Leistung und Gegenleistung. Es geht um den Erwerb von Rechtsansprüchen, die im Falle des kalkulierten Risikos durch die Sozialverwaltung eingelöst werden. Ökonomie und Bürokratie treffen sich hier im Handeln und in der Beziehung bürokratisch verfaßter sozialpolitischer Institutionen. Das Versicherungsprinzip – ehemals auf der solidarischen Versicherung auf Gegenseitigkeit angelegt – verliert seinen eigentlichen Sinngehalt, übrig bleibt eigentlich nur das der Versicherung zugrundeliegende Äquivalenzprinzip, das nach den Verteilungsmechanismen Geld und Recht funktioniert. Damit ist das Individuum auf seine Dimension als Rechts- und „Sozialfall" reduziert, und seine sozialen Probleme sind individualisiert und rationalisiert.

TEIL V

Résumé und Perspektive für die Bürokratieforschung und die Theorie der Sozialpolitik

Ich habe zu begründen versucht, daß die Bürokratisierung der Sozialpolitik in dem historisch gewachsenen Verhältnis von Wohlfahrt und Verwaltung strukturell angelegt ist. Im älteren deutschen Staatswesen der „guthen Policey" war es institutionell verankert. Die von Achinger und anderen vertretene These von der Bürokratisierung der Sozialpolitik war Anlaß, über den Zusammenhang von Wohlfahrt und Verwaltung differenzierter nachzudenken und die ältere deutsche Staatsverwaltungslehre unter dem Gesichtspunkt zu rezipieren, daß sie die Begründung für die spezifische Entwicklung der deutschen Sozialpolitik als „Sozialverwaltungspolitik" liefern könnte.

Meine These war ja, daß sich die Bürokratie der Neuzeit ohne den Wohlfahrtsgedanken nicht denken läßt, daß aber auch umgekehrt die Wohlfahrtsentwicklung ohne die Entwicklung des modernen Bürokratiegedankens nicht nachvollziehbar wäre. Ich habe dies aus der besonderen Tradition der „guthen Policey" abzuleiten versucht. Aus dem ihr zugrundliegenden Ordnungs- und Herrschaftsverständnis ergibt sich, daß sich die spezifische Form der institutionellen Sozialpolitik in Deutschland nur im Zusammenhang mit der Bürokratie als Herrschaftsprinzip, Organisationsform und Kommunikationsweise entwikkeln konnte.

Die Bedeutung der älteren Staatsverwaltungslehre insgesamt liegt in diesen Zusammenhängen begründet. Die Verschränkung von Organisationsprinzip, Kommunikationsweise und Strukturprinzip von Herrschaft wie auch die Verschränkung von Bürokratie, Ökonomie und Recht als Vorbedingung rationaler Herrschaft der Bürokratie ist hier angelegt. Dies muß besonders betont werden, weil es im Geschichtsprozeß der Bürokratie erst durch Rationalisierung gelungen ist, Herrschaft zu konstituieren; und diese Rationalisierung ist gleichermaßen an die ökonomische Rationalität wie an die formale Rationalisierung des Rechts gebunden. Ökonomisierung und Verrechtlichung der Sozialpolitik sind also Zeichen eines Rationalisierungsprozesses; durch sie ist die Bürokratisierung der Sozialpolitik gleichsam zum Vehikel für die Konstituierung rationaler Herrschaft durch die Bürokratie geworden. Erst mit Hilfe der Sozialpolitik konnte sich der Rationalisierungsprozeß durchsetzen, konnte die Bürokratie zur Herrschaft avancieren.

Im gleichen Zuge konnte sich die Sozialpolitik ihrer herrschaftssichernden und ordnungsimplementierenden Funktion nur über die Bürokratie bewußt werden; nur über diesen Prozeß konnte auch sie teilhaben an den herrschaftssichernden und -stabilisierenden Möglichkeiten der Bürokratie. Vor allem über die Bürokratie definiert die Sozialpolitik ihre gesamtgesellschaftliche Funktion, kompensatorisch, integrativ und systemstabilisierend zu wirken und damit Herrschaft mit zu implementieren.

Um diesen Rationalisierungsprozeß in seinem vollen Umfang zu begreifen, bedurfte es der eingangs formulierten Differenzierung der Achingerschen Bürokratisierungsthese. Die Bürokratie als Herrschafts- und Organisationsprinzip und als Kommunikationsweise der modernen Gesellschaft entspricht spezifischen Entwicklungsstadien der Sozialpolitik. Insbesondere aber begründen die Staatsverwaltungslehren sehr unterschiedlich die jeweiligen Aspekte des Bürokratisierungsprozesses. Je nach Zeit und Entwicklungsstufe der Verwaltung verstehen die Staatsverwaltungslehren sich mehr als Begründung des Wohlfahrtsgedankens durch die Polizei (Polizeilehren), dann mehr durch die Ökonomie (Kameralisten) in Verbindung mit der formalen Rationalisierung des Rechts und der Individualisierung der Beziehungen von Bürokratie und Klientel (Naturrechtslehre und Vollender des Kameralismus).

Bezogen auf meine eingangs formulierten Thesen zum Verhältnis von Sozialpolitik und Bürokratie, heißt dies im einzelnen:

1. Herrschaft der Sozialpolitik in Verbindung mit dem Strukturprinzip bürokratischer Herrschaft ist historisch in der bereits entfalteten Bürokratie des Aufgeklärten Absolutismus angelegt.

Erst mit der Aufklärung verband die Bürokratie als Organisationsprinzip ein Höchstmaß an technischer Rationalität mit dem Erziehungsgedanken. Dies führte in der Verschränkung des Prinzips des Beherrschens durch Berechnen mit dem Erziehungsgedanken zu einer fundamentalen Disziplinierung des gesellschaftlichen Lebens durch die Bürokratie. Die dazu notwendige Legitimation bürokratischen Handelns fand die Bürokratie in einem erweiterten, technisch-organisatorisch fundierten und ökonomisch begründeten Wohlfahrtsbegriff.

Diese Entwicklung findet sich widergespiegelt in dem Verhältnis der Sozialpolitik zur Bürokratie. Herrscht die Sozialpolitik durch die Verteilung ihrer Mittel und ökonomischen Chancen, indem sie die Lebenslagen von Individuen im Sinne bestimmter Ordnungsvorstellungen zu beeinflussen, wenn nicht sogar zu verändern trachtet, so herrscht die Bürokratie über die Art der Verteilung der Mittel und Chancen und über die Beziehung zu ihrer Klientel. Eine technisch höchst effiziente Bürokratie wird zum Garanten für die nach sozialpolitischen Gesichtspunkten richtige, gerechte Verteilung der Mittel.

2. Das Verhältnis von Ökonomisierung der Sozialpolitik und der technischen Rationalität der Verwaltung ist im Prinzip das Resultat der Verwaltungsentwicklung seit den ersten Territorien des nachreformatorischen Deutschlands.

Es wurde bereits darauf hingewiesen, daß der junge Territorialstaat eine Verwaltung brauchte, die sich durch ein hohes Maß an technischer Rationalität auszeichnete. Ökonomische Stabilität, innenpolitische Konsolidierung der Verhältnisse und die Schaffung eines einheitlich arrondierten Wirtschaftsgebietes waren die entscheidenden Ziele, denen sich die Verwaltung zu widmen hatte und denen sie auch den Wohlfahrtsbegriff unterordnete. Es ging um ökonomische Disziplinierung der Verhältnisse durch die Verwaltung im Sinne einer merkantilistischen Wirtschaftspolitik. Ökonomische Rationalität wird hier bereits zur verbindenden Kategorie von Sozialpolitik und Bürokratie. Dabei geht es nicht nur um die ökonomischen Integrationsbemühungen des Staates, sondern um die Mobilisierung aller Kräfte und Quellen wirtschaftlicher Macht und ökonomischen Reichtums. Diese Mobilisierung deckt sich auch mit dem Gemeinwohlverständnis des absolutistischen Staates: Staatsinteresse war ökonomischer Reichtum als Bedingung und Inbegriff von Wohlfahrt. Hier schlägt die ökonomische Rationalität in umfassender Weise durch: Der merkantilistische Staat ist voll auf die Unterstützung aller seiner ökonomisch arbeitenden Untertanen angewiesen, ökonomische Disziplinierung und militärischer Geist durchdringen die Lebensverhältnisse und vermischen sich mit dem Selbstverständnis der Verwaltung, für das Gemeinwohl zu sorgen, zu einer umfassenden Sozialdisziplinierung der Untertanen.

3. Auch die Verrechtlichung des Verwaltungshandelns und der Beziehungen der Verwaltung zu ihrer Klientel beginnt mit den Veränderungen des Verwaltungs- und Wohlfahrtsverständnisses im Zuge der Entstehung der Territorien.

Die formale Rationalisierung des Rechts trägt dem Prinzip der Verwaltung Rechnung, ihre Ziele mit Hilfe der Formalisierung ihrer Entscheidungen zu erreichen, mit rechtlichen Mitteln ihre Ansprüche durchzusetzen oder aber andere Ansprüche an sie mit juristischen Mitteln zu bearbeiten, zuzulassen oder abzuwehren. Dies hatte Folgen für das Wohlfahrtsverständnis, wie es die Verwaltung für sich reklamierte. Denn die rechtliche Fixierung von Ansprüchen an eine Sozialbürokratie hatte auf der anderen Seite zur Folge, daß mit Hilfe von Rechtsnormen Ansprüche der Bürokratie gegenüber der Klientel durchgesetzt werden konnten, und zwar mit Zwang. Was die Sozialverwaltungspolitik seit ihren Anfängen ausmacht, ist die Möglichkeit der Bürokratie, mit Hilfe der Verrechtlichung ihrer Beziehungen zu den Klienten ihre Regeln durchzusetzen, ihre Maßnahmen zu implementieren und damit Zwang auf die Gestaltung von Lebensverhältnissen auszuüben.

Die formale Rationalisierung des Rechts auf Wohlfahrt führte dazu, daß das Gemeinwohl nicht mehr material im Verfassungsprinzip verankert ist, sondern als ausdifferenzierter Wohlfahrtszweck einen formalisierten Maßnahmenkatalog darstellt. Nur so konnte die Verwaltung den Wohlfahrtszweck begreifen und die Maßnahmen durchsetzen. In Verbindung mit der Ökonomisierung führt die Verrechtlichung der Beziehungen zu den wohlfahrtspolitisch relevanten Gruppen so zu einer Rationalisierung des Wohlfahrtsbegriffes. Dieser Prozeß setzt ebenfalls bereits mit der Bürokratisierung und Verrechtlichung der Armenfürsorge ein und wird auch hier von den Territorien übernommen. Der formalisierte Anspruch auf Armenhilfe ist nicht nur Resultat der formalisierten Verwaltungstätigkeit, sondern auch Produkt einer zunehmenden formalen Rationalisierung des Rechts im Zuge der Konsolidierung der Verhältnisse des jungen Territorialstaats.

Die der Verrechtlichung zugrundeliegende Formalisierung des Rechts ist sicher ein Prozeß, der mit der Entwicklung eines neuen Rechtsverständnisses verbunden ist und der im Naturrecht seinen Ausgangspunkt hat. Die Entwicklung zum Gebotsrecht, das das alte Rechtsverständnis ablöste, wie die Entdeckung des Individuums im Zuge der Aufklärung haben hier sicher wesentliche Anstöße gegeben. Im Verlauf der gesamten Rationalisierung im 17. Jahrhundert und der Ausdehnung des Verwaltungsstaates geriet auch das Rechtsverständnis in einen zunehmenden Rationalisierungsprozeß, der eine entscheidende Basis für die weitere Entwicklung der Verrechtlichung gesellschaftlicher Bezüge und Verhältnisse geliefert hat.

Welche Konsequenzen sind aus den bisherigen Ausführungen für eine soziologische Theorie der Sozialpolitik zu ziehen, und wie wirkt sich die wechselseitige Durchdringung von Wohlfahrts- und Bürokratieentwicklung im Ergebnis auf die soziologische Bürokratietheorie und -forschung aus?

1. Konsequenzen für eine soziologische Theorie der Sozialpolitik

Bleiben wir zunächst beim ersten Teil der Frage: Welche Folgerungen sind für die soziologische Theorie der Sozialpolitik zu ziehen?

Ich beziehe mich noch einmal auf die von v. Ferber formulierten Thesen, die dieser Arbeit als Prämissen zugrundeliegen.

1. Eine *soziologische Theorie* der Sozialpolitik muß offen sein für die Ergebnisse der *Bürokratieforschung*. Sie kann dies nur, wenn die Bürokratieforschung differenzierte Ergebnisse zur Verfügung stellt, die es erlauben, auf die Zusammenhänge von Herrschaft der Bürokratie und Herrschaft der Sozialpolitik einzugehen; gleichermaßen müssen die Aspekte der Organisationsform und Kommunikationsweise der Bürokratie mit den Handlungsmustern und -perspektiven der Sozialpolitik in Verbindung gebracht werden.

2. Eine *soziologische Theorie* der Sozialpolitik muß aus diesem Grunde eine *historische Theorie* der Sozialpolitik sein, weil nur über die geschichtliche Entwicklung des Verhältnisses von Wohlfahrt und Verwaltung deutlich wird, warum die Bürokratie sich ohne die Wohlfahrt nicht hätte entwickeln können und vice versa.

Durch die Verbindung dieser beiden Prämissen konstituiert sich eine soziologische Theorie der Sozialpolitik. Eine solche Theorie, die sich gleichsam der soziologischen Erkenntnisse der Bürokratieforschung bedient, muß deshalb und insofern eine historische Theorie sein, als die Geschichte der Sozialpolitik auch immer eine Geschichte ihrer Verwaltung ist. Wo es um die soziologische Deutung des Herrschaftscharakters der Sozialpolitik geht, geht es um die Geschichte ihrer Organisationsprinzipien und ihrer Kommunikationsweisen. Damit kommt eine soziologische Theorie der Sozialpolitik nicht umhin, Teile der Verwaltungs-, Verfassungs- und Rechtsgeschichte zu rezipieren und soziologisch zu deuten, die für die Entwicklung sozialpolitischer Institutionen konstitutiv sind.

Achingers Überlegungen haben uns verdeutlicht, daß mit dem Bürokratisierungsprozeß nicht nur ein allgemeiner Rationalisierungsschub gemeint ist, der die modernen Gesellschaften erfaßt hat und u. a. auch zu einer Rationalisierung des sozialpolitischen, fürsorgerlichen Handelns und Helfens geführt hat. Achinger formuliert zwar seine These aus dieser Perspektive, aber in Blick auf die Zukunft hat auch er bereits den Bürokratisierungsprozeß mit anderen Konnotationen versehen, die über die Perspektive eines Rationalisierungsprozesses sozialpolitischen Helfens und Handelns weit hinausweisen. Ihm geht es vielmehr darum, daß die sozialpolitische Absicht durch die Bürokratie längst überformt wurde und zwar sowohl in Hinblick auf die Bürokratie als Herrschaftsprinzip als auch in Blick auf die Bürokratie als Organisationsprinzip und Organisationsweise. Hier sei noch einmal auf die einleitend dargelegten Überlegungen Achingers verwiesen, der sagt, daß die sozialpolitischen Institutionen eine Eigendynamik entwickelt hätten und von sich aus eigenproduktiv wären, so daß sich der Sinn sozialpolitischen Handelns, die Motive sozialpolitischer Bemühungen in ihr Gegenteil verkehrten.

Achinger hat das Problem der zunehmenden Ökonomisierung, der Verrechtlichung und des bürokratischen Zentralismus also unter dem Gesichtspunkt der zunehmenden Überformung sozialpolitischer Motive durch die bürokratische Praxis gesehen. Seine Überlegungen tragen weiterhin der Tatsache Rechnung, daß im historischen Prozeß die Entwicklung der Verwaltung ohne den Wohlfahrtsgedanken nicht den gezeigten Weg gegangen wäre; hätte sich die Verwaltung anders verstanden, hätte sie im Wohlfahrtsgedanken nicht den letzten Legitimationsgrund ihres Handelns gefunden, wäre sowohl die Entfaltung der Sozialpolitik wie die der Bürokratie nicht so möglich geworden, wie es für die deutsche Sozialpolitikentwicklung der Fall ist.

Für eine soziologische Theorie der Sozialpolitik bedeutet dies, daß sich die Sozialpolitik ihrer eigenen rechts-, verfassungs- und verwaltungsgeschichtlichen Entwicklung im Detail vergewissern muß. Das bedeutet auch, daß es erforderlich wäre, die historischen Quellen und Entwicklungsstränge in die soziologische Theorie der Sozialpolitik mit aufzunehmen, die, vorab und vordergründig betrachtet, zunächst keinen Zusammenhang mit der Sozialpolitikentwicklung erkennen lassen, die aber bei näherem Hinsehen die spezifische Entwicklung zu einer Sozialverwaltungspolitik in Deutschland erklären. Hier spielt die Auseinandersetzung mit der älteren Staatsverwaltungslehre und ihren Grundlagen und Prämissen eine zentrale Rolle. Sie repräsentiert insgesamt eine Literaturgattung, die deutlich macht, in welcher Form die Geschichte der Sozialpolitik in Deutschland mit der Entfaltung einer rationalen Bürokratie verbunden ist und warum die Sozialpolitik sich unter der Aufsicht des Staates und unter seinem Schutz entwickeln konnte. Gleichzeitig wird aus diesem historischen Kontext heraus interpretierbar, warum sich gerade eine obrigkeitsstaatlich bevormundende Bürokratie mit Erfolg des Wohlfahrtszweckes bemächtigen konnte, ihr Handeln im letzten daraus ableitete und legitimierte und so die „Wohlfahrtsförderungspolitik" die Komponente der Beeinflussung von Lebenslagen im Sinne bestimmter Ordnungsvorstellungen nie verlor.

Ohne diese Rezeption der Geschichte wird auch der Zusammenhang zwischen bürokratischer Herrschaft und ihren Wirkungen – und der Herrschaft der Sozialpolitik, die sich dieser Wirkungen mit bedient – nicht deutlich. Dies ist bei der Analyse des Zusammenhanges zwischen Ökonomie, bürokratischer Organisationsweise und dem Prinzip des Beherrschens durch Berechnen deutlich geworden; gleichermaßen konnte dies auch für den Zusammenhang von Kommunikationsweise, rationaler Formalisierung des Rechts und Verrechtlichung sozialpolitischen Denkens nachgewiesen werden.

F. X. Kaufmann konstatiert, daß in der Nachkriegszeit ein Paradigmenwechsel stattgefunden hat von einem sozialpolitischen Verständnis der Umverteilung von ökonomischen Mitteln zu einem Sozialpolitikverständnis, das von der Gestaltung gesamtgesellschaftlicher Verhältnisse und der Veränderung von Lebenslagen ausgeht (Sozialreform).

Der Anspruch, über die Verteilung von Mitteln und die Umverteilung ökonomischer Chancen mit Hilfe einer Sozialverwaltung Verhältnisse zu gestalten, ist allerdings älter als die sozialpolitische Entwicklung der Nachkriegszeit. Aber die Soziologie hat sich um diesen Ansatz sozialpolitischen Denkens nie gekümmert; sie hat mit dazu beigetragen, daß sich die Sozialpolitik als Teildisziplin der Wirtschafts- und Rechtswissenschaften verstehen konnte.

Eine soziologische Theorie der Sozialpolitik muß deshalb an der älteren Tradition der Staatsverwaltungslehre anknüpfen, um deutlich zu machen, daß die Gestaltungskraft und der Gestaltungswille der Sozialpolitik ein eigenständiger Gedanke ist, der in der Einbindung der Wohlfahrtsförderung in das Herrschaftsprinzip, später in das Prinzip der Bürokratie gründet; und diese Einbindung ist der tragende Gedanke der gesamten älteren Staatsverwaltungslehre.

Die Formeln von der Sozialpolitik als Gesellschaftspolitik (Achinger), Sozialpolitik als Strukturpolitik (Preller) oder Sozialpolitik als Ordnungspolitik (Molitor) thematisieren diesen Gestaltungswillen, ohne auf die historischen Zusammenhänge der Wohlfahrtsentwicklung mit der Bürokratieentwicklung zu rekurrieren. In der Tat ist die Verteilung von ökonomischen Mitteln und die Umverteilung von Chancen aufgrund von zugewiesenen Rechtsansprüchen Ausdruck einer bürokratisch verfaßten und damit auch herrschenden Sozialpolitik, und dies ist im Grunde ein zutiefst soziologisches Problem, unabhängig davon, daß es finanz- und rechtspolitische Probleme aufwirft.

Kernstück einer soziologischen Theorie der Sozialpolitik und entscheidendes Verbindungsglied von Soziologie und Sozialpolitik bleibt also die bürokratisch verfaßte herrschaftliche Beeinflussung von Lebenslagen, Lebensverhältnissen und deren Folgen für das Individuum und die Gesellschaft. Mit dieser Prämisse wird die Bürokratie zum Zentrum aller soziologischen Betrachtungen gemacht, und die Bürokratisierung der Sozialpolitik erschiene so als ein zentrales Anliegen der Soziologie. Eine soziologische Theorie der Sozialpolitik muß also zur Kenntnis nehmen, daß sich der herrschafts- und ordnungsstabilisierende sowie der sozialintegrative Charakter sozialpolitischer Maßnahmen nicht allein aus den Maßnahmen selbst ableiten läßt, sondern aus der bürokratischen Vermittlung dieser Maßnahmen. Daß diese Maßnahmen sich bürokratisch vermitteln lassen müssen, macht die Bedeutung der Sozialverwaltung für die Sozialpolitik aus. In der Tat müssen die Maßnahmen so definiert sein, daß ihre Umsetzung in Verwaltungsakte umstandslos gewährleistet ist. Das bedeutet auch, daß die Verwaltung die Tradition der älteren Staatsverwaltungslehre nie aufgegeben hat, über die Adaption des Wohlfahrtsbegriffes Herrschaft zu konstituieren und über die besondere Art und Weise ihrer inneren Organisation und Kommunikationsweise mit der Klientel Herrschaft zu stabilisieren. Sozialpolitische Institutionen haben es immer in der Geschichte verstanden, Abhängigkeit und Distanz zur Klientel in dialektischer Weise zu verschränken – wir konnten dies bei der Kommunikationsweise der Bürokratie im Zusammenhang mit der Verrechtlichung der Sozialpolitik konstatieren.

Eine soziologische Theorie der Sozialpolitik muß deshalb erkennen, daß die Organisationsprinzipien und Eigenheiten der inneren Organisation und Kommunikation nach außen wesentlich größere Folgen haben als bei jeder anderen Verwaltung. Sie kann dies um so deutlicher zur Kenntnis nehmen und soziologisch fundieren, je mehr sie sich einer differenzierteren Entfaltung der Bürokratisierungsthese öffnet und je mehr sie sich mit den historischen Entwicklungssträngen einer zur Herrschaft avancierten Bürokratie beschäftigt. Dies ist – wie noch zu zeigen sein wird – allerdings ein Problem der Bürokratietheorie und der Organisationssoziologie.

2. Konsequenzen für die Bürokratieforschung

Welche Konsequenzen sind aus den bisherigen Ausführungen für die Soziologie, speziell für die Organisationssoziologie und die Bürokratieforschung, zu ziehen?

Alle Forderungen an die soziologische Theorie der Sozialpolitik wären nur dann sinnvoll, wenn sich die Soziologie bereiterklärte, sich mit der Sozialpolitik auseinanderzusetzen, und wenn sie ihren Beitrag zu einer Theorie der Sozialpolitik nicht schon als Vorbedingung für den „Beitritt der Sozialpolitik zur Soziologie“ verstünde.

Diese Überlegung beruht auf der Prämisse, daß

> „jede wissenschaftliche Theorie (. . .) sich angesichts des vorgegebenen arbeitsteiligen Zusammenhanges der Wissenschaft zu entscheiden (hat), ob sie sich gegenüber dem Beitrag, den andere Wissenschaften, also bereits bestehende wissenschaftliche Perspektiven zum Problemverständnis geben, offenhalten will, oder ob sie beansprucht, einen Problembereich geschlossen aus dem eigenen methodischen und begrifflichen Bestand zu ordnen“.[1]

Dies hat Konsequenzen in Hinblick auf die soziologische Betrachtung sozialpolitischen Handelns. Ich habe eingangs darzulegen versucht, daß es in dieser Arbeit weniger darauf ankommt, die Sozialpolitik in die Soziologie zu integrieren, als vielmehr darauf, einen Beitrag zu einer soziologischen Theorie der Sozialpolitik zu formulieren, der die Sozialpolitik in die Lage versetzt, ihren eigenen Gegenstand – das sozialpolitische Handeln – als Verwaltungshandeln bzw. als bürokratisch verfaßtes Handeln soziologisch zu rezipieren.

H. J. Bochnik unterscheidet eine systemoffene von einer systemisolierenden Vorgehensweise einer Wissenschaft[2] – an dieser Alternative entscheidet sich, ob die Sozialpolitik bereit ist, die Problemverarbeitungskonzepte und -kapazitäten anderer Wissenschaften zur Kenntnis zu nehmen oder nicht, ob ihr wissenschaftliches Begriffsraster und Theoriesystem offen oder isoliert ist.

Nun scheint mir dies nur *eine* Dimension eines komplexeren Zusammenhanges zu sein. Unterstellt man einer systemoffenen Wissenschaft, daß sie für Beiträge der anderen Wissenschaft offen ist, ist dies eine notwendige, aber keine hinreichende Garantie dafür, daß der Gegenstand einer Wissenschaft von der anderen wirklich rezipiert wird. Vielmehr bedarf es auch der Aufbereitung des zu rezipierenden Gegenstandes, und dies fordert auch die andere

---

1 *Chr. v. Ferber,* Soziologie und Sozialpolitik, 25.

2 *H. J. Bochnik / H. Legewe,* zit. nach *Chr. v. Ferber,* ebenda.

Wissenschaft heraus. Auf unseren Sachverhalt bezogen bedeutet dies: Ein Beitrag der Soziologie zu einer soziologischen Theorie der Sozialpolitik kann also nicht darin bestehen, den im Kern eigenen Gegenstand – die Bürokratie – der Sozialpolitik anzubieten und dieses Angebot mit der Aufforderung zu verbinden, diesen Gegenstand gefälligst zu rezipieren. Vielmehr muß auch deutlich werden, daß die Soziologie in der Lage ist, ihren Gegenstand in Blick auf die Sozialpolitik so zu reflektieren, daß er der sozialpolitischen Theoriebildung förderlich ist. Dies kann möglicherweise auch zu einer erweiterten Perspektive soziologischen Denkens führen.

Die Chance eines soziologischen Beitrages zu einer Theorie der Sozialpolitik läge zunächst darin, daß die soziologische Theorie um Dimensionen bereichert werden könnte. Konstituiert und beeinflußt nämlich die Volkswirtschaftslehre, die Sozialmedizin oder das Recht die sozialpolitische Praxis und begrenzt zugleich die Erklärungskraft für die dort auftretenden Probleme, so bestünde durch den Beitrag der Soziologie die Möglichkeit, gerade diese Probleme der Organisation, Kommunikation und ordnungspolitischen Implementation von Maßnahmen soziologisch zu analysieren und theoretisch zu begründen. Gerade die Analyse der Bürokratie macht deutlich, daß die Betrachtung ihrer Entwicklung und die Analyse ihrer Gesetzmäßigkeiten nur mittels einer angemessenen soziologischen Begründung hinreichend für die Sozialpolitik – die wissenschaftliche und die praktische – geleistet werden können.

> „An diesem Zustand wird sich wenig ändern, solange die soziologische Theorie vor allem um ihre eigene Selbstfindung bemüht ist und bevorzugt danach strebt, Problemperspektiven aus soziologieimmanenten Begriffen zu konstituieren. Die soziologisch-theoretische Arbeit müßte sich schon der Aufgabe unterziehen, interdisziplinäre Brückenkonzepte zu entwickeln, die den *Wirklichkeitsgehalt* der die Sozialpolitik als Gesellschaftsprozeß bewirkenden Denksysteme (Volkswirtschaftslehre, Sozialrecht, Medizin) erschließen, soziologisch zu verarbeiten und handlungsrelevant verfügbar zu machen."[3]

Ist für die wissenschaftliche Sozialpolitik die Einsicht in derartige soziologische Zusammenhänge schon schwierig, macht sich dieses Problem in der praktischen Sozialpolitik noch deutlicher bemerkbar, hat doch sozialpolitisches „Alltagswissen" bei Soziologen in der Regel keinen hohen theoretischen Rang, geschweige denn, daß Soziologen sozialpolitisch Relevantes dazu zu sagen hätten.[4]

Als Organisations- und Finanzierungsprobleme scheinen sie dem Status soziologischer Theoriebildung nicht zu entsprechen. Selbst unter dem

---

[3] Ebenda.

[4] „Gesetzt den Fall, den Soziologen als Profession würde das Feld der Sozialpolitik geöffnet werden, so wären sie doch keineswegs theoretisch dafür gerüstet. Es fehlt – soweit die Soziologie betroffen ist – eine zureichende theoretische Konzeption, um den Bereich zu erschließen." (*Chr. v. Ferber,* Bemerkungen zum Verhältnis, 326; vgl. auch *H. Achinger,* Sozialpolitik und Wissenschaft, 76ff.)

Gesichtspunkt der Lösung sozialer Probleme macht sich eher der Gedanke breit, daß die Lösung der sozialen Probleme, ihre Definition und die Programmimplementation eher wirtschafts- und finanzpolitisches Alltagsgeschäft sind; die Soziologie bedient sich der Erkenntnisse nur zur Analyse und zur weiterreichenden Theoriebildung.

„Die herrschende Form des soziologischen Erkenntnisinteresses thematisiert beispielsweise sozialpolitische Sachverhalte nicht um ihrer sozialpolitischen Qualität willen, sondern betrachtet sie – je nach wissenschaftstheoretischer Orientierung – als zu erklärende soziale Tatbestände, als Material zur Bestätigung bestimmter Theorien, oder als Prüfsteine zur Falsifizierung von Hypothesen."[5]

Sollte die Soziologie weiterhin bei dem (Vor-)Urteil bleiben, sich mit der Sozialpolitik aus den genannten Gründen nicht beschäftigen zu wollen, begäbe sie sich der Chance, sich theoretisch für die Auseinandersetzung mit einer Disziplin zu rüsten, die zu Beginn der sozialwissenschaftlichen Aufklärung im Zentrum des Interesses aller Gesellschaftswissenschaften stand. Als „Sociale Politik" war die heutige Sozialpolitik ursprünglich die einzig adäquate Antwort auf soziale Probleme, die sich in Begriffen wie „soziale Frage", „Arbeiterfrage" etc. verdichteten. Im Zentrum aller gesellschaftswissenschaftlichen Erkenntnisse stand die praktisch-politische Lösung sozialer Probleme im Sinne einer Sozialreform – zumindest kann dies für die Nachkriegsentwicklung konstatiert werden. Insofern kann keine der bestehenden Sozialwissenschaften die Sozialpolitik als Quelle und Teil ihres Erkenntnisinteresses ignorieren.

„Ob es also den deutschen Soziologen behagt oder nicht, sie müssen sich auch *theoretisch* dem Phänomen der Sozialpolitik stellen. Schon um der Soziologie in Deutschland zur methodologischen Reife zu verhelfen, ist es unumgänglich, das vorwiegend unter anderen Sozialbedingungen entstandene, aber gleichwohl rezipierte Rüstzeug der theoretischen Forschung für die deutschen Sozialverhältnisse umzubilden."[6]

Die Beziehung zwischen Soziologie und Sozialpolitik scheint aber nicht nur ein Problem der beiden Wissenschaften zu sein; die Probleme rühren vielmehr von der Diskrepanz zwischen Theorie und Praxis, Wissenschaft und praktischem Vollzug sozialpolitischen Handelns her. Es ist in der Tat der unterschiedliche wissenschaftliche Status beider Disziplinen, der die Kooperation mindestens schwierig macht, wenn nicht gefährdet.

Darüber täuscht auch nicht der Einbezug juristischen und wirtschaftswissenschaftlichen Wissens in das sozialpolitische Denken hinweg; denn dieses Wissen ist immer auf den praktischen Vollzug sozialpolitischen (Verwaltungs-) Handelns aus und nicht auf dessen wissenschaftliche Begründung und theoretische Reflexion.[7] Das benötigte juristische und ökonomische Wissen ist weit-

---

[5] *F. X. Kaufmann*, Sozialpolitik und Soziologie, 45.

[6] *Chr. v. Ferber*, Bemerkungen zum Verhältnis, 328.

gehend kasuistisch, es ist bezogen auf die zu bearbeitenden Fälle und gilt von Fall zu Fall; zu seiner Anwendung sind weder Systematisierungs- noch Generalisierungsbemühungen notwendig, die Voraussetzungen für eine Theoriebildung wären. Das Wissen genügt den Kriterien des Verwaltungshandelns, und nur deshalb ist es reibungslos in Verwaltungshandeln umsetzbar. Dieser Umstand führt dann auch dazu, daß auch die Sozialpolitik wenig Interesse zeigt, ihren Gegenstand auf einer soziologisch-theoretischen Ebene zu reflektieren, weil das die praktische Sozialpolitik keinen Schritt weiterbringen würde, es sei denn, die Soziologie hätte praktisch umsetzbares Wissen anzubieten.

Vorab muß sich aber die Sozialpolitik – insbesondere die wissenschaftliche – darüber im klaren sein, daß sie sich der Erkenntnisse der Soziologie als Wissenschaft bedienen muß, so wie umgekehrt die Soziologie sich auf die spezifischen Probleme des Gegenstandes „Sozialpolitik" einlassen können müßte.

Von seiten der Soziologie käme es also darauf an, einen höheren Grad der Systematisierung und Generalisierung sozialpolitischer Praxis zu begründen als den, den die sozialpolitische Praxis selbst aus sich heraus zu begründen vermag und als sozialpolitische Theorie formuliert. Die Bürokratietheorie bietet solche Systematisierungs- und Generalisierungskriterien an; auf der Ebene der Herrschafts-, Organisations- und Kommunikationsweise lassen sich eine Reihe von Problemen herauskristallisieren, deren Systematisierungs- und Generalisierungsgrad zu einer höheren Stringenz und Konsistenz der Erklärung und theoretischen Begründung sozialpolitischen Handelns führen könnte. In diesem Zusammenhang würde dann auch deutlich werden, daß die Herrschaftsanalyse ohne die Analyse ihrer Organisation und ihrer Kommunikationsweise nicht leistbar ist, oder – um es in Begriffen der Sozialpolitik zu formulieren – daß die Bürokratie als Herrschafts- und Organisationsprinzip und als Kommunikationsweise ohne die ökonomischen Prinzipien der Organisation und ohne die Verrechtlichung der Kommunikationsweise nicht gedacht werden kann.

Die Sozialverwaltung als Kernstück der institutionellen Sozialpolitik und als Paradigma bürokratischer Verfaßtheit sozialpolitischer Institutionen böte für diese Zusammenhänge ein weites Forschungsfeld, was ihre innere Organisation und ihre Kommunikationsweise nach außen angeht. Erst wenn sich die Soziologie Gedanken über die spezifische Beziehung zur sozialpolitischen Klientel macht, die gleichsam in diesen Bürokratisierungsprozeß eingebunden

[7] Vgl. *F. X. Kaufmann*, Sozialpolitisches Erkenntnisinteresse, 58: „Die Behauptung, Sozialpolitik stelle ein insgesamt noch wenig verwissenschaftliches Feld gesellschaftlicher Praxis dar, scheint der These von der Ökonomisierung und Verrechtlichung der Sozialpolitik zu widersprechen. Es ist jedoch nicht zu bestreiten, daß bei der Legitimation sozialpolitischer Entscheidungen juristische und ökonomische Argumentationen dominieren . . . Die Frage ist allerdings, (. . .) inwieweit (also) rechtliche und ökonomische Systematisierungs- und Generalisierungsleistungen für die sozialpolitischen Entscheidungen relevant sind."

ist als Opfer und Objekt in einem, erst dann kann sich die Soziologie auf die sozialpolitische Diskussion einlassen, warum gerade die institutionelle Sozialpolitik jenes dialektische Verhältnis von Abhängigkeit und Distanz in der Beziehung zu ihrer Klientel nicht aufheben kann. Es geht nicht darum, daß die Soziologie ein Wissen bestätigt, das der sozialpolitischen Praxis sattsam bekannt ist. Es geht vielmehr darum, organisationssoziologisch und bürokratietheoretisch zu begründen, *warum* dies so ist und warum gerade die Verbindung von sozialpolitischer Zielsetzung und Verwaltungshandeln diese Distanz und Abhängigkeit in ihrem Wechselverhältnis gleichermaßen erzeugt. Ich habe mich in diesem Zusammenhang auf Leibfried[8] bezogen, der in seiner Studie bereits einiges aufzeigte, was der Organisationssoziologie dienlich sein könnte. Fragen der aktiven bzw. passiven Institutionalisierung sind keine genuin sozialpolitischen Fragen, sondern originär soziologische, und es bedarf einer soziologischen Antwort auf die Frage, warum eine Eingriffsverwaltung nicht in der Lage ist, die von ihr zu bearbeitenden Probleme selbst aufzuspüren (aktive Institutionalisierung), statt dessen aber erst reagieren kann, wenn das Problem „per Antrag“ an sie herangetragen wird (passive Institutionalisierung). Über die Analyse der Klientel, ihrer Kompetenzen und Dispositionen würde nicht nur ein entscheidender Beitrag der soziologischen Theorie zu einer Theorie der Sozialpolitik geleistet werden, sondern die Organisationssoziologie selbst könnte angesichts der sozialpolitischen Probleme mit der Klientel zu neuen Einsichten über die Organisationsstruktur, Kommunikationsweise und Sozialisation in sozialpolitischen Institutionen kommen.

Freilich macht sich die Organisationssoziologie Gedanken um die Wirkungen freiwilliger und erzwungener Sozialisation und Kommunikation in Organisationen. Dies ist notwendig, aber keineswegs hinreichend für die Begründung des spezifischen Verständnisses der Sozialbürokratie von der spezifischen Sozialisation ihrer Klienten als Mitglieder. Erst über das spezifische Herrschaftsverhältnis und über den Herrschaftscharakter von Sozialpolitik und der Bürokratie als Herrschaftstechnik gleichermaßen erschließt sich uns in dialektischer Weise die Wirkung bürokratischer Sozialisation durch sozialpolitische Institutionen.

Indem die sozialpolitischen Institutionen sozialisatorische Funktionen ausüben, vermitteln sie zwangsläufig über die Eröffnung von ökonomischen Handlungsspielräumen und sozialen Chancen soziokulturelle Normen, Werte und Ziele, gesellschaftliche Vorstellungen, Handlungs- bzw. Sinndeutungsmuster und erzwingen ihre Realisation. Auf diesen Aspekt hat bereits v. Ferber[9] hingewiesen; er ist aber weder Gegenstand der Sozialpolitikforschung noch der organisationssoziologischen Betrachtung bürokratischer Organisationen geworden.

[8] *S. Leibfried,* Armutspotential und Sozialhilfe.

[9] *Chr. v. Ferber,* Bemerkungen zum Verhältnis, 330.

Die Definitionsmacht sozialpolitischer Institutionen führt in jedem sozialpolitisch relevanten Fall – im Versicherungs-, Versorgungs- oder Bedürftigkeitsfall – über das Verhältnis von Abhängigkeit und Distanz zu der daraus folgenden „distanzierten Zwangskommunikation" mit der Bürokratie. Damit begründen sozialpolitische Institutionen in subtiler Weise eine Verschränkung von Herrschaft und Macht. Die Chance, nach M. Weber

> „für einen Befehl bestimmten Inhalts bei angebbaren Personen Gehorsam zu finden"[10],

wird durch die Chance erweitert bzw. verdichtet,

> „innerhalb einer sozialen Beziehung den eigenen Willen auch gegen Widerstreben durchzusetzen, *gleichviel worauf diese Chance beruht*"[11] (Hervorh. vom Verf.).

Daß mit dieser erzwungenen Kommunikation auch eine zwangsläufige Einübung in gesellschaftliche Wertvorstellungen verbunden sein kann, die der Klientel bislang fremd war, macht den Zwangscharakter der Kommunikation noch deutlicher, verweist aber auch auf ein nicht zu unterschätzendes Konfliktpotential. Denn die Vermittlung von Chancen und die Eröffnung von Handlungsspielräumen durch die sozialpolitischen Institutionen unterstellt das schon weiter vorn skizzierte Menschenbild des arbeitsfähigen, -willigen und integrationsbereiten Klienten, wobei sowohl die Organisationen als auch sozialpolitische Konzeptionen in der Regel von sozialisatorischen Vorleistungen ausgehen. In der Tat unterstellen die Institutionen, daß Menschen Regeln und Normen schon einmal beherrscht haben und nur durch widrige Umstände und durch den Eintritt von Lebensrisiken an der Erfüllung und Realisierung gehindert wurden und sind. Gerade aber sozialpolitische Institutionen müssen die Anlässe und Ursachen der Beziehung zu ihrer Klientel genauer analysieren, sie müssen sich über das Verhältnis von sozialer Abweichung (der Klientel) und sozialer Kontrolle (durch die Sozialbürokratie) klar werden, denn nur über die Analyse dieses Verhältnisses erschließt sich die herrschaftliche Kontrolle und Beeinflussung von Lebenslagen mittels Recht und Geld. Dies ist ein zentrales Thema der Organisationssoziologie.

Selbst wenn wir konstatieren müssen, daß natürlich das Recht und die Ökonomie originäre Quellen für die Erklärung des Ökonomisierungs- und Verrechtlichungsprozesses sind, so ist es eine im Kern soziologische Frage, *wie* diese beiden Prozesse im Zusammenhang mit der Durchdringung der gesellschaftlichen Verhältnisse mit einem rational-bürokratischen Geist die Herrschaft der Bürokratie konstituieren. Diese Überlegung ist von besonderer Bedeutung, markiert doch die Entwicklung zur bürokratischen Herrschaft den Wandel des Selbstverständnisses der Bürokratie. In dem Augenblick, in dem sich die Verwaltung von einer ausführenden zu einer selbst agierenden Büro-

---

[10] Vgl. *M. Weber*, Wirtschaft und Gesellschaft, 28.

[11] Vgl. ebenda.

kratie gewandelt hat, in dem Augenblick, in dem aus einer ausführenden Hoheitsverwaltung eine politisch agierende Eingriffsverwaltung wurde, konnte sich auch die Sozialpolitik von einer reinen Politik der Umverteilung monetärer Leistungen im Dienste der Gesellschaft zu einer „aktiven Gesellschaftspolitik" wandeln. Über die Adaption der Problemdefinition, Programmformulierung und Programmimplementation ist die Verwaltung zu einer politisch handelnden Bürokratie geworden, die durch dieses Handeln Herrschaft implementiert.

Mittels der ihr eigenen Art der Vermittlung und der Art der Leistung selbst beeinflußt sie, weil sie mittelbar und unmittelbar Abhängigkeit erzeugt – ob sie will oder nicht. Es ist also auch der sozialpolitische Charakter der Organisationsziele selbst, der eine besondere Kommunikationsweise mit der Klientel bedingt, und es ist eine besondere Form der Herrschaft, die über das spezifische Organisationsprinzip des Beherrschens durch Berechnen und über die spezielle Kommunikationsweise implementiert wurde.

Aus der Sicht eines um die Fürsorgepraxis und den ihr zugrundeliegenden sozialpolitischen Geist besorgten Sozialpolitikers muß dies alle sozialpolitischen Bemühungen in Frage stellen, weil die Verkehrung der Motive den Aspekt der Hilfe und Fürsorge am ehesten pervertiert. Denn die Verrechtlichung, die Monetarisierung und der Zentralismus sozialpolitischer Maßnahmen führen im Endeffekt nicht zu einer Eliminierung sozialer Not durch Hilfe, wie sie der Fürsorgepraxis und dem Fürsorgegedanken immanent ist. Vielmehr führt die Institutionalisierung der Beziehungen von sozialpolitischen Institutionen und der Klientel zu einer dauerhaften Regelbeziehung, durch die neue Not produziert werden kann. Die Beziehung zwischen Klientel und Bürokratie programmiert die Dauerabhängigkeit der Klientel vor aufgrund der bereits ausgeführten Tendenzen der Ökonomisierung, formalen Rationalisierung des Rechts und der bürokratisch-rationalen Behandlung der Not. Die in der Verrechtlichung, Monetarisierung und dem Zentralismus

> „hervortretende *immanente* Effektivität der sozialpolitischen Institutionen befindet sich in der Tat in einem offenen Widerspruch zu politischen oder material-ethischen Postulaten der Sozialpolitik. Ihnen ist die gleich *formal-rationale Neutralität* eigen wie den Institutionen der liberalen Demokratie, zu deren Korrektur sie eingerichtet wurden."[12]

Die Organisationssoziologie hat also zur Kenntnis zu nehmen, daß die sozialpolitischen Institutionen – anders als andere Organisationen und bürokratisch verfaßte Institutionen in anderen Funktionsbereichen – Leistungs- und Eingriffsverwaltung in einem sind. Nur über die zu erbringenden Leistungen – ob erworben oder zugestanden – konstituiert sich ein besonderes Eingriffsverhältnis zur Klientel, das sogar das der klassischen Hoheitsverwaltung – der Finanzverwaltung – an Dichte und Umfang übersteigt. Aus der sozialpo-

[12] *Chr. v. Ferber,* Bemerkungen zum Verhältnis, 326.

litischen Absicht heraus, Lebenslagen zu verändern und zu verbessern, ergibt sich zwangsläufig, daß die sozialpolitischen Institutionen von der Problemdefinition über die Programmformulierung bis zur Programmimplementation ordnungspolitische Prämissen setzen, Lebenslagen beeinflussen, Lebenschancen und Lebensverhältnisse von Individuen bis in die Privatsphäre hinein zu durchdringen trachten.

Ich habe an entsprechender Stelle (vgl. Teil I) auf das strukturelle Dilemma aufmerksam gemacht, das sich aus der Integration von zwei widersprüchlichen Funktionsanforderungen an die Sozialverwaltung ergibt. Die an sie herangetragenen Ansprüche muß sie erfüllen, soweit es der finanz- und ordnungspolitische Rahmen zuläßt – insofern ist sie Leistungsverwaltung. Sie erbringt allerdings diese Leistungen erst, wenn die Ansprüche an sie herangetragen wurden; sie spürt die Probleme nicht aktiv auf, sondern greift ein, wenn das Problem bekannt ist. Insofern ist sie Eingriffsverwaltung; sie handelt nach dem Prinzip der hoheitlichen Eingriffskompetenz, was den Charakter der Sozialverwaltung als Leistungsverwaltung erheblich relativiert.

Diese strukturelle Beziehung von Leistungs- und Eingriffsverwaltung macht ein für die Bürokratie wesenhaftes Dilemma deutlich, und dieses Dilemma muß Gegenstand organisationssoziologischer Theoriebildung sein.

Das organisationssoziologische Problem der Sozialverwaltung ist dabei, daß sie ihre zentrale Aufgabe der Leistungserbringung letztlich als gerade noch zumutbare Pflicht begreift, den Antragsteller als Störer sieht und behandelt, und so ihre Aufgabe auch sozialpolitisch pervertiert wird. Die Hilfe, die sie zu erbringen hat, gerät verwaltungstechnisch zur Ausnahmegenehmigung, zur hoheitlichen Erlaubnis. So kommt es zur „materiellen Subsumption der Sozialverwaltung unter die Prinzipien der Eingriffsverwaltung".[13] Die Sozialverwaltung als Leistungsverwaltung konstituiert somit über den Weg der Eingriffsverwaltung bürokratische Herrschaft, ohne daß es zur Erfüllung des sozialstaatlichen Leistungszweckes käme. Die Organisationssoziologie könnte hier deutlich machen, daß es sich im Prinzip um M. Webers Typus der rationalen Fachverwaltung handelt, die den sozialpolitischen Zweck nach der ihr immanenten Logik „deformiert". Diese Deformation erfolgt durch das „Überstülpen" der Gesetzeslogik bürokratischen Handelns über die sozialpolitischer Zielsetzungen. Damit wird die Sozialverwaltung politische Ordnungsverwaltung, sie vermeidet Störungen, um Ordnung aufrechtzuerhalten. Sie verwaltet die Ordnung, und sie behandelt die Störer verwaltungstechnisch.

Dieses Problem eröffnet für eine Organisationssoziologie neue Dimensionen der Bearbeitung von organisationssoziologischen Fragen, die aber nur im Zusammenhang mit der Geschichte der Bürokratie und der sozialpolitischen Bearbeitung sozialer Probleme diskutiert werden können. Der Beitrag der

---

[13] Vgl. *R.-R. Grauhan / S. Leibfried,* 70ff.

Organisationssoziologie zu einer soziologischen Theorie der Sozialpolitik – die sich gleichsam als historische Theorie versteht – kann also insofern auch eine Herausforderung für die Soziologie insgesamt sein, als sich die Soziologie mit der historischen Dimension der Entwicklung einer rationalen Eingriffs- und Leistungsverwaltung auseinanderzusetzen hätte.

Was die ältere deutsche Staatsverwaltungslehre zur Tradition der Herrschaft, zum Verständnis der „guthen Policey" und zum Verfassungsverständnis des Wohlfahrtszweckes ausgesagt hat, verbindet im Punkt der Eingriffsverwaltung die beiden Disziplinen – Soziologie und Sozialpolitik – miteinander und führt sie historisch auf *einen* Ursprung zurück. Ein derartiger historisch-soziologischer Beitrag zu einer soziologischen Theorie der Sozialpolitik gibt der sozialpolitischen Theoriediskussion einen anderen Stellenwert. Es geht nicht um den Nachweis, daß die Sozialpolitik sich der Bürokratie nur bedient, um ihre pragmatischen Ziele der sozialen Sicherheit zu erreichen oder die Verteilungs- und Umverteilungsprobleme zu lösen. Sondern die Erreichung der Ziele und die Lösungsstrategien sind zutiefst bürokratietheoretische, also soziologische Probleme auf allen Ebenen, wie sie im Zuge der Differenzierung der Bürokratisierungsthese angesprochen wurden. Es ist die Verbindung dieser Ebenen, die den Zusammenhang von Sozialpolitik und Bürokratie im soziologischen Sinne erklärungsbedürftig macht. Gerade die historisch gewachsene Verbindung von Organisations- und Herrschaftsprinzip, von politischer und administrativer Dimension der Bürokratie macht den Zusammenhang zwischen Sozialpolitik und Bürokratie organisationssoziologisch so bedeutsam: denn erst in der Verbindung von politischer (Herrschafts-) und administrativer (Organisations-)Ebene wird uns auch der Zugang zur dialektischen Verschränkung von ökonomischer Rationalität, rationaler Formalisierung des Rechts und rationaler Bürokratisierung in der Sozialpolitik eröffnet.

Die Fragen nach dem Selbstverständnis und den Wirkungen einer bürokratisch verfaßten und historisch entfalteten Sozialpolitik berühren zentral das soziologische Interesse – sie müssen zum konstitutiven Bestandteil einer historisch orientierten organisationssoziologischen Theoriebildung werden, wo sie es noch nicht sind. Dies kann nur im Rückbezug auf die ältere deutsche Staatsverwaltungslehre geschehen, die sich gleichsam als eine Dogmengeschichte der deutschen Sozialpolitik versteht. Die Vorgeschichte der bürokratisch verfaßten Verwaltung, wie sie in der älteren Staatsverwaltungslehre widergespiegelt wird, ist somit auch die Vorgeschichte der deutschen Sozialpolitik. Mit der Aufarbeitung der Literaturgattung der älteren Polizeischriften und der kameralistischen Staats- und Verwaltungslehren dürfte auch eine soziogenetische Begründung der deutschen Sozialverwaltung wenigstens ansatzweise möglich sein, die sich als Teil eines soziologischen Theoriebestandes verstehen könnte.

Bibliographie

1. Quellen

Acta Borussica: Die Behördenorganisation und die allgemeine Staatsverwaltung Preußens im 18. Jahrhundert, Band 16, Hamburg–Berlin 1970

Aquin, Th. v.: Gemeinschaft und Wirtschaft, in: F. Schönings philosophischer Lesestoff, Heft 3, 1925

Aristoteles, Nikomachische Ethik; übersetzt und kommentiert von F. Dirlmeier, Darmstadt 1967

— Politik, nach einer Übersetzung v. F. Susemihi, hrsg. von N. Tsouyopoulos und E. Grassi, Reinbek 1965

Baader, J. (Hrsg.): Nürnberger Polizeiordnungen aus dem 13. - 15. Jahrhundert, Stuttgart 1861

Becher, J. J.: Politische Discours von den eigentlichen Ursachen des Auf- und Abnehmens der Städte, Länder und Republicken, 2. Auflage, Frankfurt 1673

— Moral Discours, Frankfurt 1669

Bentham, J.: Introduction ot the Principles of Morals and Legislation, 1780 (Zugängliche Ausgabe: New York 1948)

Besold, C.: Principius et finis politicae doctrinae, 1625

Bielefeld, Fhr. v.: Lehrbegriff der Staatskunst, 2 Bände, Breslau / Leipzig 1761

Bob, F. J.: Von dem Systeme der Policeywissenschaft und dem Erkenntnisgrundsatze der Staatsklugheit und ihrer Zweige, Freiburg 1779

Botero, J.: Gründlicher Bericht von Anordnung guter Policeyen und Regiments, auch Fürsten und Herren Stands, Straßburg 1546

Coler (Colerus) J. M.: Oeconomia oder Hausbuch, Wittenberg 1604 zuletzt aufgelegt 1711

Conring, H.: Exercitatio historico-politico de notitia singularis alicius republicae; Examen rerumpublicarum potiorum totius orbis, Band IV, hrsg. von W. Göbel, Braunschweig 1730, Neudruck: Aalen 1970

— De civili prudentia, Helmstedt 1662

Darjes, J. G.: Erste Gründe für die Kameralwissenschaft, 2. Auflage, Leipzig 1768 (1. Auflage 1756)

Dithmar, J. Ch.: Programm von der ihme gnädigst anvertrauten Profession der Cameralwissenschaften, Frankfurt/O. 1727

— Einleitung in die Oeconomische Policey- und Cameral-Wissenschaften, neue vermehrte Auflage, Frankfurt/O. 1748

— Entwurf der königlich Preußischen und Chur-Brandenburgischen Staatswissenschaft zu mehrerer Erkärung der darüber haltenden Lextionen, Frankfurt/Oder 1780

Faust, M.: Consilia pro aerario civili, ecclasiastico et militari, publico atque privato, Frankfurt 1641

Fischer, D. Ch. J.: Lehrbegriff sämtlicher Cameral- und Policey-Rechte, 3 Bände, 1785

Florinus, F. P.: Klug- und rechtsverständiger Hausvatter, Nürnberg, Frankfurt, Leipzig 1702

Forster, G.: Über die Beziehung der Staatskunst auf das Glück der Menschheit und andere Schriften, hrsg. v. W. Rödel, Frankfurt 1966

— Forsters Werke in zwei Bänden, Berlin, Weimar 1968

Friedlieb, Ch. W.: Prudentia politica Christiana, das ist: Beschreibung einer christlichen, Nützlichen und guten Policey, wie dieselbe beschaffen sein solle, auch mit Gottes hülffe in gutem Zustand erhalten werden könne, Goslar 1614

Fürstenau, J. H.: Gründliche Anleitung zu der Haushaltungskunst und denen dahin gehörigen Schriften, Lemgo 1736

Gasser, S. P.: Einleitung zu den Oeconomischen, Politischen und Cameral-Wissenschaften, worinnen für dieses Mal die Oeconomica-Cameralia von den Domänen- oder Kammergütern auch anderen Gütern, deren Administration und Anschlägen, sowohl des Ackerbaus als anderer Pertinentien halber, samt den Regalien angezeigt und erläutert werden, Halle 1729

— Programma publicum oder Nötiger Vorbericht von der von Ihro Kgl. Majestät in Preußen auf der Universität Halle fundierten Profession über die oeconomischen Cameral- und Policeywissenschaften, Halle 1728

Grimm, J. / *Grimm,* W.: Deutsches Wörterbuch, Bd. VII, Leipzig 1889 (bearb. von M. Lexter), Art. Polizei, Spalte 1981 - 1985

Hegel, G. W. F.: Grundlinien der Philosophie des Rechts, Berlin 1821

Hornick, P. W.: Österreich über alles, wenn es nur will, O. O. 1684

Humboldt, W. v.: Ideen zu einem Versuch, die Gränzen der Wirksamkeit des Staates zu bestimmen, Werke Bd. 1, hrgs. v. A. Flitner / K. Giel, Darmstadt 1960

— Über öffentliche Erziehung (1792), in: ders., Schriften zur Antropologie und Bildungslehre, hrsg. A. Flitner, Frankfurt, Berlin, Wien 1984

Justi, J. H. G. v.: Der Grundriß einer guten Regierung, Leipzig 1750

— Staatswirtschaft oder Systematische Abhandlung aller Oeconomischen und Cameralwissenschaften, 2 Bände, Leipzig, 2. Auflage 1758, Neudruck: Aalen 1963

— Grundsätze der Policey-Wissenschaft, 2. Auflage, Göttingen 1759 (1. Auflage: Göttingen 1756)

— Systematischer Grundriß aller ökonomischen und Kameralwissenschaften, Frankfurt/O., Leipzig 1759

— Die Natur und das Wesen der Staaten. Leipzig 1760

— Die Grundfeste zu der Macht und der Glückseligkeit der Staaten, oder ausführliche Vorstellungen der gesamten Policey-Wissenschaft, 2 Bände, Königsberg / Leipzig 1760/61

— Gesammelte politische und Finanzschriften über wichtige Gegenstände der Staatskunst, der Kriegswissenschaften und des Cameral- und Finanzwesens, Kopenhagen, Leipzig, 3 Bände 1760 - 1764 (Neudruck: Aalen 1970)

Klock, K.: De Contributionibus, Hanau 1614

Köster, H. M. G.: Art. „Glückseligkeit", in: Deutsche Encyklopädie oder Allgemeines Real-Wörterbuch aller Künste und Wissenschaften von einer Gesellschaft Gelehrten, Band 12, Frankfurt/M. 1778

Lau, T. L.: Entwurff einer wohl-eingerichteten Policey, Frankfurt/M. 1717

L. C. B. v.: Ohnverfängliche Vorschläge zur Einrichtung einer guten Policey, Frankfurt/M. 1739 (Pseudonym, dessen Herkunft nicht ganz geklärt ist)

Ludewig, J. P.: Die von seiner königlichen Majestät . . . neu angerichtete Profession in Oeconomie, Policey und Cammer-Sachen, Halle 1727

— Oeconomische Anmerkungen über Seckendorffs Fürsten-Staat und Entwurf einer Fortsetzung der Germaniae Princips samt Bedencken des Freyherrn von Senckenbergs, Frankfurt 1753

Melanchthon, Ph.: In Ethica Aristotelis commentarius, Wittenberg 1529

Mohl, R. v.: Geschichte der Literatur der Staatswissenschaften, Band 1, Tübingen 1855

— Die Policey-Wissenschaft (Polizeiwissenschaft) nach den Grundsätzen des Rechtsstaates, 3 Bände, 3. Auflage, Tübingen 1866

— Über Bürokratie, in: Staatsrecht, Völkerrecht und Politik Band II, Tübingen 1862.

Nürnberger Polizeiordnungen aus dem XIII. bis XV. Jahrhundert, Hrsg. J. Baader, Stuttgart 1861 (Bibl. des Literarischen Vereins in Stuttgart)

Obrecht, G.: Fünff Unterschiedliche Secreta Politica von Anstellung, Erhaltung und Vermehrung guter Policey und von billicher, rechtmäßiger und notwendiger Erhöhung eines jeden Regenten jährlichen Gefällen und Einkommen, Straßburg 1644

Oldendorp, J.: Van radtslagende, wo men gute Politie und ordenunge, ynn steden und landen erholden möghe, Rostock 1530 (Zit. nach der hochdeutschen Übersetzung von C. Forstenow: Von Rathschlägen, wie man gute Policey in Steden und Landen erhalten möge, Rostock 1597)

Osse, M. v.: De prudentia regnativa. Das ist: Ein nützliches Bedencken, ein Regiment so wol in Kriegs- als Friedens Zeiten recht zu bestellen, zu verbessern und zu erhalten, Frankfurt 1607

— Schriften (Dr. Melchiors von Osse), hrsg. von O. A. Hecker, Berlin / Leipzig 1922

Pfeiffer, J. F.: Grundsätze der Universal-Cameral-Wissenschaft, Frankfurt/M. 1783

Pütter, J. S.: Literatur des Teutschen Staatsrechts, Göttingen 1776

Pufendorf, S.: Einleitung zu der Historie der vornehmsten Reiche und Staaten so itziger Zeit in Europa sich befinden, Frankfurt 1683

— De Iure Naturae et Gentium, libri octo, London 1672; Deutsche Ausgabe: Acht Bücher vom Natur- und Völkerrecht, Frankfurt 1711

— De officio hominis et civis juxta legem naturalem libri II, 6. Auflage, Leipzig 1751; Deutsche Übersetzung: Einleitung zu den Pflichten aller Menschen in der Bürgerlichen Gesellschaft, Leipzig 1721 (Erstausgabe London 1673)

Reichspolizeiordnungen, in: Neue Sammlung der Reichsabschiede, Frankfurt/M. 1747ff.

Reinkingk, D.: Biblische Policey, das ist Gewisse auß Heiliger Göttlicher Schrift zusammengebrachte, Auf die drey Hauptstände, als den Geistlichen Weltlichen und Häußlichen, Gerichtete Axiomata oder Schlußreden, in allen Ständen nützlich, dienlich und anmuthig zu lesen, 5. Auflage, Frankfurt 1701

Rohr, J. B. v.: Einleitung zur Staatsklugheit oder: Vorstellung wie christliche und weise Regenten zur Beförderung ihrer eigenen und ihres Landes Glückseligkeit ihre Untertanen zu beherrschen pflegen, Leipzig 1718

— Vollständiges Hauswirtschaftsbuch, Leipzig 1721

Rousseau, J. J.: Contrait social, Paris 1762 (hier zit.): Vom Gesellschaftsvertrag (Du contrait social), in: Politische Schriften, 2 Bände, Band 1, übers. und eingef. von L. Schmidts, Paderborn 1977

— Emile oder Über die Erziehung, Paris 1762 (hier zit. nach der Ausgabe: Rousseau, Emil oder Über die Erziehung, 3. Auflage, Paderborn 1975).

Schmelzeisen, G. K. (Hrsg.): Polizei- und Landesordnungen, 2 Bände, Köln 1968/69

Schmoller, G.: Umrisse und Untersuchungen zur Verfassungs-, Verwaltungs- und Wirtschaftsgeschichte, Leipzig 1898

— Grundriß der allgemeinen Volkswirtschaftslehre, 3 Bände, München 1884/86/87

Schreber, D. G.: Zwo Schriften von der Geschichte und Notwendigkeit der Cameralwissenschaften, insoferne sie als Universitätswissenschaften anzusehen sind, Leipzig 1764, darin: Entwurf einer Geschichte der ökonomischen Wissenschaften

Schröder, W. v.: Fürstliche Schatz- und Rentkammer, Leipzig 1668

Scotti, J. J. (Hrsg.): Pollicey-Ordnung des Ertzstiffts Cöllen, Düsseldorf 1830ff. (Sammlung der Gesetze und Verordnungen, welche in dem vormaligen Churfürstenthum Cöllen . . . ergangen sind, Nr. 37)

Seckendorff, V. L. v.: Teutscher Fürsten-Stat, Frankfurt/M. 1656

— Teutsche Reden, Leipzig 1686

— Christen-Staat, Leipzig 1716

— Teutscher Fürsten-Stat samt Additiones, Jena 1737 (hrsg. von Biechling)

Sincerus, A.: Project der Oeconomie in Form einer Wissenschaft, nebst einem unmaßgeblichen Bedencken, wie diese Wissenschaft beydes in Theorie und Praxi mit mehrerem Fleiße und Nutzen getrieben werden könne, Halle 1716; hier zit. nach der Ausgabe: Projekt der Öconomie in Form einer Wissenschaft, Leipzig 1718

Sonnenfels, J. Frh. v.: Politische Abhandlungen, Wien 1777

— Handbuch der inneren Staatsverwaltung, Wien 1798

— Grundsätze der Policey, Handlung und Finanz, 3 Bände, 7. Auflage, Wien 1804/ Erstausgabe: Sätze aus der Policey-, Handlungs- und Finanz-Wissenschaft, Wien 1765 (Band I) und 1769 (Band II)

Süßmilch, J. P.: Göttliche Ordnung in den Veränderungen des menschlichen Geschlechts, 1742

— Gedancken von den epidemischen Krankheiten und dem größeren Sterben in einem Sendschreiben an den Herrn Verfasser der Göttingschen Anzeigen von gelehrten Sachen und auf Derselben Verlangen entworfen, 1758

Thomasius, C.: Drey Bücher der Göttlichen Rechtsgelahrtheit, Halle 1709

— Grundlehren des Natur- und Völkerrechts, Halle 1709

— Kurzer Entwurf der Politischen Klugheit, Leipzig 1710

— Kleine Teutsche Schriften, Halle 1701 (hier zit. nach der Ausgabe: Kleine deutsche Schriften, hrsg. von J. O. Opel, Halle 1894)

— Lustiger und ernsthafter Monats-Gespräche Erster Teil (I, 1686) und anderer Teil (II, 1688)

Wächter, C. E.: Über Zuchthäuser und Zuchthausstrafen, Stuttgart 1786

Wagnitz, H. B.: Historische Nachrichten und Bemerkungen über die merkwürdigsten Zuchthäuser in Deutschland, 2 Bände, Halle 1792/94

Waldau, E.: Vermischte Beiträge zur Geschichte der Stadt Nürnberg, 4. Band, 1789

Wolff, C.: Vernünfftige Gedancken von dem gesellschaftlichen Leben der Menschen, und insonderheit dem gemeinen Wesen zur Beförderung der Glückseligkeit des menschlichen Geschlechts, 3. Auflage, Frankfurt, Leipzig 1736 (Erste Auflage 1721)

— Gesammelte kleine philosophische Schriften, Halle 1736/40, hier: Band VI: Von den Regenten, der sich der Weltweisheit befleißigen und von den Weltweisen, die das Regiment führen

— Jus Naturae, Halle 1740 - 1748, Bd. I - VIII, hrsg. von M. Thomann, Hildesheim 1968

— Grundzüge des Natur- und Völkerrechts Halle 1754

Zedler, J. H.: Großes vollständiges Universal-Lexikon aller Wissenschaften und Künste . . ., Band 10, Halle, Leipzig 1735, Sp. 1703f. (Art. „Glückseligkeit") und Sp. 1501f. (Art. „Glück")

Zincke, G. H.: Grund-Riß einer Einleitung zu denen Cameral-Wissenschaften, Leipzig 1742; enthält auch: Nachricht und Entwurff von praktischen Collociorum iuridico-politico cameralium

— Leipziger Sammlungen von Wirthschaftlichen-, Policey-, Cammer-, und Finantz-Sachen, Leipzig 1746

— Allgemeines Oeconomisches Lexikon, Leipzig 1744

— Gedanken von denen Wissenschaften eines künftigen Politici und Staatsmannes, Leipzig 1745

— Von der Policey-Wissenschaft überhaupt (2. Teil der Cameralisten-Bibliothek), Leipzig 1751

— Vernünfftige Gedanken von der Menschen Tun und Lassen, Halle 1752

— Grundsätze des Natur- und Volkerrechts, Halle 1754

— Anfangsgründe der Cameralwissenschaft, 4 Bde., Leipzig 1755

2. Literatur

Abkürzungen

AJS	=	American Journal of Sociology
AÖR	=	Archiv für Öffentliches Recht
ASuS	=	Archiv für Sozialwissenschaft und Sozialpädagogik
GuG	=	Geschichte und Gesellschaft
HdSW	=	Handbuch der Sozialwissenschaften
HJWG	=	Hamburger Jahrbuch für Wirtschafts- und Gesellschaftspolitik
HZ	=	Historische Zeitschrift
KJ	=	Kritische Justiz
KrimJ	=	Kriminologisches Journal
KZfSS	=	Kölner Zeitschrift für Soziologie und Sozialpsychologie
NpL	=	Neue politische Literatur
SBAG	=	Schweizer Beiträge zur Allgemeinen Geschichte
WdS	=	Wörterbuch der Soziologie
ZfG	=	Zeitschrift für Geschichtswissenschaft
ZfgSt	=	Zeitschrift für die gesamte Staatswissenschaft
ZfS	=	Zeitschrift für Soziologie
ZHF	=	Zeitschrift für historische Forschung

Achinger, H.: Soziale Sicherheit, Stuttgart 1953

— Sozialpolitik als Gesellschaftspolitik, Von der Arbeiterfrage zum Wohlfahrtsstaat, 2. erweiterte Auflage, Frankfurt 1971 (1. Auflage 1958)

— Soziologie und Sozialreform, in: Verhandl. d. 14. Deutschen Soziologentages, Stuttgart 1959, 39ff.

— Sozialpolitik und Wissenschaft, Stuttgart 1961

Alber, J.: Der Wohlfahrtsstaat in der Krise? Eine Bilanz nach drei Jahrzehnten Sozialpolitik in der Bundesrepublik, in: ZfS 1980, 313ff.

Albrecht, G.·: Sozialpolitik, Göttingen 1955

— Gesellschaftspolitik - Sozialpolitik - Wohlfahrtspolitik, in: B. Külb / W. Schreiber (Hrsg.), Soziale Sicherheit, a.a.O. 1971, 46ff.

Albrow, M.: Bürokratie, München 1972

Alfandarie, E.: Aide Social, Action Social, Paris 1973

Anderson, P.: Lineages of the Absolutist State, London, um den Anhang gekürzte deutsche Übersetzung: Die Entstehung des absolutistischen Staates, Frankfurt 1979

Angermann, E.: Die Verbindung des „polizeistaatlichen Wohlfahrtsideals" mit dem Rechtsstaatsgedanken, in: Hist. Jahrb. 74 (1955), 462ff.

— Das Auseinandertreten von „Staat“ und „Gesellschaft“ im Denken des 18. Jahrhunderts, in: Zeitschrift für Politik 10 (1963), 89ff. (wieder abgedruckt in: E. W. Böckenförde (Hrsg.), Staat und Gesellschaft, a.a.O. 1976, 109ff.

Aretin, K. O. Frh. v. (Hrsg.): Der Aufgeklärte Absolutismus Köln, Berlin 1974

Arneth, Ritter v. A. (Hrsg.): Briefwechsel zwischen Maria Theresia und Josef II., Wien 1868

Bachmann, H. M.: Die naturrechtliche Staatslehre Christian Wolffs, Berlin 1977

Bader, S.: Das mittelalterliche Dorf als Friedens- und Rechtsbereich, Weimar 1957 (Studien zur Rechtsgeschichte des mittelalterlichen Dorfes, Band I)

— Dorfgenossenschaft und Dorfgemeinschaft, Weimar 1962 (Studien zur Rechtsgeschichte des mittelalterlichen Dorfes, Band II)

Badura, B.: Perspektiven amerikanischer Sozialpolitik, Drei Paradigmen und ihre exemplarische Anwendung, in: KZfSS 25 (1973), 815ff.

Badura, B. / *Gross,* P.: Sozialpolitische Perspektiven, Eine Einführung in die Grundlagen und Probleme sozialer Dienstleistungen, München 1976

Baier, H.: Herrschaft im Sozialstaat, Auf der Suche nach einem soziologischen Paradigma der Sozialpolitik, in: Chr. v. Ferber / F. X. Kaufmann (Hrsg.), Soziologie und Sozialpolitik, a.a.O. 128ff.

Balla, B.: Kaderverwaltung, Versuch zur Idealtypisierung der „Bürokratie“ sowjetisch-volksdemokratischen Typs, Stuttgart 1972

Bank, H. P.: Rationale Sozialpolitik, 1975

Barabas, F. / *Sachße,* C.: Bundessozialhilfegesetz: Sozialstaatliche Versorgung oder Armenpolizei?, in: KJ 1976, 359ff.

Batscha, Z. / *Garber,* J.: Von der ständischen zur bürgerlichen Gesellschaft, Politisch-soziale Theorien im Deutschland der zweiten Hälfte des 18. Jahrhunderts, Frankfurt 1981

Bechtel, H.: Wirtschafts- und Sozialgeschichte Deutschlands, Wirtschaftsstile und Lebensformen von der Vorzeit bis zur Gegenwart, München 1967

Beck, H.: Staatliche Sozialpolitik in Deutschland von 1907 - 1914, Diss. Köln 1968

Begemann, H.: Strukturwandel der Familie. Eine Sozialtheologische Untersuchung von der patriarchalischen zur partnerschaftlichen Familie, Hamburg 1960

Below, G. v.: Die städtische Verwaltung als Vorbild der späteren Territorialverwaltung, in: HZ 75 (1895), 396ff.

— Territorium und Stadt, 2. wesentl. verändert. Auflage, München, Berlin 1923

Berges, W.: Die Fürstenspiegel des hohen und späten Mittelalters, Stuttgart 1938 (Neudruck der Ausgabe Stuttgart 1952)

Berthold, H.: Sozialethische Probleme des Wohlfahrtsstaates, Gütersloh 1968

Beveridgeplan: Bericht von Sir W. Beveridge, Dem Britischen Parlament überreicht im November 1942, Zürich, New York (teilw. abgedruckt in: H. Külp / W. Schreiber (Hrsg.), Soziale Sicherheit, a.a.O. 1971, 310ff.

Bieber, G.: Staat und Gesellschaft bei Christian Thomasius, Krefeld 1931

Biederlack, J.: Die sociale Frage, Ein Beitrag zur Orientierung über ihr Wesen und ihre Lösung, 3. Auflage, Innsbruck 1898

Biedermann, K.: Deutschland im 18. Jahrhundert, Ausgabe in einem Band, hrsg. und eingeleitet von W. Emmerich, Frankfurt, Berlin, Wien 1979 (Erstauflage: Leipzig 1880)

Billerbeck, U.: Politische Autonomie und Sozialpolitik im Kapitalismus, in: A. Murswieck (Hrsg.), Staatliche Sozialpolitik im Sozial-Sektor, München 1976, 166ff.

Birnbacher, D. / *Hoerster*, N. (Hrsg.): Texte zur Ethik, München 1976

Blaich, F.: Die Epoche des Merkantilismus, Wiesbaden 1973

Böckenförde, E. W. (Hrsg.): Staat und Gesellschaft, Darmstadt 1976

Böhle, C.: Die Idee der Wirtschaftsverfassung im deutschen Merkantilismus, in: Freiburger staatswissenschaftliche Schriften, Band 1, Jena 1940

Boettcher, E. (Hrsg.): Sozialpolitik und Sozialreform, Tübingen 1957

Bog, I.: Über Arme und Armenfürsorge in Oberdeutschland und in der Eidgenossenschaft im 15. und 16. Jahrhundert, in: Jahrbuch für Fränkische Landesforschung 1976, 983ff.

Borght, R. van der: Grundzüge der Sozialpolitik, Leipzig 1904

Borkenau, F.: Der Übergang vom feudalen zum bürgerlichen Weltbild, Studien zur Geschichte der Philosophie der Manufakturperiode, Darmstadt 1971 (unveränderter Nachdruck der Ausgabe: Paris 1934)

Borst, A.: Das Rittertum im Mittelalter, Darmstadt 1976

Bortkevicz, L. v.: Der Begriff der Sozialpolitik, in: Jahrbuch für Nationalökonomie und Statistik 72 (1899), 332ff.

Bosl, K.: Potens und Pauper, Begriffsgeschichtliche Studien zur gesellschaftlichen Differenzierung im frühen Mittelalter und zum „Pauperismus" des Hochmittelalters, in: ders., Frühformen der Gesellschaft im mittelalterlichen Europa, 2 Bände, Band 1, Wien 106ff.

— Gesellschaftsentwicklung 900 - 1350, in: H. Bechtel, Wirtschafts- und Sozialgeschichte, a.a.O. 226ff.

— Die Grundlagen der modernen Gesellschaft im Mittelalter, eine deutsche Gesellschaftsgeschichte des Mittelalters, 2 Bände, Stuttgart 1972

— Die Gesellschaft in der Geschichte des Mittelalters, 3. erweiterte Auflage, Göttingen 1975

Braeuer, W.: Handbuch der Geschichte der Volkswirtschaftslehre, Ein bibliographisches Nachschlagewerk, Frankfurt 1952

Braun, H.: Industrialisierung und Sozialpolitik in Deutschland, Köln, Berlin 1956

Brauns, H.: Katholische Sozialpolitik im 20. Jahrhundert, Ausgew. Aufsätze und Reden, bearb. von H. Mackenhaupt, Stuttgart 1969

Breuer, S.: Sozialdisziplinierung, Probleme und Problemverlagerung eines Konzepts bei Max Weber, Gehrard Oestreich und Michel Foucault, in: C. Sachße / F. Tennstedt, Soziale Sicherheit und Soziale Disziplinierung, Frankfurt 1986, 45ff.

Brown, F. A.: On education, John Locke, Christian Wolff and the „Moral Weeklies", in: University of Calif. Publ. in Modern Philology, Vol. 36 (1952), No. 5, 149ff.

Brück, G. W.: Allgemeine Sozialpolitik, Grundlagen – Zusammenhänge – Leistungen, Köln 1976

Brückner, J.: Staatswissenschaften, Kameralismus und Naturrecht, Ein Beitrag zur Geschichte der Politischen Wissenschaft im späten 17. und frühen 18. Jahrhundert, München 1977

Brunner, O.: Land und Herrschaft, Grundfragen der territorialen Verfassungsgeschichte Süddeutschlands im Mittelalter, Brünn, München, Wien 1939

— „Hausväterliteratur", in: HdSW, Band 5, 92ff.

— Sozialgeschichte Europas im Mittelalter, Göttingen 1978

— Neue Wege der Verfassungs- und Sozialgeschichte, 3. unveränderte Auflage, Göttingen 1980 (1. Auflage: Göttingen 1956)

Brusatti, A. / *Haas,* W. / *Pollak,* W.: Geschichte der Sozialpolitik in Dokumenten, Linz 1962

Budischin, H. J.: Die Formung der staatlichen Sozialpolitik in der Bundesrepublik Deutschland, Berlin 1976

Bürgin, A.: Merkantisismus, in HdSW, Band 7, 308ff.

Büsch, O.: Militärsystem und Sozialleben im alten Preußen 1713 - 1807, Die Anfänge der sozialen Militarisierung der preußisch-deutschen Gesellschaft, durchgesehene und erweiterte Auflage, Berlin, Frankfurt, Wien 1981

Burkhardt, A.: Lehrbuch der Allgemeinen Sozialpolitik, Berlin 1966

Buse, M. J.: Einführung in die politische Verwaltung, Stuttgart u. a. 1975

Cahnman, W. G.: Tönnies und die Theorie des sozialen Wandels, in: ZfS 10 (1981), 7ff.

Carsten, F. L.: Die Entstehung Preußens, Frankfurt, Berlin, Wien 1981

Conrad, H.: Die geistigen Grundlagen des Allgemeinen Landrechts für die preußischen Staaten von 1794 (Arbeitsgemeinschaft für Forschung des Landes Nordrhein-Westfalen, Geisteswissenschaften, Heft 77, Köln, Opladen 1958)

— Rechtsstaatliche Bestrebungen im Absolutismus Preußens und Österreichs am Ende des 18. Jahrhunderts (Arbeitsgemeinschaft für Forschung des Landes Nordrhein-Westfalen, Geisteswissenschaften, Heft 95, Köln, Opladen 1961)

— Staatsgedanke und Staatspraxis des Aufgeklärten Absolutismus, Rheinisch-Westfälische Akademie der Wissenschaften, Vorträge G 173, Opladen 1971

Contze, H.: Die Sociale Frage, Leipzig 1871

Conze, W.: Staat und Gesellschaft in der frührevolutionären Epoche Deutschlands, in: HZ 186 (1958) 1ff., wiederabgedruckt in: E. W. Böckenförde (Hrsg.), Staat und Gesellschaft, a.a.O. 1976, 37ff.

— Vom „Pöpel" zum „Proletariat", Sozialgeschichtliche Voraussetzungen für den Sozialismus in Deutschland, in: Vierteljahresschr. f. Sozial- und Wirtschaftsgeschichte 41 (1954), 333ff., wiederabgedruckt in: H. U. Wehler (Hrsg.), Moderne deutsche Sozialgeschichte, a.a.O. 1976, 111ff.

Dabin, J.: Der Staat – oder Untersuchungen über das Politische, Neuwied, Berlin 1964

Denzer, H.: Pufendorf, in: Klassiker des politischen Denkens, hrsg. von H. Maier / H. Rausch / H. Denzer, 2 Bände, München 1968, Band 2, 27ff.

— Moralphilosophie und Naturrecht bei Samuel Pufendorf, Eine geistes- und wissenschaftsgeschichtliche Untersuchung zur Geburt des Naturrechts aus der praktischen Philosophie, München 1972

Der Bundesminister für Arbeit und Sozialordnung (Hrsg.): Sozialbericht 1973, Bonn 1973

Dettling, W. (Hrsg.): Die Zähmung des Leviathan, Neue Wege der Ordnungspolitik, Baden-Baden 1980

Deutscher Verein für öffentliche und private Fürsorge: Beiträge zur Entwicklung der deutschen Fürsorge, Köln, Berlin 1955

Dittrich, E.: Die deutschen und österreichischen Kameralisten, Darmstadt 1974

Dreitzel, H.: Protestantischer Aristotelismus und absolutistischer Staat, Wiesbaden 1970

— Das deutsche Staatsdenken in der Frühen Neuzeit, in: NpL 18 (1971), 3 Teile: 17ff. (Teil 1), 256 (Teil II), 407ff. (Teil III)

— Ideen, Ideologien, Wissenschaften: Zum politischen Denken in Deutschland in der Frühen Neuzeit, in: NpL 25 (1980), 1ff.

— Vom Verfall und Wiederaufstieg der Praktischen Philosophie, in: NpL 18 (1973), 31ff.

Dreitzel, H. P. (Hrsg.): Sozialer Wandel – Zivilisation und Fortschritt als Kategorien der soziologischen Theorie, Neuwied, Berlin 1967

Dülmen, R. van: Formierung der europäischen Gesellschaft in der frühen Neuzeit, in: GuG 7 (1981), 5ff.

Durkheim, E.: Über die Teilung der sozialen Arbeit, eingeleitet von N. Luhmann, Frankfurt 1977 (Erstausgabe: De la Division du Travail Social, 1803)

Ebel, W.: Geschichte der Gesetzgebung in Deutschland, 2. Auflage, Göttingen 1958 (= Göttinger rechtswissenschaftliche Studien, Band 24)

Eder, K.: Die Entstehung staatlich organisierter Gesellschaften, Ein Beitrag zu einer Theorie sozialer Evolution, Frankfurt 1976

Egert, J.: Bürokratie im sozialen Bereich, in: Neue Gesellschaft 8 (1978), 615ff.

Egner, E.: Der Verlust der alten Ökonomik, Berlin 1985

Ehling, M.: Theoretische Ansätze in der Sozialpolitik, Untersuchungen zum geschichtlichen und aktuellen Einfluß der Soziologie auf die Sozialpolitik, Frankfurt 1982

Ehmke, H.: „Staat“ und „Gesellschaft“ als verfassungstheoretisches Problem, in: Staatsverfassung und Kirchenordnung, Festgabe für R. Smend, hrsg. von K. Hesse / S. Reiche / U. Scheuner, Tübingen 1962, 23ff.; wiederabgedruckt in: E. W. Böckenförde (Hrsg.), Staat und Gesellschaft, a.a.O. 1976, 241ff.

Eichhorn, F. K.: Deutsche Staats- und Rechtsgeschichte, 4. Teil, 5. Auflage, Göttingen 1844

Eichler, H.: Zucht- und Arbeitshäuser in den mittleren und östlichen Provinzen Brandenburg-Preußens, in: Jahrbuch für Wirtschaftsgeschichte, Teil 1, 1970

Eisenstadt, N.: Tradition, Wandel, Modernität, Frankfurt 1979 (Originalausgabe: Tradition, Change, and Modernity, New York u. a. 1973)

Eisler, R.: Art. „Glück (Glückseligkeit)", in: ders., Wörterbuch der philosophischen Grundbegriffe, 3. Auflage, Berlin 1910, 443ff.

Ellwein, Th.: Das Erbe der Monarchie in der deutschen Staatskrise – Zur Geschichte des Verfassungsstaates in Deutschland, München 1954

— Einführung in die Regierungs- und Verwaltungslehre, Politik – Regierung – Verwaltung 1, Stuttgart 1966

Endres, R.: Das Armenproblem im Zeitalter des Absolutismus, in: Jahrbuch für Fränkische Landesforschung 1974/75, 1003ff.

Engelhardt, K.: Zum Begriff der Glückseligkeit in der kameralistischen Staatslehre des 18. Jahrhunderts (J. H. G. Justi), in: ZhF 8 (1981), 37ff.

Engels, F.: Die Auswärtige Politik des russischen Zarismus, in: MEW Band 22, Berlin (Ost) 1962

Engelsing, R.: Sozial- und Wirtschaftsgeschichte Deutschlands, 2. bibl. erw. Auflage, Göttingen 1976

Erdmann, G.: Die Entwicklung der deutschen Sozialgesetzgebung, 2. erw. Auflage, Göttingen 1957

Euchner, W.: Egoismus und Gemeinwohl, Studien zur Geschichte der bürgerlichen Philosophie, Frankfurt 1973

Ferber, Chr. v.: Bemerkungen zum Verhältnis der Gesellschaftswissenschaften zur Sozialpolitik, in: Festschrift für G. Leibholz, Die moderne Demokratie und ihr Recht, 2 Bände, Tübingen 1966, Band 1 (Grundlagen), 323ff.

— Sozialpolitik in der Wohlstandsgesellschaft, Hamburg 1967

— Soziologie und Sozialpolitik, in: Chr. v. Ferber / F. X. Kaufmann (Hrsg.), Soziologie und Sozialpolitik. a.a.O. 1977, 11ff.

Ferber, Chr. v. / *Kaufmann,* F. X. (Hrsg.): Soziologie und Sozialpolitik, KZfSS, Sonderheft 19, Opladen 1977

Festschrift für O. Brunner: Alteuropa und die moderne Gesellschaft, hrsg. vom Historischen Seminar der Universität Hamburg, Göttingen 1963

Fetscher, I.: Der gesellschaftliche Naturzustand bei Hobbes, Pufendorf, Cumberland und Rosseau, in: Schmollers Jahrbuch 80 (1960), III

Fischer, Th.: Städtische Armut und Armenfürsorge im 15. und 16. Jahrhundert, Sozialgeschichtliche Untersuchungen am Beispiel der Städte Basel, Freiburg i. Breisgau und Straßburg, Göttingen 1979

Fischer, W.: Armut in der Geschichte, Erscheinungsformen und Lösungsversuche der „Sozialen Frage" in Europa seit dem Mittelalter, Göttingen 1982

Fleischmann, M.: Christian Thomasius, Halle 1930 (Beiträge zur Geschichte der Universität Halle-Wittenberg, Band 2)

Forsthoff, E.: Rechtsstaat im Wandel, Verfassungsrechtliche Abhandlungen 1950 - 1964, Stuttgart 1964

— Der Staat in der Industriegesellschaft, 2. Auflage, München 1971

Fränkel, E.: Deutschland und die westlichen Demokratien, Stuttgart 1964

Frauendienst, W.: Christian Wolff als Staatsdenker, Berlin 1927

Frauendorfer, S.: Ideengeschichte der Agrarwirtschaft und Agrarpolitik im deutschen Sprachgebiet, Bd. 1, München 1957

Frauenstädt, P.: Bettel- und Vagabundenwesen in Schlesien im 16. bis 18. Jahrhundert, Berlin 1897 (Preußische Jahrbücher, Band 89)

Frensdorff, F.: Über das Leben und die Schriften des Nationalökonomen J. H. G. v. Justi (1720 - 1771) in: Nachrichten von der Königlichen Gesellschaft der Wissenschaften zu Göttingen, Göttingen 1904

Friedl, G. H.: Gesellschaftspolitik in Deutschland, München, Wien 1967

Friedrich, C. J.: Der Verfassungsstaat der Neuzeit, Berlin, Göttingen, Heidelberg 1953

— Die Staatsräson im Verfassungsstaat, Freiburg, München 1961

Fröhlich, S.: Die soziale Sicherheit bei Zünften und Gesellenvereinen, Berlin 1976

Fuhrmann, H.: Deutsche Geschichte im hohen Mittelalter von der Mitte des 11. bis zum Ende des 12. Jahrhunderts, Göttingen 1978 (Deutsche Geschichte, Band 2)

Funk, F. X.: Die Auffassung des Begriffs der Polizei im vorigen Jahrhundert, in: ZfgSt 19 (1863) und 20 (1864)

Gans, H.: The Positive Functions of Poverty, in: AJS Vol. 28 (1978), 275ff.

Gerloff, A. W.: Staatstheorie und Staatspraxis des kameralistischen Verwaltungsstaates, Breslau 1937

Gerstenberger, H.: Staatliche Sozialpolitik als Instrument gesellschaftlicher Kontrolle, in: KJ 1976, 394ff.

— Von der Armenpflege zur Sozialpolitik, in: Leviathan, 1981, 39ff.

Gierke, O. v.: Das deutsche Genossenschaftsrecht, Band 4: Die Staats- und Kooperationslehre der Neuzeit, Graz 1954 (Nachdruck der Ausgabe aus dem Jahre 1913)

Giers, J.: Gerechtigkeit und Liebe, Die Grundpfeiler gesellschaftlicher Ordnung in der Sozialethik des Kardinals Cajetan, Düsseldorf 1941

Gladen, A.: Geschichte der Sozialpolitik in Deutschland, Eine Analyse ihrer Bedingungen, Formen, Zielsetzungen und Auswirkungen, Wiesbaden 1974

Goldscheid, R. / *Schumpeter,* J.: Die Finanzkrise des Steuerstaates, Beiträge zur politischen Ökonomie der Staatsfinanzen, Frankfurt 1976

Grauhan, R. R. / *Leibfried,* S.: Die Sozialverwaltung zwischen politischer Herrschaft und politischer Produktion, in: ZSR 1977, 65ff.

Günther, A.: Sozialpolitik, Teil I: Theorie der Sozialpolitik, Berlin, Leipzig 1922 (Handbuch der Wirtschafts- und Sozialwissenschaften, Band 9)

Günther, E.: Sozialpolitik, Berlin 1930

Guldimann, T. u. a.: Sozialpolitik als soziale Kontrolle, Frankfurt 1978

Haase, C. (Hrsg.): Die Stadt des Mittelalters, 3 Bände, Darmstadt 1969

Habermann, G.: Über Junkertum und Bürokratie, Zur Genesis des deutschen Sozialstaats, Konstanz, Bonn 1972/77

Handbuch der Deutschen Geschichte, hrsg. von B. Gerhard, Stuttgart 1955, Band 2: Von der Reformation bis zum Ende des Absolutismus, 8. neu bearb. Auflage

Handbuch der deutschen Wirtschafts- und Sozialgeschichte, 2 Bände, hrsg. von H. Aubin / W. Zorn, Stuttgart 1971

Hartung, F.: Die Epochen der absoluten Monarchie in der Neueren Geschichte, in: H. Z. 145 (1932), wieder abgedruckt in: W. Hubatsch (Hrsg.), Absolutismus, Darmstadt 1973, 54ff.

— Deutsche Verfassungsgeschichte, 9. neu bearb. Auflage, Stuttgart 1969

Heckscher, E. F.: Der Merkantilismus, 2 Bände, Jena 1932

Heimann, E.: Soziale Theorie des Kapitalismus – Theorie der Sozialpolitik, Frankfurt 1980, Neudruck der Originalausgabe Tübingen 1929

Helbig, H.: Gesellschaft und Wirtschaft der Mark Brandenburg, Berlin 1973

Heller, H.: Staatslehre, hrsg. von *G. Niemeyer,* Leiden 1934

Hennen, M.: Krise der Rationalität – Dilemma der Soziologie, Zur kritischen Rezeption Max Webers, Stuttgart 1976

Hentschel, V.: Geschichte der deutschen Sozialpolitik 1880 - 1980, Soziale Sicherung und kollektives Arbeitsrecht, Frankfurt 1983

Herder-Dorneich, P. H.: Zur Theorie der sozialen Steuerung, Stuttgart 1967

Hespe, K.: Zur Entwickung der Staatszwecklehre in der deutschen Staatsrechtswissenschaft des 19. Jahrhundert, Köln, Berlin 1964

Heyde, L.: Abriß der Sozialpolitik, 11. Auflage, Heidelberg 1959

Heyl, C. A. v.: Art. Gemeinwohl, Ev. Staatslexikon, hrsg. von W. Schneemelcher / R. Herzog, Stuttgart, Berlin 1966, Sp. 611ff.

Hinrichs, C.: Das Reich und die Territorialstaaten im Zeitalter des Absolutismus, in: P. Rassow, Deutsche Geschichte im Überblick, Ein Handbuch, Stuttgart 1953

Hinrichs, E. (Hrsg.): Absolutismus, Frankfurt 1986

Hintze, O.: Der Commisarius und seine Bedeutung in der allgemeinen Verwaltungsgeschichte, in: ders., Gesammelte Abhandlungen, Band 1: Staat und Verfassung, hrsg. von G. Oestreich, 3. Auflage, Göttingen 1970, 242ff. (erstmals erschienen in: Historische Aufsätze, K. Zeuner zum 60. Geburtstag, Weimar 1910)

— Der Beamtenstand, in: ders., Beamtentum und Bürokratie, hrsg. und eingel. von K. Krüger, Göttingen 1981; auch in: ders., Gesammelte Abhandlungen, Band 2, hrsg. von G. Oestreich, Göttingen 1964, 2. Auflage, 66ff.

Hinze, K.: Die Arbeiterfrage zu Beginn des modernen Kapitalismus in Brandenburg-Preußen, 2. Auflage, Berlin 1963

Hippel, F. v.: Zum Aufbau und Sinnwandel unseres Privatrechts, Tübingen 1957 (= Recht und Staat 195)

Hippel, R. v.: Beiträge zur Geschichte der Freiheitsstrafe, in: Zeitschrift für die gesamte Staatsrechtswissenschaft, Jg. 1898, 419ff. (Teil I) und 609ff. (Teil II)

Hobsbawn, E. J.: Industrie und Empire, Britische Wirtschaftsgeschichte seit 1750, 2 Bände, Frankfurt 1969

Höffner, J.: Was ist Sozialpolitik?, in: W. Külp / W. Schreiber (Hrsg.), Soziale Sicherheit, a.a.O. 1971, 27ff.

Höhn, P.: Der individualistische Staatsbegriff und die juristische Staatsperson, Berlin 1935

Hoerster, N. (Hrsg.): Klassische Texte zur Staatsphilosophie, München 1976

— Recht und Moral, Texte zur Rechtsphilosophie, München 1977

— Texte zur Ethik, München 1976 zus. mit Dieter Bienbacher (vgl. auch dort)

Hoffmann, J.: Die „Hausväterliteratur" und die „Predigten über den christlichen Hausstand", Weinheim, Berlin 1959

Hofmann, H. H. (Hrsg.): Die Entstehung des modernen souveränen Staates, Köln, Berlin 1967

Hofmann, R.: Die staatsphilosophischen Anschauungen Christian Wolffs mit besonderer Berücksichtigung seiner naturrechtlichen Theorien, Leipzig 1916

Hubatsch, W. (Hrsg.): Absolutismus, Darmstadt 1973

— Das Zeitalter des Absolutismus 1600 - 1789, Braunschweig 1962

Huber, E. R.: Nationalstaat und Verfassungsstaat, Studien zur Geschichte der modernen Staatsidee, Stuttgart 1965

— Deutsche Verfassungsgeschichte seit 1789, Band 1: Reform und Restauration 1789 - 1830; Kapitel III: Die Preußische Reform, 95ff.

Inama-Sternegg, K. v.: Die Entwicklung der Verwaltungslehre und des Verwaltungsrechts seit dem Tode von Lorenz v. Stein, in: Staatswissenschaftliche Abhandlungen, Bd. II, Leipzig 1903, 57ff.

Jacoby, H.: Die Bürokratisierung der Welt, Neuwied, Berlin 1969

Jagielski, J.: Die Übernahme der Bettelei und ihre Bekämpfung, Ein Beitrag zur Organisation der Armenpflege, 3. Auflage, 1885

Janowitz, M.: Social Control of the Welfare State, New York, Amsterdam, Oxford 1976

Jantke, C. / *Hilger,* D. (Hrsg.): Die Eigentumslosen, Der deutsche Pauperismus und die Emanzipationskrise in Darstellungen und Deutungen der zeitgenössischen Literatur, Freiburg, München 1965

Japp, K. P.: Theorien des öffentlichen Sektors, Zur Verbindung ökonomischer und soziologischer Ansätze, Frankfurt 1978

Jecht, H.: Studien zur sozialen Struktur der mittelalterlichen Städte, in: Vierteljahresschrift für Sozial- und Wirtschaftsgeschichte, 1926, 48ff.; wieder abgedruckt in: C. Haase (Hrsg.), Die Stadt im Mittelalter, a.a.O. 3, 217ff.

Jeserich, J. G. A. u.a. (Hrsg.): Deutsche Verwaltungsgeschichte, 5 Bände, Stuttgart 1983

Just, L.: Der Aufgeklärte Absolutismus, in: Handbuch der deutschen Geschichte, Darmstadt, Marburg 1953

Kaufmann, F. X.: Sicherheit als soziologisches und sozialpolitisches Problem, Untersuchungen zu einer Wertidee hochdifferenzierter Gesellschaften, 2. umgearb. Auflage, Stuttgart 1973

— Staat, Gesellschaft, Lebenslage, Einführung in die soziologische Beschäftigung mit Sozialpolitik, Manuskript, Bielefeld 1980

— Sozialpolitisches Erkenntnisinteresse und Soziologie, Ein Beitrag zur Pragmatik der Sozialwissenschaften, in: Chr. v. Ferber / F. X. Kaufmann (Hrsg.), Soziologie und Sozialpolitik, a.a.O. 35ff.

Kellner, W.: Soziale Einheit, Grundzüge einer künftigen Sozialpolitik, Sigmaringen 1979

Kieser, A. / *Kubicek,* H.: Organisationstheorien, 2 Bände, Stuttgart u.a. 1978

Klaasen, P.: Die Grundlagen des aufgeklärten Absolutismus, Jena 1929

Klein, E.: J. H. G. v. Justi und die preußische Staatswirtschaft, in: Vierteljahresschr. f. Sozial- und Wirtschaftsgeschichte 48 (1961), 143ff.

Klippel, D.: Politische Freiheit und Freiheitsrechte im deutschen Naturrecht des 18. Jahrhunderts, Paderborn 1976

Knaut, M.: Geschichte der Verwaltungsorganisation unter besonderer Berücksichtigung Preußens und der rheinisch-lippischen-westfälischen Lande, Stuttgart 1961

Knemeyer, F.-L.: Polizeibegriffe in Gesetzen des 15. bis 18. Jahrhunderts, kritische Bemerkungen zur Literatur über die Entwicklung des Polizeibegriffs, in: AÖR 92 (1967), 153ff.

— Artikel „Polizei" in: O. Brunner / W. Conze / R. Kosselleck (Hrsg.), Historische Grundbegriffe, Historisches Lexikon zur politisch-sozialen Sprache in Deutschland, Band 4, 1978, 875ff.

Koch, L.: Wandlungen der Wohlfahrtspflege im Zeitalter der Aufklärung, Erlangen

Köhler, E.: Arme und Irre, Die liberale Fürsorgepolitik des Bürgertums, Berlin 1977

Konstanzer Arbeitskreis für mittelalterliche Geschichte (Hrsg.), Untersuchungen zur gesellschaftlichen Struktur der mittelalterlichen Städte in Europa, Vorträge und Forschungen, geleitet von Theodor Meyer, Band XI, Konstanz, Stuttgart 1966

Koselleck, R.: Kritik und Krise, Ein Beitrag zur Pathogenese der bürgerlichen Welt, Freiburg, München 1959

— Die Auflösung des Hauses als ständische Einheit, in: N. Bulst u.a. (Hrsg.), Familie zwischen Tradition und Moderne, Göttingen 1981, 109ff.

Koslowski, P.: Haus und Geld, Zur aristotelischen Unterscheidung von Politik, Ökonomik und Chrematistik, in: Phil. Jahrb. 86 (1979), 60ff.

Kriedte, P.: Spätfeudalismus und Handelskapital, Grundlinien der europäischen Wirtschaftsgeschichte vom 16. bis zum Ausgang des 18. Jahrhunderts, Göttingen 1980

— Spätmittelalterliche Agrarkrise oder Krise des Feudalismus? in: GuG 7 (1981), 42ff.

Kriedte, P. / *Medick,* H. / *Schlumbohm,* J.: Industrialisierung vor der Industrialisierung, Gewerbliche Warenproduktion auf dem Land in der Formierungsperiode des Kapitalismus, Göttingen 1978

Kröger, K.: Zur älteren deutschen Staatslehre und Staatsanschauung, in: NpL 13 (1968), 328ff.

Kröll, K.: Das Phänomen Armut, Diss. Köln 1973

Kroeschell, K.: Deutsche Rechtsgeschichte, Band 1 (bis 1250), Band 2 (1250 - 1650), Opladen 1980

Krüger, H.: Besprechung der Arbeiten: C. Hinrichs, Das Reich und die Territorialstaaten, a.a.O. und L. Just, Der Aufgeklärte Absolutismus, a.a.O. in: ZfG 2 (1954), 796ff.

Krüger, J.: Staatliche Sozialpolitik und Staatstheorie, in: ZfS 1976, 152ff.

Krug, v. Nidda, C. L.: Entwicklungstendenzen und gegenwärtige Beziehungen der öffentlichen und freien Wohlfahrtspflege in Deutschland in der Epoche des Übergangs von der Armenpflege zur Fürsorge, in: Beiträge zur Entwickung der deutschen Fürsorge, Schriftenreihe des Vereins für öffentliche und private Fürsorge, Köln, Bonn 1955

Krupp, H. J.: Bedingungen und Prinzipien einer integrierten Sozialpolitik, in: M. Pfaff / H. Voigtländer, Sozialpolitik im Wandel, a.a.O. 187ff.

Külp, B. / *Schreiber,* W. (Hrsg.): Soziale Sicherheit, Köln, Berlin 1971

Küther, C.: Räuber und Gauner in Deutschland, Göttingen 1976

Lampert, H.: Sozialpolitik, Berlin, Heidelberg, New York 1980

Laufer, H.: Bürokratie und Demokratie, Freiburg 1980

Lefèbvre, G.: Der aufgeklärte Despotismus, in: K. O. Frhr. v. Aretin, Der Aufgeklärte Absolutismus, a.a.O. 77ff. (Teilw. Wiedergabe des Aufsatzes, der 1949 in Annales Historiques de la Révolution francaise 21 erschienen ist).

Leibfried, S.: Armutspotential und Sozialhilfe in der Bundesrepublik, in: KJ 1974, 377ff.

— Vorwort zu F. F. Piven / R. A. Cloward, Regulierung der Armut, Frankfurt 1977

Lenhardt, G. / *Offe,* C.: Staatstheorie und Sozialpolitik, Politische-soziologische Erklärungsansätze für Funktionen und Innovationsprozesse der Sozialpolitik, in: Chr. v. Ferber / F. X. Kaufmann (Hrsg.), Soziologie und Sozialpolitik, a.a.O. 98ff.

Lenz, G. (Hrsg.): Deutsches Staatsdenken im 18. Jahrhundert, Neuwied, Berlin 1965

Leuschner, J.: Deutschland im späten Mittelalter, Göttingen 1975 (Deutsche Geschichte, Band 3)

Levil, D. de: Die Menschenliebe im Zeitalter der Aufklärung, Ein Beitrag zur Ideengeschichte des 18. Jahrhunderts, Bern, Frankfurt 1975

Lhéritier, M.: Lé rôle historique du despotisme éclairé, in: Bulletin of the International Committee of Historical Science, Vol. 1 (1929)

Liefmann-Keil, E.: Ökonomische Theorie der Sozialpolitik, Berlin 1961

Liese, W.: Wohlfahrtspflege und Caritas im Deutschen Reich, Deutsch-Österreich, der Schweiz und Luxemburg, Mönchen-Gladbach 1914

Lindenlaub, D.: Richtungskämpfe im Verein für Socialpolitik, Wissenschaften und Sozialpolitik im Kaiserreich, Wiesbaden 1967

Lohmar, U.: Bürokratie – Das hoheitliche Gewerbe, München 1978

Lousse, E.: Absolutismus, Gottesgnadentum, Aufgeklärter Absolutismus, in: K. O. Frhr. v. Aretin, Der Aufgeklärte Absolutismus, a.a.O. 89ff., erstmals erschienen in: Schweizer Beiträge zur Allgemeinen Geschichte 16 (1958), 91ff.

Lütge, F.: Deutsche Sozial- und Wirtschaftsgeschichte, Berlin, Göttingen, Heidelberg 1952

— Der Begriff Sozialpolitik, in: Jahrbücher für Nationalökonomie und Statistik, Band 137 (1932), 481ff.

Luhmann, N.: Funktionen und Folgen formaler Organisation, Berlin 1964

— Grundrechte als Institution, Ein Beitrag zur politischen Soziologie, Berlin 1965

— Rechtssoziologie, 2 Bände, Reinbek 1972

— Formen des Helfens im Wandel gesellschaftlicher Bedingungen, in: Otto, H. U. / Schneider, S. (Hrsg.), Gesellschaftliche Perspektiven der Sozialarbeit, Band 1, 3. Auflage. Neuwied, Darmstadt 1975

— Ausdifferenzierung des Rechts, Beiträge zur Rechtssoziologie und Rechtstheorie, Frankfurt 1981

— Politische Theorie im Wohlfahrtsstaat, München, Wien 1981

Mackenroth, G.: Die Reform der Sozialpolitik durch einen deutschen Sozialplan, in: E. Boettcher (Hrsg.), Sozialpolitik und Sozialreform, a.a.O. 43ff.

Mager, W.: Zur Entstehung des modernen Staatsbegriffs, Wiesbaden 1968

Maier, H.: Zur Frühgeschichte des Rechtsstaats in Deutschland, in: NpL 7 (1962), Spalte 233ff.

— Zur Genesis des Obrigkeitsstaates in Deutschland, in: Stimmen der Zeit, 174 (1964), 18ff.

— Hobbes, in: Klassiker des politischen Denkens, hrsg. von H. Maier, H. Rausch, H. Denzer, 2 Bände, München 1968, Band 1, 351ff.

— Die ältere deutsche Staats- und Verwaltungslehre, 2. neubearbeitete und ergänzte Auflage, München 1980

Manen, A. v.: Die Armenpflege in Amsterdam und ihre historische Entwicklung, Diss. Zürich 1913

Marchet, G.: Studien über die Entwicklung der Verwaltungslehre in Deutschland von der zweiten Hälfte des 17. bis zum Ende des 18. Jahrhunderts, München 1885, Neudruck: Frankfurt 1966

Maschke, E.: Die Unterschichten der mittelalterlichen Städte Deutschlands, in: C. Haase (Hrsg.), Die Stadt im Mittelalter, Band 3, 345ff.

Matis, H. (Hrsg.): Von der Glückseligkeit des Staates, Berlin 1981

May, L. Ph.: Despotisme légâl et despotisme éclairé d'apres Le Mercier de la Tivièra, in: Bulletin of the International Committee of Historical Sciences, Vol. 9 (1937), 60ff.

Mayntz, R.: Soziologie der Organisation, Reinbek bei Hamburg 1963

— Soziologie der öffentlichen Verwaltung, Heidelberg, Karlsruhe 1978

— (Hrsg.): Bürokratische Organisation, 2. Auflage, Köln, Berlin 1971

Medick, H.: Naturzustand und Naturgeschichte der bürgerlichen Gesellschaft. Die Ursprünge der bürgerlichen Sozialtheorie als Geschichtsphilosophie und Sozialwissenschaft bei Samuel Pufendorf, John Locke und Adam Smith, Göttingen 1973

Meinecke, F.: Die Idee der Staatsräson in der neueren Geschichte, München 1957

Melten, J. van Horn: Arbeitsprobleme des aufgeklärten Absolutismus in Preußen und Österreich, in: Mitteilungen des Institutes für österreichische Geschichtsforschung, 15 (1982), 49ff.

Menger, C.-F.: Deutsche Verfassungsgeschichte der Neuzeit, Eine Einführung in die Grundlagen, 2. überarbeitete Auflage, Heidelberg, Karlsruhe 1979

Merk, W.: Der Gedanke des gemeinen Besten in der deutschen Staats- und Rechtsentwicklung, in: Festschrift für Alfred Schultze, Weimar 1934, 450ff.

Michel, E.: Sozialgeschichte der industriellen Arbeitswelt, Frankfurt 1960

Mitteis, H.: Lehnsrecht und Staatsgewalt, Untersuchungen zur mittelalterlichen Verfassungsgeschichte, Weimar 1933

— Der Staat des hohen Mittelalters, Grundlinien einer vergleichenden Verfassungsgeschichte des Lehnszeitalters, 3. durchges. Auflage, Weimar 1948

Mittenzwei, I.: Über das Problem des Aufgeklärten Absolutismus, in: ZfG 18 (1970), 1162ff.

— Theorie und Praxis des aufgeklärten Absolutismus in Brandenburg-Preußen, Jahrb. für Geschichte 6 (1972), 53ff.

Mitterauer, M.: Grundtypen alteuropäischer Sozialformen, Stuttgart, Bad Cannstadt 1979

Möbus, G.: Die politischen Theorien im Zeitalter der absoluten Monarchie bis zur Französischen Revolution, 2. erweiterte Auflage, Köln, Opladen 1966

Moeller, B.: Deutschland im Zeitalter der Reformation, 2. durchgesehene und bibl. ergänzte Auflage, Göttingen 1981 (Deutsche Geschichte, Band 4)

Molitor, B.: „Kausalprinzip" und „Finalpolitik", in: E. Boettcher, Sozialpolitik und Sozialreform, a.a.O. 245ff.

— Sozialpolitik auf dem Prüfstand, Hamburg 1976

— Bausteine einer Theorie der Sozialpolitik, in: HJWG 1957, 152ff.

— Was ist Sozialpolitik?, in: HJWG 1972, 184ff.

Mommsen, R.: Abriß des römischen Staatsrechts, 2. Auflage, Leipzig 1907

Mommsen, W.: Grundzüge der Geschichte der Neuzeit, Oberursel 1949

— Max-Weber. Gesellschaft, Politik und Geschichte, Frankfurt 1974

Morazé, C.: Finances et despotisme, Essai sur les despots eclaires, in: Annales 3 (1948) 279ff.

Mosse, M. / *Tugendreich,* G.: Krankheit und Soziale Lage, München 1913; hrsg. von J. Cromm (Neuausgabe Göttingen 1977)

Mückenberger, U.: Thesen zur Funktion und Entwicklung des Sozialrechts, in: KJ 1976, 341ff.

Müller-Armack, A.: Religion und Wirtschaft, Stuttgart 1959

Münkler, H.: Machiavelli, Die Begründung des politischen Denkens der Neuzeit aus der Krise der Republik Florenz, Frankfurt 1982

Muensterberg, E.: Die deutsche Armengesetzgebung und das Material zu ihrer Reform, in: Schmollers Staats- und Socialwissenschaftliche Forschungen, Band VI (1887)

Muhlack, U.: Physiokratie und Absolutismus in Frankreich und Deutschland, in: ZHF 9 (1982), 15ff.

Murswieck, A. (Hrsg.): Staatliche Politik im Sozialsektor, München 1976

Muthesius, H.: Fürsorgerecht, Berlin 1928

Näf, W.: Der geschichtliche Aufbau des modernen Staates, in: ders., Staats- und Staatsgedanke, Vorträge zur neueren Geschichte, Bern 1935, 29ff.

— Der Staat im Zeitalter der Aufklärung, in: ders., Staats- und Staatsgedanke, a.a.O. 107ff.

— Frühformen des „modernen Staates" im Spätmittelalter, in: H. H. Hofmann (Hrsg.), Die Entstehung des modernen souveränen Staates, a.a.O. 101ff.; erstmals erschienen in: HZ 171 (1951) 225ff.

Nahnsen, I.: Der systematische Ort der Sozialpolitik in den Sozialwissenschaften, in: B. Külp / W. Schreiber (Hrsg.), Soziale Sicherheit, a.a.O. 95ff.; erstmals erschienen in: Gesellschaft in Geschichte und Gegenwart, Festschrift für F. Lenz, Berlin 1961, 115ff.

Napp-Zinn, A. F.: J. F. Pfeiffer, Wiesbaden 1955

Nell-Breuning, O. v.: Solidarität und Subsidiarität im Raume von Sozialpolitik und Sozialreform, in: E. Boettcher (Hrsg.), Sozialpolitik und Sozialreform, a.a.O. 213ff.

Nielsen, A.: Die Entstehung der deutschen Kameralwissenschaft im 17. Jahrhundert, Frankfurt 1966 (Originalausgabe: Kopenhagen 1911)

Oestreich, G.: Strukturprobleme des europäischen Absolutismus, in: ders., Geist und Gestalt des Frühmodernen Staates, Berlin 1969, 179ff.

— Policey und Prudentia civilis in der barocken Gesellschaft von Stadt und Staat, in: Stadt – Schule – Universität – Buchwesen und die Literatur im 17. Jahrhundert, Vorlagen und Diskussionen eines Barock-Symposiums der DFG in Wolfenbüttel, hrsg. von A. Schöne, München 1974, 10ff.

Oldenheimer, M. J.: Der christlich-kirchliche Anteil an der Verdrängung der mittelalterlichen Rechtsstruktur und an der Entstehung der Vorherrschaft des staatlich gesetzten Rechts im deutschen und französischen Rechtsgebiet, Ein Beitrag zur historischen Strukturanalyse der modernen kontinentaleuropäischen Rechtsordnung, Basel 1957

Osterloh, K. H.: Josef von Sonnenfels und die oesterreichische Reformbewegung im Zeitalter des aufgeklärten Absolutismus. Eine Studie zum Zusammenhang von Kameralwissenschaften und Verwaltungspraxis, Lübeck, Hamburg 1970

Pankoke, E.: Sociale Bewegung – Sociale Frage – Sociale Politik, Grundfragen der deutschen Sozialwissenschaft im 19. Jahrhundert, Stuttgart 1970

— Sozialpolitik zwischen staatlicher Systematisierung und situativer Operationslisierung, Zur Problem- und Programmgeschichte sozialer Politik, in: Chr. v. Ferber / F. X. Kaufmann (Hrsg.), Soziologie und Sozialpolitik, a.a.O. 76ff.

Pankoke, E. / *Nokielski,* H.: Verwaltungssoziologie, Einführung in die Probleme der öffentlichen Verwaltung, Stuttgart u. a. 1977

Parsons, T.: Beiträge zur soziologischen Theorie, hrsg. und eingeleitet von D. Rüschemeyer, Neuwied, Berlin 1964

— Das System moderner Gesellschaften, München 1972

Paulsen, F.: Geschichte des gelehrten Unterrichts auf deutschen Schulen und Universitäten vom Ausgang des Mittelalters bis zur Gegenwart, Band 1, Leipzig 1896

Peter, J. H.: Die Probleme der Armut in den Lehren der Kameralisten, Berlin 1934 (= Volkswirtschaftliche Studien, Heft 44)

Petersen, P.: Geschichte der aristotelischen Philosophie im protestantischen Deutschland, Leipzig 1921

Pfaff, M. / *Voigtländer,* H. (Hrsg.): Sozialpolitik im Wandel, Von der selektiven zur integrierten Sozialpolitik, Bonn 1978

Pitz, E.: Wirtschafts- und Sozialgeschichte Deutschlands im Mittelalter, Wiesbaden 1979

Piven, F. F. / *Cloward,* R. A.: Regulierung der Armut – Die Politik der öffentlichen Wohlfahrt, Frankfurt 1977

Planitz, H. / *Eckardt,* K. A.: Deutsche Rechtsgeschichte, unveränd. Nachdruck der 3. ergänzten Auflage, Köln 1981, erstmals erschienen 1961

Polanyi, K.: The Great Transformation, Politische und ökonomische Ursprünge von Gesellschaften und Wirtschaftssystemen, Frankfurt 1978

Preller, L.: Sozialpolitik – Kernfrage des Aufbaus, 2. Auflage, Stuttgart 1947

— Sozialpolitik in der Weimarer Republik, Stuttgart 1949

— Sozialpolitik, Theoretische Ortung, Tübingen 1962

— Sozialpolitik als Strukturpolitik, in: Sozialwissenschaft als Gesellschaftsgestaltung, Festschrift für G. Weisser, hrsg. von F. Karrenberg / H. Albert, Berlin 1963

— Praxis und Probleme der Sozialpolitik, 2 Bände, Tübingen, Zürich 1970

Pribram, K.: Die Sozialpolitik als theoretische Disziplin, in: ASuS Band 55 (1926)

— Die Wandlungen des Begriffs der „Sozialpolitik“, in: Die Wirtschaftswissenschaft nach dem Kriege, Festgabe für L. Brentano, München 1925

Pütz, P.: Die deutsche Aufklärung, Darmstadt 1978

Puppke, L.: Sozialpolitik und soziale Anschauungen frühindustrieller Unternehmer in Nordrhein-Westfalen, Köln 1966

Ratzinger, G.: Geschichte der kirchlichen Armenpflege, 2. Auflage, Freiburg 1884

Raumer, K. v.: Absoluter Staat, kooperative Libertät, persönliche Freiheit, in: HZ 183 (1958), 55ff.

Reichwein, R.: Funktionswandlungen der betrieblichen Sozialpolitik, Köln, Opladen 1965

Reitzenstein, F. Fhr. v.: Die Armengesetzgebung Frankreichs in den Grundzügen ihrer historischen Entwicklung, Leipzig 1881

Resch, A.: Die Edelfreien des Erzbistums Trier im linksrheinischen deutschen Sprachgebiet, Diss. phil. Bonn, Trier 1911

Riehl, W. H.: Die Naturgeschichte des deutschen Volkes als Grundlage einer deutschen Social-Politik, 4 Bände, Stuttgart, Tübingen 1851 (Bd. 1), 1851 (Bd. 2), 1855 (Bd. 3), 1869 (Bd. 4)

Ritter, G.: Friedrich der Große, ein historisches Profil. Königstein 1978 (Nachdruck der 3. Auflage Heidelberg 1954)

Ritter, G. A.: Sozialversicherung in Deutschland und England, Entstehung und Grundzüge im Vergleich, München 1983

— Der Freiherr von Stein und die politischen Reformprogramme des Ancien Régime in Frankreich, in: HZ 138, 24ff.

Ritter, J.: Das bürgerliche Leben, Zur aristotelischen Theorie des Glücks, in: Vierteljahresschr. f. wiss. Päd. 32 (1956), 60ff.

— „Naturrecht“ bei Aristoteles, Zum Problem einer Erneuerung des Naturrechts, Stuttgart 1961

Ritter, J. / *Pesch,* O. H. / *Spaemann,* R.: Art. „Glück, Glückseligkeit“, in: J. Ritter (Hrsg.) Hist. Wörterb. der Phil. Bd. 3, Stuttgart 1976, Sp. 679ff.

Ritter, P. U.: Die Rolle des Staates in der Frühindustrialisierung, Berlin 1961

Rochow, F. E. v.: Versuch über die Armenanstalten und Abschaffung aller Bettelei, Berlin 1789

Röd, W.: Geometrischer Geist und Naturrecht, München 1970

Rödel, U. / *Guldimann,* T.: Sozialpolitik als soziale Kontrolle in: Guldimann, T. u. a., Sozialpolitik als soziale Kontrolle, Frankfurt 1978, 11ff.

Rössler, H. (Hrsg.): Deutsches Patriziat 1430 - 1730 (= Band 3 der Reihe: Schriften zur Problematik der deutschen Führungsschichten in der Neuzeit), Lüneburg 1968

Roscher, W.: Geschichte der National-Ökonomik in Deutschland, München 1884

— Die deutsche Nationalökonomik an der Gränzscheide des 16. und 17. Jhd., in: Abh. d. königl.-sächsischen Gesellschaft der Wissenschaften IV, phil. hist. Abteilung, Leipzig 1865

— System der Volkswirtschaft, 10. Auflage, Stuttgart 1882

— System der Armenpflege und der Armenpolitik, Stuttgart 1894

Rueping, H.: Die Naturrechtslehre des Christian Thomasius und ihre Fortbildung in der Thomasius-Schule, Bonn 1968

Rüstow, A.: Sozialpolitik diesseits und jenseits des Klassenkampfes, in: B. Külp / W. Schreiber (Hrsg.), Soziale Sicherheit, a.a.O. 17ff.

Sachße, C.: Mütterlichkeit als Beruf, Sozialarbeit, Sozialreform und Frauenbewegung, 1871 - 1929, Frankfurt 1986

Sachße, C. / *Tennstedt,* F.: Geschichte der Armenfürsorge in Deutschland, Vom Spätmittelalter bis zum 1. Weltkrieg, Stuttgart u. a. 1980

— / — (Hrsg.): Soziale Sicherheit und soziale Disziplinierung, Beiträge zu einer historischen Theorie der Sozialpolitik, Frankfurt 1986

Sacke, G.: Die Gesetzgebende Kommission Katharina II., Ein Beitrag zur Geschichte des Absolutismus in Rußland, in: Jahrbuch für die Geschichte Osteuropas, Beiheft 2 (1940)

Schäfer, D.: Die Rolle der Fürsorge im System der sozialen Sicherung, Ein Beitrag zur Entwicklung und Begründung eines gegliederten Sozialleistungssystems, Frankfurt 1966

Scharf, F. W.: Planung als politischer Prozeß – Aufsätze zur Theorie der planenden Demokratie, Frankfurt 1973

Scherpner, H.: Theorie der Fürsorge, Göttingen 1962

Schilfert, G.: Die Revolutionen beim Übergang vom Feudalismus zum Kapitalismus, in: ZfG 17 (1969), 1/2

Schluchter, W.: Aspekte bürokratischer Herrschaft, Studien zur Interpretation der fortschreitenden Industriegesellschaft, München 1972

— Die Entwicklung des okzidentalen Rationalismus, Eine Analyse von Max Webers Gesellschaftsgeschichte, Tübingen 1979

— Gesellschaft und Kultur, Überlegungen zu einer Theorie institutioneller Differenzierung, in: ders. (Hrsg.), Verhalten, Handeln und System, Talcott Parsons Beitrag zur Entwickung der Sozialwissenschaften, Frankfurt 1980

Schmid, M.: Struktur und Selektion, Emile Durkheim und Max Weber als Theoretiker struktureller Selektion, in: ZfS 10 (1981), 17ff.

Schmidt-Assmann, E.: Der Verfassungsbegriff in der deutschen Staatslehre der Aufklärung und des Heroismus, Berlin 1967

Schmoller, G.: Das Merkantilsystem in seiner historischen Bedeutung, in: Jahrbuch für Gesetzgebung, Verwaltung und Volkswirtschaft VIII (1884), 15ff. (wieder abgedruckt in: ders., Umrisse und Untersuchungen zur Verfassungs-, Verwaltungs- und Wirtschaftsgeschichte, besonders im preußischen Staate im 17. und 18. Jahrhundert, Leipzig 1898)

— Über einige Grundfragen der Socialpolitik und der Volkswirtschaftslehre, Leipzig 1898

— Zur Sozial- und Gewerbepolitik der Gegenwart, Leipzig 1890

— Preußische Verfassungs-, Verwaltungs- und Finanzgeschichte, Berlin 1921

Schneiders, W. (Hrsg.): Christian Wolff (1679 - 1754) – Interpretationen zu seiner Philosophie und deren Wirkung – Vorträge der 4. Jahrestagung der Deutschen Gesellschaft für die Erforschung des 18. Jahrhunderts, Hamburg 1983

Schnur, R.: Individualismus und Absolutismus, Zur politischen Theorie von Thomas Hobbes (1600 - 1640), Berlin 1963

— Staatsraison, Studien zur Geschichte eines politischen Begriffs, Berlin 1976

Schoeps, H. J. (Hrsg.): Zeitgeist der Aufklärung, Paderborn 1972

Schraepler, E.: Quellen zur Geschichte der sozialen Frage in Deutschland, Band 1: 1800 - 1870, Göttingen 1955

Schreiber, W.: Zur Frage des Standorts der Sozialpolitik-Lehre im Ganzen der Sozialwissenschaften, in: Sozialwissenschaft und Gesellschaftsgestaltung, Festschrift für G. Weisser, hrgs. von F. Karrenberg / H. Albert, Berlin 1963, 351ff.

Schulz, G.: Das Zeitalter der Gesellschaft, Aufsätze zur politischen Sozialgeschichte der Neuzeit, München 1969

Schweinitz, K. de: England's Road to Social Security, From the Statute of Labourers in 1349 to the Beveridge Report of 1942, Philadelphia 1943

Segall, J.: Geschichte und Strafrecht der Reichspolizeiordnungen von 1530, 1548 und 1577, Breslau 1914

Seidel, F.: Die Soziale Frage in der deutschen Geschichte mit besonderer Berücksichtigung des ehemaligen Fürstentums Waldeck-Pyrmont, Wiesbaden

Sellin, V.: „Politik" in: O. Brunner / W. Conze / R. Koselleck, Geschichtl. Grundbegriffe, Historisches Lexikon zur politisch-sozialen Sprache in Deutschland, Band 4, Stuttgart 1978, 789ff.

Skalweit, S.: Das Herrscherbild des 17. Jahrhunderts, in: HZ 184 (1957), 65ff.

— Das Zeitalter des Absolutismus als Forschungsproblem, in: Deutsche Vierteljahresschrift für Literaturwissenschaft und Geistesgeschichte, 35 (1961), 298ff.

Small, A. W.: The Cameralists, the Pioneers of German Social Policy, Chicago, London

Sombart, W.: Ideale der Sozialpolitik, in: Archiv für Soziale Gesetzgebung und Statistik, 10 (1896), 3ff.

Sommer, L.: Die österreichischen Kameralisten in dogmengeschichtlicher Darstellung, 2 Bände, Wien 1920 (Band 1) und 1925 (Band 2) (= Studien zur Sozial-Wirtschafts- und Verwaltungsgeschichte Heft XII und XIII)

Southern, R. W.: Geistes- und Sozialgeschichte des Mittelalters, Berlin u. a. 1980

Sozialenquête-Kommission: Sozialenquête, Soziale Sicherheit in der Bundesrepublik Deutschland, Stuttgart u. a. 1966

Sozialpolitik und Selbstverwaltung, Zur Demokratisierung des Sozialstaates, WSI-Studien 35, hrsg. v. Wirtschafts- u. Sozialwissenschaftlichen Institut des DGB, Köln 1978

Spitzer, F.: Josef v. Sonnenfels als Nationalökonom, Budapest 1906

Sprandel, R.: Verfassung und Gesellschaft im Mittelalter, 2. überarb. Auflage, Paderborn u. a. 1978

Stavenhagen, G.: Geschichte der Wirtschaftstheorie, 3. neu bearbeitete Auflage, Göttingen 1964

Steinert, H. / *Treiber,* H.: Versuch, die These von der strafrechtlichen Ausrottungspolitik im Spätmittelalter „auszurotten", Eine Kritik an Rusch, Kirchheimer und dem Ökonomismus in der Theorie der Strafrechtsentwicklung, in: KrimJ 2 (1978), 81ff.

Stieda, W.: Die Nationalökonomie als Universitätswissenschaft, Leipzig 1906 (Abhandlungen der königl. Sächs. Gesellschaft der Wissenschaften, Band 25, Nr. 2)

Stippberger, E.: Freiheit und Institution bei Christian Wolff (1697 - 1754), Zum Grundrechtsdenken in der deutschen Hochaufklärung, Frankfurt u. a. 1984

Stolleis, M.: Staatsräson, Recht und Moral in philosophischen Texten des späten 18. Jahrhunderts, Meisenheim 1972

— Quellen zur Geschichte des Sozialrechts, Göttingen, Frankfurt, Zürich 1976

— Arcana imperii und Ratio Status, Bemerkungen zur politischen Theorie des frühen 17. Jahrhunderts, Göttingen 1980

— (Hrsg.): Staatsdenker im 17. und 18. Jahrhundert, Reichspublizistik, Politik, Naturrecht, Frankfurt 1977

Stoltenberg, H. L.: Geschichte der deutschen Gruppwissenschaft (Soziologie) mit besonderer Betrachtung ihres Wortschatzes, Band 1, Leipzig 1937

— Zur Geschichte des Wortes Wirtschaft, in: Jahrbücher f. Nationalökonomie und Statistik, 148 (1938), 558f.

Stoob, H. (Hrsg.): Altständisches Bürgertum, Band 1: Herrschaft und Gemeindeverfassung, Band 2: Erwerbsleben und Sozialgefüge, Darmstadt 1978

Strang, H.: Erscheinungsformen der Sozialhilfebedürftigkeit, Beitrag zur Geschichte, Theorie und empirischen Analyse von Armut, Stuttgart 1970

Stürmer, M.: Die Suche nach dem Glück: Staatsvernunft und Utopie, in: K. G. A. Jeserich, Deutsche Verwaltungsgeschichte, a.a.O., Band II, 1ff.

Tautscher, A.: Die Staatswirtschftslehre des Kameralismus, Bern 1947

— J. H. G. v. Justi, in: HdSW, Band 5, 452ff.

— J. v. Sonnenfels, in: HdSW, Band 9, 305ff.

— Kameralismus, in: HdSW, Band 5, 463ff.

— Merkantilismus, in: Staatslexikon, Band 5, 1960, 669ff.

Tenbruck, H. F.: Über Kultur im Zeitalter der Sozialwissenschaften, in: Saeculum 14 (1963), 25ff.

Tennstedt, F.: Zur Ökonomisierung und Verrechtlichung in der Sozialpolitik, in: A. Murswieck, Staatliche Politik im Sozialsektor, München 1976, 139ff.

— Sozialgeschichte der Sozialpolitik in Deutschland, Göttingen 1981

Thomann, M.: Christian Wolff, in: M. Stolleis, Staatsdenker im 17. und 18. Jahrhundert, Frankfurt 1977, 248ff.

Toepel, A.: Christian Wolff und die Entwicklung des ökonomischen Denkens in Deutschland, in: H. M. Gerlach / G. Schenk / B. Thaler, Christian Wolff als Philosoph der Aufklärung in Deutschland, Hallesches Wolff-Kolloquium 1979 anläßl. der 300. Wiederkehr seines Geburtstages, Halle 1980

Traphagen, W.: Die ersten Arbeitshäuser und ihre pädagogische Funktion, Diss. Göttingen 1935

Treue, W.: Das Verhältnis von Fürst, Staat und Unternehmer in der Zeit des Merkantilismus, in: Vierteljahresschrift für Wirtschafts- und Sozialgeschichte, 1957

Troeltsch, E.: Die Soziallehren der christlichen Kirchen und Gruppen, 3. Auflage, Tübingen 1923

Troitzsch, U.: Ansätze technologischen Denkens bei den Kameralisten des 17. und 18. Jahrhunderts, Berlin 1966

Tyrell, H.: Probleme einer Theorie der gesellschaftlichen Ausdifferenzierung der privatisierten modernen Kernfamilie, in: ZfS 5 (1976), 393ff.

— Anfragen an eine Theorie der gesellschaftlichen Differenzierung, in: ZfS 7 (1978), 175ff.

— Ist der Webersche Bürokratietypus ein objektiver Richtigkeitstypus, Anmerkungen zu einer These von R. Mayntz, in: ZfS 19 (1981), 38ff.

Uhlhorn, G.: Die christliche Liebestätigkeit, 2. Auflage, Stuttgart 1895

Valsecci, F.: Der Aufgeklärte Absolutismus (Italien), in: K. O. v. Aretin, Der Aufgeklärte Absolutismus, a.a.O. 205ff. (Gekürzte Wiedergabe des Aufsatzes „Dispotismo illminato", in: E. Rota (Hrsg.), Nuevo questioni di storial del Risorgimiento e dell'unitá d'Italia, 1961)

Vaskovics, L. A.: Segregierte Armut, Randgruppenbildung in Notunterkünften, Frankfurt, New York 1976

Verdross, A.: Abendländische Rechtsphilosophie, 2. Auflage, Wien 1963

Verpaalen, A. P.: Der Begriff des Gemeinwohls bei Thomas von Aquin, Heidelberg 1954

Vierhaus, R.: Deutschland im Zeitalter des Absolutismus (1648 - 1763), Göttingen 1978 (= Deutsche Geschichte, Band 6)

Vobruba, G.: Politik mit dem Wohlfahrtsstaat, Frankfurt 1983

— Entrechtlichungstendenzen im Wohlfahrtsstaat, in: R. Voigt (Hrsg.), Abschied vom Recht, 7, a.a.O. 91ff.

Voght, C. v.: Über die Einrichtung der Hamburgischen Armenanstalt im Jahre 1788, in: C. Jancke / D. Hilger (Hrsg.), Die Eigentumslosen, a.a.O. 1965, 197ff.

Voigt, A.: Gesetzgebung und Aufklärung in Preußen, in: H. J. Schoeps (Hrsg.), Zeitgeist der Aufklärung, Paderborn 1972, 139ff.

Voigt, R.: Sozialpolitik zwischen Verrechtlichung und Entstaatlichung, in: Leviathan 1981, 62ff.

— Regulatives Recht im Wohlfahrtsstaat, in: Ders., Abschied vom Recht, a.a.O., 19ff.

— Verrechtlichung des Rechtsstaates, in: Materialien zur politischen Bildung, 1979

— Verrechtlichung, Königstein 1980, darin insbes.: Ders., Verrechtlichung in Staat und Gesellschaft

— Verrechtlichung im politisch-administrativen System der Bundesrepublik Deutschland, in: Th. Ellwein, Politikfeld-Analysen, Opladen 1980

— Mehr Gerechtigkeit durch mehr Gesetz? Ein Beitrag zur Verrechtlichungsdiskussion, in: Aus Politik und Zeitgeschichte, Beilage zur Wochenzeitung „Das Parlament" B 21 (1981), 3ff.

— (Hrsg.): Abschied vom Recht?, Frankfurt 1983

Volz, G. B. (Hrsg.): Die politischen Testamente Friedrich des Großen, Berlin 1920

Wacker, M.: Rights and Functions, The Social Categories of 18th Century Jurists and Cameralists, in: Journal of Modern History 50 (1978), 234ff.

Wagner, A.: Finanzwissenschaft und Staatssozialismus, in: ZfgSt 43 (1887), 37ff.

Walder, E.: Aufgeklärter Absolutismus und Staat, Zum Staatsbegriff des aufgeklärten Despoten, in: v. Aretin (Hrsg.), Der Aufgeklärte Absolutismus, a.a.O. 123ff., erstmals erschienen in: SBAG 15 (1957), 156ff.

— Aufgeklärter Absolutismus und Revolution, in: v. Aretin (Hrsg.), Der Aufgeklärte Absolutismus, a.a.O. 103ff., erstmals erschienen in: SBAG 15 (1957), 134ff.

Webb, S. / *Webb,* B.: Das Problem der Armut, Autorisierte Übertragung von H. Simon, 2. Auflage, Jena 1929

Weber, M.: Gesammelte Aufsätze zur Sozial- und Wirtschaftsgeschichte, Tübingen 1924

— Wirtschaftsgeschichte, Abriß der universalen Sozial- und Wirtschaftsgeschichte, hrsg. von S. Hellmann / M. Palyi, 3. durchgesehene und ergänzte Auflage, besorgt von J. Winkelmann, Berlin 1958

— Rechtssoziologie, aus dem Manuskript herausgegeben und eingeleitet von J. Winkelmann, 2. überarbeitete Auflage, Neuwied, Berlin 1967

— Wirtschaft und Gesellschaft, Grundriß der verstehenden Soziologie, 4. Auflage, Tübingen 1956

— Staatssoziologie, Soziologie der rationalen Staatsanstalt und der modernen politischen Parteien und Parlamente, hrsg. von J. Winkelmann, 2. ergänzte Auflage, Tübingen 1966

— Parlament und Regierung im neugeordneten Deutschland (1918), in: Gesammelte Politische Schriften (1918), 3. erneut vermehrte Auflage, hrsg. von J. Winkelmann, Tübingen 1958, 306 - 446.

— Soziologie, Weltgeschichtliche Analysen Politik, hrsg. von J. Winkelmann, 4. erneut durchgesehene und verbesserte Auflage, Stuttgart 1968

Weber, M. (Bern): Zum Begriff der Sozialpolitik in Wirtschaftstheorie und Wirtschaftspolitik, in: Festschrift für A. Ammon, Bern 1953

Weddingen, W.: Sozialpolitik als Wissenschaft, in: Archiv für Sozialwissenschaft und Sozialpolitik, Band 64, Tübingen 1930, 510ff.

— Grundzüge der Sozialpolitik und Wohlfahrtspflege, Stuttgart 1957

Wehler, H. U.: Geschichte der Ökonomik, Köln 1973

— Modernisierungstheorie und Geschichte, Göttingen 1975

— (Hrsg.): Moderne deutsche Sozialgeschichte, 5. Auflage, Köln 1976

Weinacht, P. L.: Staat – Studien zur Bedeutungsgeschichte des Wortes von den Anfängen bis zum 19. Jahrhundert, Berlin 1968

Weisser, G.: Soziale Sicherheit, in: HdSW, Band 9, 396ff.

— Sozialpolitik, in: WdS 1039ff.

Welzel, H.: Naturrecht und materiale Gerechtigkeit, 4. Auflage, Göttingen 1962

Wendt, S.: Bemerkungen über das Verhältnis von Wirtschaftspolitik und Sozialpolitik, in: Sozialreform und Sozialrecht, Festschrift für W. Bogs, Berlin 1959, 365ff.

Westphalen, F. A.: Die theoretischen Grundlagen der Sozialpolitik, Jena 1931 (Deutsche Beiträge zur Wirtschafts- und Gesellschaftslehre, Band IX)

White, L.: Die mittelalterliche Technik und der Wandel der Gesellschaft, München 1968

Wieacker, F.: Das Sozialmodell der klassischen Privatrechtsgesetzbücher und die Entwicklung der modernen Gesellschaft, Karlsruhe 1953 (= Juristische Studiengesellschaft Karlsruhe, Schriftenreihe Heft 3)

— Privatrechtsgeschichte der Neuzeit, 2. Auflage, Göttingen 1967

Wiese, L. v.: Sozialpolitik als Wissenschaft, in: HdSW, Band 9, 547ff.

— Einführung in die Sozialpolitik, Leipzig 1910

Willoweit, D.: Rechtsgrundlagen der Territorialgewalt, Landesobrigkeit, Herrschaftsrechte und Territorien in der Rechtswissenschaft der Neuzeit, Köln, Wien 1975

Winkelmann, O.: Das Fürsorgewesen der Stadt Straßburg vor und nach der Reformation bis zum Ausgang des 16. Jahrhunderts, II. Teil: Urkunden und Aktenstücke, Leipzig 1922

Winterstein, H.: Das System der sozialen Sicherung in der BRD, München 1980

Wittram, R.: Formen und Wandlungen des europäischen Absolutismus, in: Glaube und Geschichte, Festschrift für F. Gogarten, hrsg. von H. Punte, Gießen 1968

Wolf, E.: Große Rechtsdenker, Tübingen 1963

Wolters, F.: Über die theoretische Begründung des Absolutismus im 17. Jahrhundert, Grundrisse und Bausteine zur Staats- und Geschichtslehre, Berlin 1908

Wolzendorff, K.: Der Polizeigedanke des modernen Staates, Ein Versuch zur allgemeinen Verwaltungslehre unter besonderer Berücksichtigung Preußens, Breslau 1918, Neudruck: Aalen 1964

Wunder, H. (Hrsg.): Feudalismus, München 1974

Zapf, W. (Hrsg.): Theorien des sozialen Wandels, 3. Auflage, Köln, Berlin 1971

Zielenziger, K.: Die alten deutschen Kameralisten, Ein Beitrag zur Geschichte der Nationalökonomie und zum Problem des Merkantilismus, Jena 1913 (Neudruck: Freiburg 1966)

— Kameralismus, in: Handwörterbuch der Staatswissenschaften, Band 5, 4. Auflage, Jena 1923, 573ff.

Zimmermann, A. (Hrsg.): Soziale Ordnung im Selbstverständnis des Mittelalters, 2 Bände, Berlin, New York 1980

Zippelius, R.: Geschichte der Staatsideen, 3. durchgesehene Auflage, München 1976

— Gesellschaft und Recht, Grundbegriffe der Rechts- und Staatssoziologie, München 1980

Zollinkofer, A.: Die öffentliche Armenpflege in England, Berlin 1928

Zwiedinck-Südenhorst, O. v.: Mensch und Gesellschaft, Beiträge zur Sozialpolitik und sozialen Fragen, bearbeitet von O. Neuloh, Berlin 1961

— Sozialpolitik, Berlin, Leipzig 1911

FSC
www.fsc.org
MIX
Papier | Fördert
gute Waldnutzung
FSC® C083411

Kolibri 360 GmbH
Ferdinand-Jühlke-Straße 7
99095 Erfurt, Deutschland
produktsicherheit@kolibri360.de

Druck:
CPI Druckdienstleistungen GmbH
im Auftrag der
Kolibri 360 GmbH
Ferdinand-Jühlke-Str. 7
99095 Erfurt